KB269910

예수 그리스도의
평화

Evangelical
Theology
of Peace

신학박사 강창근

풀어멘

신학박사 강창근

경남대학교와 장로회신학대학 신학대학원(M.Div)을 졸업한
통합측 목사로서 록원교회, 도림교회에서 부목사로 사역하고,
한국복음신학연구원에서 예수 그리스도의 복음을 연구하여
[평화의 복음신학]으로 미국 U.T.S에서 신학박사(Th.D.)를 받았다.
현재 대양교회 담임목사와 한국 복음신학 연구원 교수로 사역하고 있다.

역서, 「기다림」, 예영커뮤니케이션. 2003.

예수 그리스도의 평화

초판1쇄 발행일 : 2007년 3월 30일

지은이: 강창근
펴낸이: 최은상
발행처: 도서출판 포이멘(제22-2818호, 2005.10.13)
주   소: 서울 영등포구 대림3동 665-13
전   화 : 011-255-9553

ⓒ 강창근

ISBN 978-89-957644-5-9   03210
책값은 뒷표지에 있습니다.

예수 그리스도의

평화

서언

평화의 복음 신학

모든 역사에 인류의 공통된 소원은 평화일 것이다. 평화로운 세상, 사회. 듣기만 해도 행복한 말이다. 그러나 인류의 역사는 끊이자 않는 갈등과 다툼과 전쟁으로 기록되고 있다.

John Fuellenbach는 「The Kingdom of God」에서 기록된 역사가 3,400년 중에 3,166년 동안 전쟁을 하였고, 나머지 234년은 전쟁을 준비하는데 사용하였다고 한다. 그토록 평화를 원하면서 평화하지 못한 이유가 무엇일까? 문제는 평화를 이루는 방법이다. 인간의 가장 큰 유혹은 물리적인 힘이 빠른 시간에 평화를 이룰 수 있다는 착각이다. 이는 이기적인 사고에서 자신들의 생각이 최선이라고 생각하고 자기중심의 질서를 고집하는데서 비롯된 것이다. 그래서 평화를 위한 수단과 방법이 작은 평화를 깨고, 또 갈등으로 악순환 되는 것이다. 특히 무력으로 인한 승자로서의 쾌감이 매혹적이다. 그래서 저마다 경제, 군사, 정치, 지식의 힘을 기르고 그 능력으로 남을 억압하는데 사용한 것이다. 20세기 세계1,2차 대전이 그 대표적인 예이다. 그 큰 희생을 치룬 뒤, 동서의 냉전시대는 종식되었으나 21세기에 들어 미국의 테러와의 전쟁이 또 다른 양상의 불화의 역사를 시작하였다. 성경의 역사도 이스라엘의 갈등과 전쟁의 역사다. 가족 간에 주변국가들 간에, 민족들 간에 갈등으로 기록되어 있다.

세계는 각 분야에서 인류의 안정과 평화를 모색하기에 분주한 상황에서 진정한 평화의 길은 없는가. 본 연구는 서로 다른 상황과 문화 속에서도 기본적으로 적용될 수 있고, 영원히 변하지 않은 예수 그리스도의 복음에서 진정한 평화의 원리를 찾았다.

본 연구는 네 영역을 대상으로 하고 있다. 첫 영역은 개인적인 면이다. 인류 개개인이 평안을 소유할 때 사회와 세계와 우주의 평화를 기대할 수 있기 때문이다. 두 번째는 개인이 속한 작은 집단인 가정, 직장, 학교, 교회에 두고자 한다. 세 번째 영역은 각 나라와 민족이다. 21세기에 분단국가인 한국을 비롯한 종교와 인종과 민족이 이루어야 할 과제로서의 평화이다. 네 번째는 세계적이며 우주적인 관계적인 평화이다. 분쟁이 끊이지 않는 이 시대에 인류의 진정한 평화를 위하여 예수 그리스도의 복음으로 제시하고자 한다.

연구 방법은 각 시대와 신학을 나누어 다루고자 한다. 먼저 시대 별로 보면, 구약시대, 신약시대, 그리고 복음서에서의 전쟁과 평화를 살펴보고, 나아가 교회사적으로도 살펴보고자 한다. 이를 구약시대에서는 족장시대, 출애굽 후 광야시대, 사사시대, 왕국시대, 포로시대, 귀환시대, 그리고 중간시대를 다룰 예정이다. 신약시대는 서신서를 중심으로 다룰 예정이다. 그리고 평화의 길과 진리인 예수 그리스도의 복음을 다루고자 한다. 마지막으로 교회사적인 면에서 살펴보고자 한다. 교회사는 초대교회, 중세교회, 종교개혁시대, 근대 교회사에서 각 시대별로 보면 전쟁과 평화에 관한 사상이 공존해 있었다. 결국 교회사에서는 예수의 정신을 받아 평화에 관한 노력들도 많았으나 평화의 복음보다는 구약적인 맥락에서 거룩한 전쟁(Holy War)을 많이 해왔다. 여기서 예수의 평화의 복음을 토대로 교회사를 살펴보며, 어떻게 하면 우주적인 평화를 정착시킬 것인지 살펴보고자 한다.

다음으로 기독교 신학은 교회를 중심으로 발전되었다. 초대교회 이후 카톨릭이 1,500여 년간 교회를 이끌어 왔다. 이 기간 동안 교회신학을 발전시키면서 교회의 무오설, 즉, 교황의 무오를 주장한다. 이는 성서에 근거하지 않고 교회의 전통을 토대로 인본주의적인 종교화가 핵심이 되었다. 교회신학의 모순을 파악한 종교개혁자들은 성서의 무오를 주장하며 오직 성서만(Sola Scriptia)을 부르짖는다. 개혁자들은 대중화되지 못했던 성서를 대중화시키면서 성서를 연구하였다. 카톨릭과 종교개혁자들이

교회신학과 성서신학을 부르짖는 동안 사회는 많은 변화가 이루어졌다. 신대륙 발견, 지동설, 만유인력 발견, 현미경 발견, 백과사전 출판, 우주 이야기가 나오면서 진화론까지 대두되었다. 이러한 시기에 신학은 교회 신학이 아닌 성서신학이 발전하게 되었다. 성서신학은 16세기부터 19세 기까지 계속되었다. 결론적으로 이 두 가지 신학으로 평화를 이루지 못 했다. 오히려 크고 작은 갈등과 전쟁을 부르는 일례가 많았다. 구교와 신 교의 갈등과 전쟁, 1,2차 세계대전 등 많은 오점을 남기기도 했다.

이러한 상황에서 새로운 신학이 절실히 필요하게 되었다. 이러한 기 대와 함께 새로운 천 년대를 맞이하였다. 지금까지 신학과 역사는 20세 기 말을 종말론적으로 보아왔다. 그러나 지구는 종말을 맞이하지 않았고 새로운 21세기를 맞이했다. 21세기는 새로운 신학적 대 전환이 요구되었 다. 결국 교회신학이나 성서신학이 아닌 예수 그리스도의 복음을 중심으 로 한 신학이 필요하게 된 것이다. 왜냐하면 교회나 성서, 그리고 세계와 우주의 중심이 예수 그리스도이기 때문이다. 그래서 한국 복음신학 연구 원은 이를 '복음 신학' 이라 한다.

본 논문에서는 복음신학 중에서도 평화의 복음신학을 연구하고자 한 다. 예수 그리스도와 그의 복음의 내용은 참된 평화이다. 그의 탄생 목적 이 땅에 평화를 이루기 위한 것이다. 지극히 높은 곳에서는 하나님께 영 광이요 땅에서는 기뻐하심을 입은 사람들 중에 평화로다(눅2:14). 평안을 너희에게 끼치노니 곧 나의 평안을 너희에게 주노라 내가 너희에게 주는 것은 세상이 주는 것 같지 아니하니라 너희는 마음에 근심도 말고 두려 워하지도 말라(요14:27). 예수 그리스도의 사역 자체가 평화를 이 땅에 주 는 일이었다. 평화의 복음신학은 전쟁, 죽임, 정복, 빼앗음, 지배, 심판 휴 거가 아닌 평화의 신학이다. 이는 대립, 대적, 대결이 아니다. 서로 사랑 하되 원수까지도 사랑하는 신학이다(마5:43-44). 즉, 용서와 화해와 화친, 그리고 나눠주고 섬기며 서로 사랑하되 원수까지도 사랑하며 평화를 만 들어 가는 신학이다. 평화의 복음신학 연구는 바로 이러한 예수 그리스 도의 복음을 연구하는 신학이다. 예수 그리스도의 복음인 평화의 복음신학을 실천할 때 인류와 세계와 우주에 평화가 임할 것이다.

이 연구를 통하여 개인과 가정과 사회와 세계, 그리고 우주가 서로 조화를 이루며, 화합과 일치를 이루게 될 것을 기대한다. 이러한 목표를 이루기 위하여 교회의 모임의 중심이 예배에서부터 시작된다. 교회의 모든 활동과 설교의 주제는 평화이다. 교회의 모든 모임에서 위로와 치유와 소망을 얻을 수 있어야 한다. 그들이 나아가 평화를 만드는 자들로 서야 한다(마5:9). 선교적인 입장에서 평화의 복음선교를 위해서는 기존의 교회선교와 기독교 선교를 뛰어넘어야 한다. 모든 선교관을 뛰어넘기 위해서는 평화의 복음선교 연구원들이 많이 생겨나야 한다. 지금까지 선교해 온 제국주의적인 선교전략을 버리고 평화의 복음이 선교 될 때, 혈연, 지연, 학연, 민족, 문화, 국경을 뛰어넘는 평화가 이루어질 것을 확신한다.

기독교와 교회에 대한 기대는 예수 그리스도의 복음으로 바로서는 것이다. 구약은 한 민족주의와 종교주의와 성전 중심으로 배타적이다. 이에 예수 그리스도는 심막과 성진과 회당에서 평화를 이루지 못하는 사람들을 예수의 교회(εκκλησια)로 불러내었다. 또한 전통과 율법과 교리와 유전에 메여 죄인을 만들어 내는 종교에서 용서와 사랑과 섬김과 화해의 하나님 나라로 불러 내셨다.

본 연구를 통하여 예수 그리스도의 평화의 복음이 개인과 가정과 사회와 나라와 모든 민족과 우주에 참된 평화의 길의 근본이 되기를 소망한다.

2007. 3.

신학박사 강창근

¶ 본서는 한국복음신학연구원에서 평화의 복음신학을 연구하여 미국 U.T.S에서 신학박사학위(Th.D.)를 받은 논문을 정리하여 발간한 것입니다.

목차

제3장 신약시대의 평화 161

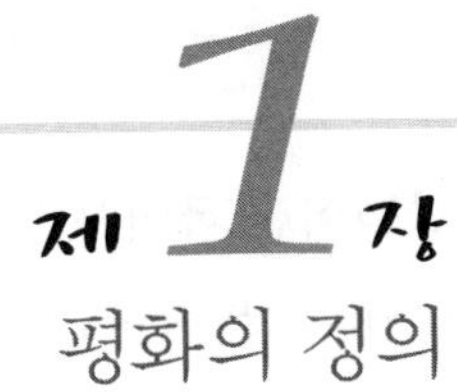

어느 민족이든 이 땅에서 평화를 염원하지 않는 민족은 없다. 모두가 평화를 갈망한다. 인류를 위한 평화를 모색하면서 모든 민족이 바라는 평화를 고려하지 않을 수 없다.

먼저 몇 가지 인사말과 평화에 대한 단어들을 정의하고자 한다. 우리나라에서 사용하는 인사말인 안녕과 중국의 화평, 히브리인들이 사용하는 인사말인 샬롬, 아람어의 슬라마, 헬라어인 에이레네, 그리고 로마의 평화를 말하는 팍스로마나를 살펴보고자 한다.

1. 안녕(安寧)

안녕하십니까? 한국에서 인사할 때 즐겨 사용하는 말이다. 한국은 일본과 대륙을 잇는 반도 국가이다. 일본이 대륙으로 진출하거나 중국이 태평양으로 진출하려면 반드시 거쳐 지나가게 되어 있는 지리적 위치에 있다. 이러한 지정학적 위치 때문에 내란과 전쟁이 끊이지 않았다. 내란과 전쟁으로 사회의 혼란과 불안한 생활이 생존마저 위협을 받았었다. 이러한 사회적인 배경 아래 안녕하십니까 또는 진지잡수셨습니까 하는 인사말이 생성된 것이다.

안녕이란 국어사전에 두 가지 뜻이 있다. 하나는 평안(平安)의 높임말이고, 또 하나는 사회가 평화롭고 질서가 흐트러지지 않음을 나타내는 말이다.[1] 다른 사전에는 안전하고 태평한 것[2]이라고 되어있다. 안녕은 여러 합성어로 사용된다. 안녕질서(安寧秩序)란 말이 있는데, 이는 사회의 모든 질서가 바로잡히고 국민의 생명과 재산이 안전한 상태를 말한다. 또한 안녕하다는 말은 몸이 건강하고 마음이 편안하다는 뜻으로 안부를 전하거나 물을 때 인사말로 쓰인다.

한 가지 흥미로운 것은 대한민국 구(舊)형법 제7장의 2에 안녕 질서에 대한 죄(安寧秩序에 對한 罪)항목이 있다. 민심을 혼란할 목적으로, 또는 은행 예금의 거래 기타 경제상의 혼란을 목적으로, 또는 전시 천재 기타의 사변을 당하여 인심을 혼란 또는 경제상의 혼란을 유발할 목적으로 허위의 사실을 유포하거나, 또는 폭리를 취득할 목적으로 금융계의 교란, 중요물자의 생산 또는 배급의 저해, 기타의 방법에 의하여 국민경제의 운행을 현저히 저해할 우려가 있는 행위를 범한 죄[3]이다. 이 죄는 개인과 사회질서에 관한 모든 면을 두루 포함하고 있다.

한자로 풀이해 보면, 안(安)은 ① 편안하다. 즉 몸이나 마음이 편안하다(安樂). 걱정 없이 좋다(安心). ② 즐기다. 좋아하다(淮南子, 百姓安之). ③ 즐거움에 빠지다(春秋左氏傳, 懷與安, 實敗名). ④ 편안하게 하다(書經, 在知人, 在安民). ⑤ 안으로, 속으로(荀子, 安忘其志)[4]라는 뜻이 있다. 이 뜻을 보면 대부분 개인적으로는 몸과 마음의 평화로움, 외적인 평화로움과 내적인 평화로움 그리고 기쁨과 즐거움을 의미한다. 가정과 사회 국가의 평안도 내포되고 있다. 이 한 자의 사용은 안가(安家), 안강(安康), 안국(安國), 안녕질서(安寧秩序), 안도(安堵), 안도감(安堵感), 안락(安樂), 안민(安民), 안보(安保), 안부(安否, 또는 安富), 안빈낙도(安貧樂道), 안산(安産), 안생(安生),

예수 그리스도의 평화

안서(安舒), 안선(安禪), 안식(安息), 안식처(安息處), 안신(安身), 안심(安心), 안업(安業), 안연(安然), 안위(安慰), 안이(安易), 안이불망위(安而不忘危), 안일(安逸), 안전(安全), 안전보장(安全保障), 안정(安靜, 또는 安定), 안존(安存, 또는 安尊), 안주(安住), 안택(安宅), 안화(安和) 등이 있다.

녕(寧)자는 ① 평안하다. 몸이나 마음이 편안하다(康寧). 편안하게 하다. 안심시키다(逸周書, 各寧其親). 탈이 없다. 무사하다(寧日). ② 문안(問安)하다. 귀성(歸省)하다. 시집간 여자가 친정집에 돌아가 부모를 찾아뵙는 일(詩經, 歸寧父母). ③ 거상(居喪), 거상하다(漢書, 博士弟子父母死, 予寧三年). ④ 공손함, 정중함(漢書, 丁寧陛下). ⑤ 곡식이 잘 익는 해(寧歲)[5]라는 뜻이 있다. 녕자도 안자와 거의 같은 뜻이 있다.

이러한 뜻을 가진 단어를 찾아보면 영가(寧家, 또는 寧嘉), 영강(寧康), 영거(寧居), 영검(寧儉), 영고(寧考, 또는 寧固), 영국(寧國), 영극(寧極), 영근(寧近), 영내(寧耐), 영변(寧邊), 영세(寧歲), 영속(寧俗), 영신(寧神), 영안(寧晏), 영우(寧于), 영정(寧靜), 영체(寧體), 영친(寧親), 영평(寧平), 영화(寧和) 등이 있다.

안녕(安寧)이란 이러한 뜻을 가진 두 단어가 합성된 것이다. 두 단어의 뜻을 합한다면 매우 포괄적인 의미가 된다. 즉, 하나는 몸과 마음이 평안한 상태를 말한다. 이를 안심, 강녕, 안락, 안강 등으로 나타난다. 이러한 상태에 이르려면 모든 것에 만족한 상황이 되어야 한다. 사람들은 욕심 때문에 문제가 발생하고, 욕심 때문에 갈등이 생기며, 욕심 때문에 다툼과 전쟁의 상황까지 이르게 된다. 그러나 동양사상에는 욕심보다는 모든 상황에서 만족을 나타내는 경우가 많다. 우리나라는 중국의 영향을 많이 받았다. 논어 술이(述而)편에 보면,

반소사음수(飯蔬食飲水)하고 곡굉이침지(曲肱而枕之)라도 낙역재기
중(樂亦在其中)이니[6]

이는 거친 밥을 먹고 물을 마시며 팔을 굽혀 베더라도 낙은 또한
그 가운데 있다는 말이다. 육신과 마음의 평안을 추구하는 동양사상
에서 볼 수 있는 말이다. 본래 이 말은 의롭지 않은 방법으로 얻은
부와 귀는 뜬구름과 같음을 말한다. 많은 사람이 부정한 방법으로도
재물을 모으고, 남보다 더 많이, 더 편리함을 추구한다. 그러나 이것
은 한갓 뜬구름을 잡는 것에 불과하다. 아무리 재물이 많고, 남보다
부하여도 그 안에 평안과 즐거움이 없다면 어찌 안녕의 상태에 있을
수 있겠는가. 자신이 잘못하면 뒤에서 작은 소리가 나더라도 마음에
찔림을 받고, 쫓아오는 사람이 없어도 도망한다.

안녕의 상태는 경제적인 만족의 상태를 말한다. 안빈(安貧), 영검
(寧儉)이라는 말이 있다. 가난한 생활 중에도 편안한 마음으로 지냄
을 의미한다. 사람들은 물질의 풍요로움만을 추구한다. 풍요는 약간
편할지 모르지만 온전한 마음의 평화를 이루지는 못한다. 그래서 우
리말과 한자어에는 많이 가져서 풍족해야 마음이 평안하다는 말은
없다. 가난한 가운데 만족을 누리는 사람은 두 발을 뻗고 잘 수 있지
만, 자기가 가진 것을 지키려고 하는 사람은 두 다리를 뻗고 잘 수 없
다. 그래서 우리 조상들은 안빈, 청빈을 좋아했다.

마른 떡 한 조각만 있고도 화목 하는 것이 육선이 집에 가득하고 다투
는 것보다 나으니라(잠17:1)
여간 채소를 먹으며 서로 사랑하는 것이 살진 소를 먹으며 서로 미
워하는 것보다 나으니라(잠15:17)

예수는 어리석은 부자 이야기(눅12:13-21)와 약대가 바늘귀로 들

예수 그리스도의 평화

어가는 것이 부자가 하나님 나라에 들어가는 것보다 쉬우니라(마 19:24)고 했다. 부자는 그만큼 만족함을 찾기가 쉽지 않다. 안녕은 모든 상황에서 이룰 수 있다. 한국의 선조들이 추구했던 안녕은 전쟁이나 내란, 가정상황에서 무고, 무탈과 개인의 육신의 건강, 사회 질서가 잘 잡힌 상태를 말하였다.

2. 화평(和平)

대한민국과 일본에서는 평화라는 단어를 쓰지만 중국에서는 화평이라고 한다. 이 말은 한자로 和자와 平자가 합해진 단어이다. 동양의 평화사상은 중국의 화평 사상에 큰 영향을 받았다. 옛 부터 동양은 유교 사상이 주류를 이루고 있었다. 유가사상은 춘추 전국시대 (B.C.E. 770-476)부터 시작된다. 춘추시대의 시초는 주(周)왕조가 뤄양(洛陽)으로 천도한 연호다. 전국시대의 시호는 진(晉)의 유력 귀족인 한(韓), 위(魏), 조(趙)가 실권을 잡아 제후로 승격된 해를 말한다. 진시황이 B.C.E. 221년에 전국을 통일함으로 전국시대는 끝난다. 이 시대는 서주시대의 봉건제도가 해체되고 진·한 황제 아래서 중앙집권제가 형성되는 과도기적 시대다. 춘추시대는 서주 이래의 제후가 100여개나 존속하고 있어서 전통 기풍이 강하였으나 전국 시대에는 강국이 약국을 합병하여 진(秦), 초(楚), 연(燕), 제(齊), 한(韓), 위(魏), 조(趙)의 이른바 전국칠웅(全國七雄)이 성립한다.[7] 각 군주들은 스스로 왕임을 자청하고 광대한 영역을 통치할 관료기구를 정비하였다. 그 중 서방의 진(秦)은 적극적으로 정치를 개혁하고 부국강병에 힘을 써서 천하 통일을 이루게 된다.

이 시대에 제후들 간의 싸움은 치열했다. 이러한 사회의 처참한 상황가운데 많은 사상가들이 등장하게 된다. 이들을 가리켜 제자백가(諸子百家)라 한다. 제자란 말은 제선생이란 뜻이고, 백가란 수많은 파별을 의미하는 말이다. 그 제자의 파별은 유가(儒家), 도가(道家), 음양가(陰陽家), 법가(法家), 명가(名家), 묵가(墨家), 종횡가(縱橫家), 잡가(雜家), 농가(農家) 등 9종류가 있다. 이들은 백성들의 처참한 삶과 나라를 구하기 위하여 학문을 연구하며 많은 학설을 내놓게 된다. 그들의 활동하던 시기의 사회상은 맹자의 말에서 찾을 수 있다.

> 쟁지이전(爭地以戰), 살인영야(殺人盈野),
> 쟁성이전(爭城以戰), 살인영성(殺人盈城),
> 차소위솔토지이식인육(此所謂率土地而食人肉), 죄불용어사(罪不容於死)
>> (땅을 다투어 싸움에 사람을 죽인 것이 들에 가득하며, 성르 다투어 싸움에 사람을 죽인 것이 성에 가득함에 있어서랴! 이것이 이른바 토지를 따라(위하여) 사람의 고기를 먹는다는 것이니, 죄가 죽음을 받아도 용서되지 못할 것이다.)[8]
> 민지초췌어학정(民之憔悴於虐政),미유심어비시자야(未有甚於比時者也)
>> (백성이 학정에 시달림이 지금보다 더 심한 적이 있지 않았으니)[9]
> 금지제후(今之諸侯), 취지어민야(取之於民也), 유어야(猶禦也)
>> (지금의 제후들이 백성한테서 재물을 취하는 것은 멈추고 빼앗는 것이나 일반이다)[10]

이 문구만 보아도 당시의 처참한 상황을 알 수 있다. 주대까지의 평온함은 없어지고 땅을 뺏으려는 제후간의 전쟁이 끊이지 않았다. 제후의 욕망에 의한 전쟁에 고난 받는 자는 백성들이었다. 이러한 상황에서 제자백가들은 백성들을 구하고 천하를 평화롭게 할 방법들을 제시했다. 도가를 제외한 제자백가들은 이상주의자나 현실주의자를 막론하고 모두 천하의 통일을 평화의 목표로 삼았다.[11]

이러한 목표아래 화평의 정의를 제자백가들의 여러 저서들, 즉 화(和)자는 국어(國語), 예기(禮記), 춘추번로(春秋繁露)등에서 찾아볼 수 있다. 여기에서는 조화의 뜻이 강하게 쓰여 졌다.

> 부정상악(夫政象樂),악종화(樂從和), 화종평(和從平),
> 성이화악(聲以和樂), 율이평성(律以平聲) .성불화평(聲不和平),
> 비종관지(非宗官之), 소사야(所司也).
>> (정사란 음악과 같은데 음악은 8음의 조화에 따르고 화는 평에 따른다. 5성으로 음악을 조화하고 5율로써 5성을 고르게 한다 … 성이 화평하지 않는 것은 성관을 관장하는 종백이 맡은 바가 아니다).[12]
>
> 소대상성(小大相成), 종시상생(終始相生), 창회청탁(倡和淸濁),
> 질상위경(迭相爲經), 고악행이윤청(故樂行而倫淸), 이목총명(耳目聰明),
> 혈기화평(血氣和平), 이풍역속(移風易俗),천하개녕(天下皆寧).
>> (음성의 소대가 상성하고 종시가 상생한다. 선창에 화답하니 맑기도 하고 탁하기도 하여 서로 번갈아가며 벼리가 되어 다양한 통일을 이룬다. 이 때문에 음악의 연주는 조리가 정연하여 사람들의 이목을 총명케 하고 혈기가 화평하게 하며 풍속을 개선하여 천하가 모두 편안하게 된다).[13]
>
> 화자(和者), 천지지정야(天地之正也), 음양지평야(陰陽之平也) ,
> 고인인지소이다수자(故仁人之所以多壽者),
> 외무빈이내청정(外無貧而內淸淨),
> 심화평이불실중정(心和平而不失中正),
> 취천지지미(取天地之美), 이양기신(以養其身),
> 시기차다차치(是其且多且治).

(화는 천지의 정이요 음양이 평형을 이룬 것이다 … 그러므로
어진 사람이 오래 사는 것은 밖으로 탐함이 없고 안으로 청청
하여 심이 화평하되 중정을 잃지 않기 때문이다. 천지의 미를
취하여 그의 몸을 기르니 이 때문에 수명이 오래고 또 건강할
수 있다).[14]

이 말을 볼 때 화(和)는 음의 조화, 음양의 조화뿐만 아니라 갖가
지 사물이나 사건들의 조화를 의미하고 있다.

평(平)자는 춘추좌전에서 찾아 볼 수 있었다. 춘추좌전에 나와 있
는 평자를 발췌해 보면 다음과 같이 쓰여 있다.

육년춘(六年春), 정인래투평(鄭人來偸平).
　　(정인이 노나라에 와서 오랜 원수를 버리고 새로운 우호관계를
　　닦았다).
진급정평(陳及鄭平).
　　(진나라와 정나라가 싸우다가 평화를 논하였다)
동(冬), 목숙여주(穆叔如?), 빙(聘), 차수평(且修平).
　　(목숙이 주나라에 가서 예를 갖추고 또 거듭 우호관계를 다졌다).
자사장급초평(子駟將及楚平).
　　(자사가 초나라와 평화를 누리려고 하였다.)[15]

위 뜻으로 볼 때 평(平)자는 전쟁 등으로 말미암아 생긴 원한이나
증오 따위를 씻고 우호 관계를 되살린다는 뜻이다.

이를 미루어 볼 때, 화평이란 단어는 좁은 의미로 전쟁이 없는 상
태를 말하지만 넓은 의미로는 사람과 사람 사이의 화목 뿐 아니라
자연의 모든 사물, 사건들이 평형과 조화를 이루는 것을 뜻한다. 제
자백가들은 어려운 나라를 수습하고 조화를 이룰 수 있는 방법을 찾
기 시작했다. 맹자는 조화로운 나라를 위하여서는 예(禮)를 시행해

예수 그리스도의 평화

야 하며,[16] 덕에 의한 평화를 주장하였다.[17]

노장에 와서는 도(道)를 강조한다. 노장은 모든 문제의 발단은 해결을 인위적으로 하려고 하기 때문이라고 생각했다.[18] 장자는 화평을 이루는 방법으로 무위의 정치를 주장하고 있다.[19] 무위는 결코 가만히 앉아서 불언, 부동하는 것이 아니다. 사람들이 각기 그 스스로 함에 맡기는 것이다. 장자는 자연에 따르라(順自然)라는 명제를 인간 행위의 원칙으로 제시하였다. 노장의 자연은 저절로, 스스로라는 뜻을 지닌다. 자연에 따른다는 것은 사람을 포함한 만물들이 저절로, 스스로 변화에 순응함을 의미한다.[20] 이런 의미에서 장자의 평화사상은 덕에 의한 조화를 말한다. 덕에 의하면 사람과 사람, 자연과 인간 사이의 조화를 이룰 수 있다.

지금까지 제자백가의 사상들을 살펴보았다. 오랜 기간 동안 닦여진 학문 때문에 굉장히 심오한 뜻들을 담고 있다. 그러나 이러한 화평의 방법들을 갖고 있음에도 불구하고 전쟁에 대한 이론들도 갖고 있다. 그들의 전쟁에 관한 사상을 정리해 보면, 도가는 비전론(非戰論), 묵가는 반전론(反戰論), 법가나 병가는 농전론(農戰論), 주전론(主戰論)을 폈는가 하면, 유가는 주전론도 비전론도 아닌 의전론(義戰論),을 전개하였다.[21]

제자백가를 중심으로 한 많은 사상가들은 나름대로의 화평사상을 내놓았다. 이러한 화평사상을 중심으로 그들은 대동(大同) 사회를 꿈꾸었다. 대동 사회는 예기 예운편에서 잘 말해주고 있다.

> 대도지행야(大道之行也), 천하위공(天下爲公), 선현여능(選賢與能), 강신수목(講信修睦), 고인(故人), 불독친기친(不獨親其親), 불독자기자(不獨子其子), 사노유소종(使老有所終), 장유소용(壯有所用), 유유소장(幼有所長), 환과고독폐질자(矜寡弧獨廢疾著), 개유소양(皆有所養), 남유분(男有分), 여유귀(女有歸), 화오기기어지야(貨惡其棄於地

也), 불필장어기(不必藏於己), 력오기불출어신야(力惡其不出於身也), 불필위기(不必爲己), 시고(是故), 모폐이불흥(謀閉而不興), 도절란적이불작(盜竊亂賊而不作), 고외호이불폐(故外戶而不閉), 시위대동(是謂大同).

(큰 도가 행해지면 천하를 공으로 하여 어진 이를 뽑고 능한 자를 골라서 신을 강구하고 화목함을 닦았다. 그런 때문에 사람들은 유독 그 부모만을 부모로 여기지 않고, 유독 그 아들만을 아들로 여기지 않았다. 늙은이로 하여금 마칠 곳이 있게 하고, 젊은이로 하여금 쓰일 곳이 있게 하며, 어진이로 하여금 자랄 곳이 있게 하고, 궁과고독과 폐질에 걸린 자로 하여금 모두 기르는 곳이 있게 했다. 남자는 직분이 있고, 여자는 돌아갈 곳이 있다. 재물은 그것을 땅에 버리는 것을 미워하지만 반드시 감추어 두지 않았으며, 힘은 그 몸에서 내지 않는 것을 미워하지만 반드시 자기만 위해서 쓰지는 않는다. 그런 때문에 간사한 꾀는 닫히고 일어나지 않으며 도적과 난적이 생기지 않았다. 때문에 바깥문을 닫지 않았다. 이것을 대동이라고 말한다).[22]

제자백가들은 이 대동 사회를 그리며 학문을 연구하여 후학들에게 전수하였다. 춘추전국시대에는 정치적으로 혼란하고 어려웠지만 학문만큼은 그 어느 때보다 활발히 이루어졌다. 앞서 언급했던 대동의 사회를 꿈꾸며 이루어진 것이다.

중국의 제자백가를 중심으로 화평사상을 살펴보았다. 중국에서 중요하게 흐르는 사상은 인(仁), 의(義), 예(禮), 지(智), 신(信)이라는 오상(五常)과 도(道), 덕(德)으로 나라를 다스리면 평화로운 나라가 될 것이라는 것이다. 이러한 것을 바탕으로 대학(大學) 장구총설(大學章句總設) 8조목 중에 나오는 말이 있다.

물격이후지지(物格而后知至), 지지이후의성(知至而后意誠), 의성이후심정(意誠而后心正), 심정이후수신(心正而后修身), 수신이후가제(修身而后家齊), 가제이후국치(家齊而后國治), 국치이후천하평(國治而后天下平).

(물(物)이 격한 뒤에 지(知)가 이르고 지(知)가 이른 뒤에 뜻(意)이 정성되고, 뜻(意)이 정성된 뒤에 마음(心)이 바르고, 마음(心)이 바른 뒤에 몸(身)이 닦아지고, 몸(身)이 닦아진 뒤에 집(家)이 가지런해지고, 집(家)이 가지런한 뒤에 나라(國)가 다스려지고, 나라(國)가 다스려진 뒤에 천하가 평(天下平)해진다).[23]

수신제가치국평천하(修身齊家治國平天下). 이것이 제자백가들이 주장해 온 사상이다. 먼저 자신이 도를 닦고 닦아서 가정을 가지런히 하고 나라를 다스릴 때 천하가 화평하게 된다는 것이다. 중국의 화평사상은 인간관계와 나라와 나라의 관계, 그리고 사람과 자연의 관계까지도 조화를 이룰 때 이루어진다는 것이다.

3. 샬롬 (שלום)

히브리어에서 평화는 샬롬이다. 개인이나 집단이 소유하는 완전한 상태를 의미하는 것으로서 건강, 번영, 안정감 또는 계약의 완전성 등 광범위하게 사용된다. 샬롬의 어휘와 고대 중동에서 사용했던 평화에 대한 단어들을 먼저 살펴보고자 한다.

1) 샬롬의 어휘와 고대 중동의 평화에 대한 단어들

샬롬의 동사형은 샬람(שלא)이다. 평화에 관한 전체적인 의미를 포괄하는 단어로 '평화를 소유하다. 평화롭다' 는 뜻을 갖고 있다. 같은 어원의 명사로서는 샬롬으로서 평화와 셀렘의 화목제라는 뜻을 가진다. 그리고 아람어의 셸람은 평화의 뜻을 갖으며, 같은 아람어로 샤람을 쓸 때는 '완성하다. 회복시키다' 는 의미가 된다.

아카드어로서는 샬라무(salāmu)는 흠없는, 건강한, 완전한이란 뜻을 갖는다. 이로부터 건강, 번영, 정치적이고 영적인 행복 등의 의미가 파생되어 나온다. 동사 샬라(שלה)는 원래 샬루(שלו)로 의미는 평안하다이다. 여기서 파생된 명사인 샬루바(שלוה)와 샬레브(שלשלי)는 평화한 때 또는 평안한 때라는 뜻으로 쓰인다.[24]

사마리아 오경에는 샬롬(신23:7)과 샬로미나(창33:18)로 되어있고, 사마리아어로는 셸람(šēlåm), 우가릿(Ugaritic)으로는 슬름(šlm)으로 그 뜻은 평화와 행복을 의미한다. 고대 남부 아랍어는 slm으로 평화의 뜻이다. 이디오피아어는 샬람(salām)으로 완성, 완전, 행복을 의미한다. 티그리어로는 샬람(salām), 샬라마트(salāmat)이다. 이 뜻은 인사, 환영의 말이다. 아랍어는 샬름(salm)과 슬름(silm)은 평화의 뜻으로 샬람(salām)은 건강, 근본, 행복, 평화, 안전을 뜻한다. 이집트어로 슬름(šrm)은 평화를 뜻한다.

샬롬이 명사형으로 쓰일 때는 완성, 완료, 원래상태를 의미한다. 그 뜻으로서는 공동체의 건강, 완성, 완료, 근본을 뜻한다. 동사의 의미로서는 명사의 의미와 함께 만족, 만족하다라는 의미를 갖는다. 70인 역에서의 샬롬은 에이레네로 번역되고 있다. 그 외에도 샬롬의 뜻은 번영, 성공, 근본, 행복, 건강한 상태, 공공의 평화, 전쟁의 반대의 상태, 우정, 구원, 등의 뜻을 갖고 있다.[25]

예수 그리스도의 평화

2) 구약에 사용된 샬롬

샬롬은 구약성경에 482회 정도 다양한 의미로 쓰인다. 이 뜻은 완전성 혹은 총체성, 건전, 복지, 평화이다. 구약에는 이 샬롬을 창조하시는 이는 하나님이시라고 했다.[26] 이사야는 '나는 빛도 짓고 어두움도 창조하며 나는 평안도 짓고 환난도 창조하나니 나는 여호와라 이 모든 일을 행하는 자니라' (사45:7)라고 했다. 그리고 그의 택한 백성들에게 이 평화를 주려고 했었다. 선지자 예레미야는 '나 여호와가 말하노라 너희를 향한 나의 생각은 내가 아나니 재앙이 아니라 곧 평안이요 너희 장래에 소망을 주려하는 생각이라' (렘29:11)라고 말했다. 그렇다면 구약성경에 이 평화는 어떻게 사용되었는지 살펴보고자 한다.

(1) 하나님이 주시는 샬롬

유대인들은 평안을 짓는 자가 여호와이기 때문에 그들에게 임하는 평화는 하나님이 주시는 선물로 알았다. 그래서 축복의 기도 가운데 이 샬롬이 사용되었다. 여호와는 그 얼굴을 네게로 향하여 드사 평강 주시기를 원하노라(민6:26). 너희 하나님 여호와께서 너희와 함께 하지 아니하시느냐 사면으로 너희에게 평강을 주지 아니하셨느냐(대상22:18). 나라의 평강은 하나님께서 주시는 평강임을 말하고 있다.

또한 환난과 고난 중에도 평강을 주시는 하나님이라고 한다. 욥이 환난을 당할 때 엘리후가 '주께서 사람에게 평강을 주실 때에 누가 감히 잘못하신다 하겠느냐' (욥34:29)라고 비난한다.

여호와께서는 자기 백성에게만 평강을 준다고 믿었다. 여호와께서 자기 백성에게 힘을 주심이여 여호와께서 자기 백성에게 평강의 복을 주시리로다(시29:11). 구약은 선민 이스라엘과 택민 유다에 의해 쓰여졌기 때문에 항상 자기 민족에게만 모든 초점을 맞춘다. 하나님의 보호나 인도하심, 그리고 복, 평강도 자기 민족에게만 내리는 것으로 알았다. 이 외에도 심지가 견고한 자에게 평강을 주신다고 했다(사26:3). 이러한 것으로 볼 때 유대인들의 샬롬은 유대민족에게만 주어지는 것으로 인식을 한 것이다.

(2) 인사와 안부를 물을 때 사용된 샬롬

구약성경에 샬롬이 안녕으로 번역된 곳이 있다. 바로 요셉이 애굽에 식량을 구하러 온 형들에게 아버지 야곱의 안부를 묻는 장면(창43:27)이나 야곱이 하란의 한 우물에서 목자들을 만나 삼촌의 안부를 물을 때 사용한 것이다(창29:6). 본문에서는 안녕과 생존만 나왔다. 하지만 이는 건강, 무사, 무탈 등에 관한 안부이다.

이 샬롬은 상대방과 먼 곳에 떨어 져 있는 사람의 안부를 물을 때 사용되기도 하였다. 그 예가 하나님의 사람 엘리사가 사환 게하시에게 시켜 수넴여인에게 인사하는 장면이다(왕하4:26).

이 외에도 상대방에게 직접 인사할 때 사용된 경우가 있다. 엘리사의 사환 게하시가 나아만을 쫓아가 제물을 취하려고 인사를 한다(왕하5:21-22). 이처럼 상대방에게 인사말로 샬롬을 묻는 경우가 많이 나온다. 이러한 경우로 볼 때 샬롬은 마음의 평안함, 경제적인 만족의 상태, 걱정과 근심이 없는 상태, 건강과 가정의 화목한 상태 등에 관한 모든 것을 포함하고 있다.

(3) 기원할 때 사용된 샬롬

샬롬은 하나님의 선물이나 인사를 나눌 때뿐만 아니라 기원할 때, 즉 건강과 장수, 미래의 평안함을 기원할 때 사용되었다.

솔로몬이 왕이 되어 정적들을 제거한 후 매우 이기적 성향이 나온다. 다윗과 그 자손과 그 집과 그 위에는 여호와께로 말미암은 평강이 영원히 있으리라(왕상2:33). 진실한 마음으로 친구들을 위하여 평강을 기원하는 경우도 있다. 내가 내 형제와 붕우를 위하여 이제 말하리니 네 가운데 평강이 있을지어다(시122:8). 시인은 예루살렘의 평안과 형통을 바라면서 모든 사람들이 평강하기를 기원하였다. 또한 인간의 욕심으로 무질서한 사회를 바라보면서 기원하는 경우가 있다. 입술의 열매를 짓는 나 여호와가 말하노라 먼데 있는 자에게든지 가까운 데 있는 자에게든지 평강이 있을지어다 평강이 있을지어다 내가 그를 고치리라(사57:19). 혼란되고 잘못된 사회를 바로잡고 안녕과 질서를 바라는 기원이다.

(4) 경제 안정과 샬롬

구약시대는 농경사회였다. 농민들이 평안을 얻을 수 있는 것 중에 하나가 농사가 잘 되고 결실이 풍성한 경우이다. 이러한 경우에도 샬롬이라고 했다. 밭에 나무가 열매를 맺으며 땅이 그 소산을 내리니 그들이 그 땅에서 평안할지라……그들이 다시는 이방의 노략 거리가 되지 아니하며 땅의 짐승의 삼킨바 되지 아니하고 평안히 거하리니 놀랠 사람이 없으리라(겔34:27) 곧 평안한 추수를 얻을 것이라 포도나무가 열매를 맺으며 땅이 산물을 내며 하늘은 이슬을 내리리니 내가 이 남은백성으로 이 모든 것을 누리게 하리라(슥8:12).

사람들에게 있어서 먹을 것의 풍성함과 경제의 안정은 중요한 문제이다. 먹을 것이 없으면 생명을 유지하기 어렵다. 인간을 위한 하나님의 첫 구원이 아담과 하와가 에덴에서 쫓겨날 때 먹을 것을 주신 것이다. 음식이 풍성이 평화의 도구가 된다.

(5) 대적이 없어야 오는 샬롬

대적을 인하여 출입에 평안치 못하였었나니(슥8:10). 그래서 에스
더서에는 평화를 위하여 대적보다 먼저 선수를 쳐 대적을 제거한다.
이 달 이 날에 유다인이 대적에게서 벗어나서 평안함을 얻어 슬픔이
변하여 기쁨이 되고 애통이 변하여 길한 날이 되었으니(에9:22) 즉,
평화를 위해서는 전쟁을 정당화한다. 이로 인해 성전(聖戰)이 생긴
것이다.

(6) 이상적인 샬롬

구약에는 이상적인 샬롬도 있다. 미가서 4장은 구약의 평화이해
가 가장 선명하게 정리되어 있다. 그런데 특이한 것은 이상적인 평
화의 세상을 그리면서도 샬롬이라는 용어가 전혀 나타나지 않는다.
미가서 4장의 배경은 이스라엘 백성들이 바벨론 포로로부터의 회복
을 언급하고 있기 때문에 본문에 나타나고 있는 평화 메시지는 바벨
론 포로로부터 해방의 상황과 관련된 것이라 추측할 수 있다.

많은 이방이 가며 이르기를 오라 우리가 여호와의 산에 올라가서 야
곱의 하나님의 전에 이르자 그가 그 도로 우리에게 가르치실 것이라
우리가 그 길로 행하리라 하리니 이는 율법이 시온에서부터 나올 것
이요 여호와의 말씀이 예루살렘에서부터 나올 것임이라 그가 많은 민
족 중에 심판하시며 먼 곳 강한 이방을 판결하시리니 무리가 그 칼을
쳐서 보습을 만들고 창을 쳐서 낫을 만들 것이며 이 나라와 저 나라가
다시는 칼을 들고 서로 치지 아니하며 다시는 전쟁을 연습하지 아니
하고 각 사람이 자기 포도나무 아래와 자기 무화과나무 아래 앉을 것
이라 그들을 두렵게 할 자가 없으리니 이는 만군의 여호와의 입이 이
같이 말씀하셨음이니라 만민이 각각 자기의 신의 이름을 빙자하여 행
하되 오직 우리는 우리 하나님 여호와의 이름을 빙자하여 영원히 행

예수 그리스도의 평화

하리로다(미4:2-5)

구약에서 하나님의 속성은 정의와 자비로 표현한다. 위 구절은 하나님이 원하시는 정의와 평화가 넘치는 나라를 표현하는 구절이다. 이는 이사야(2:1-4)와 같다. 이사야와 미가를 비교해 볼 때, 원 저자가 누구인지는 정확히 밝혀지고 있지 않지만 이사야도 미가도 아닌 다른 저자에 의한 말씀을 후대에 삽입한 것으로 추측할 뿐이다.[27] 이사야나 미가는 바벨론 포로 이후 귀환한 이스라엘 백성들에게 미래에 대한 소망을 불어넣고 있다.

본문은 하나님의 정의롭고 평화로운 질서 아래서의 안전한 은신처의 전경이 소박하게 그려져 있다. 이 구절의 분위기로 보아 그 표상은 이스라엘 농민들의 이상형에서 나온 것이다.[28] 포도나무와 무화과나무(왕상5:5, 왕하18:31, 슥3:10)라는 속담적인 용어 사용에서 쉽게 드러난다. 그런데 많은 사람들은 이 표현을 '평화주의적 미래 이상'에 대한 갈망으로 이해했다. 이것은 전쟁시대의 꿈이 아닌 능동적인 하나님 신앙에서부터 나온 강렬한 희망이다. 이것이 이스라엘 민족이 갖고 있는 근본적인 샬롬이다. 이러한 사상은 같으나 전혀 다른 방향으로 이상적인 나라가 이사야에서 전개된다. 이사야는 미가보다 더 진보된 나라를 전개시킨다.

그 때에 이리가 어린 양과 함께 거하며 표범이 어린 염소와 함께 누우며 송아지와 어린 사자와 살찐 짐승이 함께 있어 어린 아이에게 끌리며 암소와 곰이 함께 먹으며 그것들의 새끼가 함께 엎드리며 사자가 소처럼 풀을 먹을 것이며 젖 먹는 아이가 독사의 구멍에서 장난하며 젖 뗀 어린 아이가 독사의 굴에 손을 넣을 것이라 나의 거룩한 산 모든 곳에서 해됨도 없고 상함도 없을 것이니 이는 물이 바다를 덮음 같이 여호와를 아는 지식이 세상에 충만할 것임이니라(사11:6-9).

창세기에서 인간과 동물들 사이에 평화로운 관계(창2:19-20)가 깨어진 것은 홍수 이후였다(창9:2-3). 이사야는 하나님과 인간, 인간과 인간, 그리고 인간과 동물의 관계를 회복시키고 있다. 이는 상극 관계의 회복이다. 평화는 상극하는 존재들의 화해와 공존과 사랑의 관계형성을 말한다. 이러한 관계가 회복되며 함께 사는 사회가 진정한 평화의 나라가 전개되는 것을 이야기한다. 이러한 회복은 옛것으로 복귀를 부르짖는 인상을 준다. 하지만 이것이 진정한 샬롬이며 동양에서 말하는 진정한 안녕의 질서를 말한다. 옛 것으로의 회복임과 동시에 하나님이 원하는 세계로의 나아감이다.

(7) 형식적인 샬롬 선언

신명기는 모든 일에 앞서 평화 선언을 말한다. 이것이 진정한 평화를 위한 선언일까? 그렇다면 이스라엘의 역사는 전쟁이 아닌 평화의 역사가 되어야 한다. 그런데 그들의 평화의 선언은 형식적인 것이 되었다. 그 내면을 살펴봐야 미가와 이사야가 선포한 평화가 이 땅에 오지 않는 이유를 알 수 있다.

네가 어떤 성읍으로 나아가서 치려할 때에 그 성에 먼저 평화를 선언하라 그 성읍이 만일 평화하기로 회답하고 너를 향하여 성문을 열거든 그 온 거민으로 네게 공을 바치고 너를 섬기게 할 것이요 만일 너와 평화하기를 싫어하고 너를 대적하여 싸우려거든 너는 그 성읍을 에워쌀 것이며 네 하나님 여호와께서 그 성읍을 네 손에 붙이시거든 너는 칼날로 그 속의 남자를 다 쳐 죽이고 오직 여자들과 유아들과 육축과 무릇 그 성중에서 네가 탈취한 모든 것은 네 것이니 취하라 네가 대적에게서 탈취한 것은 네 하나님 여호와께서 네게 주신 것인즉 너는 그것을 누릴 찌니라 네가 네게서 멀리 떠난 성읍들 곧 이 민족들에게 속하지 아니한 성읍들에게는 이같이 행하려니와 오직 네 하나님

여호와께서 네게 기업으로 주시는 이 민족들의 성읍에서는 호흡 있는
자를 하나도 살리지 말지니 곧 헷 족속과 아모리 족속과 가나안 족속
과 브리스 족속과 히위 족속과 여부스 족속을 네가 진멸하되 네 하나
님 여호와께서 네게 명하신 대로 하라 이는 그들이 그 신들에게 행하
는 모든 가증한 일로 너희에게 가르쳐 본받게 하여 너희로 너희의 하
나님 여호와께 범죄케 할까 함이니라(신20:10-18).

형식적으로는 이스라엘이 진정으로 평화를 원하는 것처럼 보인
다. 그러나 문제는 평화하기로 화답하고 너를 향하여서 문을 열거든
그 온 거민으로 네게 조공을 바치고 너를 섬기게 할 것이요, 지배자
와 피지배자가 생기는 것이다. 이 말씀을 볼 때 평화 선언은 명목상
의 말 밖에 되지 않는다. 지배자와 피지배자가 있는 이상 평화는 없
다. 그리고 더 놀라운 것은 평화하기를 싫어하는 경우다. 평화하기를
싫어할 경우의 대처하는 상황이나. 너는 칼날로 그 속의 남자를 다
쳐 죽이고 오직 여자들과 유아들과 육축과 무릇 그 성중에서 네가 탈
취한 모든 것은 네 것이니 취하라 네가 대적에게서 탈취한 것은 네
하나님 여호와께서 네게 주신 것인즉 너는 그것을 누릴지니라.

평화를 사랑하는 사람은 평화를 찾지 못하는 사람에게 평화를 찾
도록 만들어 준다. 예수는 화평케 하는 자(마5:9)를 말한다. 그런데
구약은 평화를 만드는 것 보다는 상대방을 전멸시키는 것으로 나온
다. 이것이 이스라엘의 헤렘 사상이다. 헤렘 사상은 상대방을 전부
죽이고 멸절시키라는 것이다. 구약성경에 나타나는 사상으로 선민
사상의 연장선에서 나온 것 같다.

(8) 그 외 다른 용도로 사용된 샬롬

그 외에도 나라의 평강(삼상16:5, 대하14:1), 평안한 죽음(창
15:15, 왕하22:20, 대하34:28), 곤비한 자가 얻는 평강(욥3:17), 악인

에게 없는 평강(사48:22,57:21), 전쟁이 없는 평강(렘14:13), 여호와의 교훈을 받은 자의 평강(사54:13), 화평한 자가 갖는 평안(시37:37), 의의 결과인 평안(사32:17), 쉼의 평안(출31:17) 등 여러 용도로 사용된다.

이러한 모든 것을 볼 때, 구약 성경에 나타는 평화는 전쟁에 의한 평화를 말한다. 최상용 교수는 이스라엘의 샬롬을 '이스라엘의 생존과 독립을 위한 전쟁에 바탕을 깔고 있다' [29]고 했고, 初瀨龍平은 '크리스트교의 평화관에 싸우는 의미를 발견하게 된다' [30]고 했다. 정치학이나 일반 사회에서 이러한 의미로 받아들이고 있다. 이러한 의미로 받아들여지는 이유는 전쟁에 관한 용어다. 그리고 하나님에 의한 전쟁이 끊이지 않았다. 전쟁에 관한 용어를 찾아보면, 여호와의 전쟁, 여호와는 용사, 이스라엘 군대를 이끄시는 용사, 전쟁의 용사, 구원의 용사, 만군의 여호와, 이스라엘 군대의 하나님 등 군사적인 용어들이다. 이는 고대 근동의 종교성이 반영되었으나 출애굽한 이스라엘 백성이 젖과 꿀이 흐르는 땅을 찾는 노정에서 생긴 것이다. 그들에게 있어서 평화는 전쟁 후에 주어지는 소극적인 평화이다. 전체 민족과 함께하는 공생, 공존, 공영을 위한 평화가 아니다.

4. 아람어의 평화(Shlama)

아람어는 히브리어와 가까운 셈족 언어이다. 구약에도 아람어로 기록된 부분이 몇 군데 있다. 아람어로 기록된 가장 오래된 자료는 B.C.E 9세기 경의 비문이다. 그러나 아람어는 그 이전부터 사용되었던 것 같다. [31] 구약에서 사용된 경우는 여갈사하두다(창31:47)를 시작으로 여호와의 권능을 선포하는 시구(렘10:11), 에스라서에서 예루살렘 성전과 성벽 재건에 관한 문제를 지방 관리들과 아닥사스다 왕과 다리오 왕 사이에 서신을 교류하면서 서로 상의하는 모습을 묘사한 부분(스4:8-6)과 에스라에게 보내는 아닥사스다 왕의 조서를 기록한 부분(스7:12-26)이 아람어로 기록되어 있다. 다니엘서는 절반 이상이 아람어로 기록되어 있다(단2:4-7:28).

신약에도 아람어 단어나 문구들이 많다. 예를 들면, 달리다쿰(막5:41), 에바다(막7:34), 엘리 엘리 라마 사박다니(마27:46), 랍오니(요20:16), 마라나타(고전16:22) 등이 있다. 이외에도 아람어의 영향을 받은 지명이나 인명이 있다. 게바(요일42,고전1:12), 다비다(행전9:36;40), 아겔다마(행전1:19), 겟세마네(마26:36,14:32), 골고다(막15:22) 등이 있다. C.E.1세기경에 팔레스타인에서는 아람어를 사용했다는 것이 일반적인 견해이다.[32]

그러므로 아람어의 평화를 살펴보는 것은 아주 중요하다. 예수께서도 당시 팔레스타인에서 사용했던 아람어로 말씀을 선포했기 때문에 아람어의 어의를 충분히 반영해서 선포했을 것이다.

아람어에서 평화를 뜻하는 단어는 *shlama*이다. M. Lamsa는 다음과 같이 말했다.

> shlama의 뜻은 항복하다(내어주다)를 의미한다. 고대 근동에서는 한 사람이 shlama lakh로 다른 사람에게 인사할 때 "나는 당신에게 항복(내어주다)한다"라는 뜻을 전달했다. 인사를 받은 한 사람이 인사를 수락할 때 "나는 당신에게 내어준다", "평화가 있기를" 또는 "평안이 있기를"이라고 답했다. 이 고대 인사의 매혹의 힘은 신뢰를 불러 일으켰고, 인사를 주고받던 낯선 사람의 마음으로부터 모든 두려움과 의심을 제지했다. 따라서 다른 사람에게 항복하기 때문에 그들은 평화를 찾게 될 것이다.[33]

이러한 의미에서 아람어의 평화는 매우 비굴해 보인다. 대부분의 민족들은 힘에 의한 정복과 지배를 통한 만족을 평화로 이해했다. 그러나 아람어에서의 평화는 인간관계에서 상대방을 이해하고 양보와 용서를 통한 평화를 도모하는 사상을 내포하고 있다. 이러한 사상은 예수 그리스도의 사상과 연결이 된다.

구약의 사상은 지배와 정복과 군림 속에서 이루어지는 평화였다. 이사야는 메시아의 탄생을 예고하면서 '이는 한 아기가 우리에게서 났고 한 아들을 우리에게 주신 바 되었는데 그 어깨에는 정사를 메었고 그 이름은 기묘자라 모사라 전능하신 하나님이라 영존하시는 아버지라 평강의 왕이라 할 것임이라 그 정사와 평강의 더함이 무궁하며 또 다윗의 위에 앉아서 그 나라를 굳게 세우고 자금 이후 영원토록 공평과 정의로 그것을 보존하실 것이라 만군의 여호와의 열심이 이를 이루시리라' (사9:6-7)라고 했다. 이사야는 메시아를 평강의 왕으로 기대했다. 왕으로 와서 이스라엘을 위하여 싸우고, 이스라엘만의 평화를 도모해 주기를 바랐다. 이것이 구약에서 말하는 샬롬이다. 전쟁에서 승리하여 남을 정복하고, 지배하고, 빼앗으며 얻어내는 평화를 말한다.

그러나 아람어에서 말하는 *shlama*는 다르다. 로크 에리코가 말하는 아람어의 평화는 상대방에게 항복하고, 내어주고, 진정으로 평화를 빌어주는 의미가 있다. 이 의미는 예수가 바랐던 평화의 의미를 내포한다. 예수는 평화를 위해서는 용서하며, 서로 사랑하며, 원수까지 사랑해야 한다고 했다. 이러한 것을 선포했기 때문에 유대인들은 좋아할 리가 없다. 앞서 언급을 했지만 유대인들은 이사야가 말한 대로 메시아는 평화의 왕으로 와서 적들을 물리치고 자신들이 선민과 택민으로 군림하는 것을 바랐기 때문이다. 그리고 무조건적으로 용서와 사랑과 관용을 베푸는 것은 무능해 보이기도 했을 것이다. 아람어에서 평화는 항복하다, 내어 주다는 의미가 강하게 나타

 예수 그리스도의 평화

나고 있기 때문이다.

예수는 예물을 제단에 드리다가 거기서 네 형제에게 원망들을 만한 일이 있는 줄 생각나거든 예물을 제단 앞에 두고 먼저 가서 형제와 화목하고 그 후에 와서 예물을 드리라(마5:23-24)라고 했다. 람사는 '예수는 사람이 대적을 찾아가서 그 사람과 화해하기 위해서 제단 위에 가장 신성한 예물조차도 두고 떠날 것을 권한다. 사랑과 평화는 모든 제사와 희생들보다도 중요하다. 왜냐하면 하나님은 사랑이시기 때문이다. 사람들 사이에서 평화 없이 사랑의 표현을 할 수 없다. 사람들은 하나님과 평화를 유지하기 위하여 형제나 이웃들과 먼저 화해해야만 한다. 한 사람의 형제와 이웃들과 평화가 있을 때, 욕설에 대한 동기가 없다. 따라서 적대자와 화해하고 화를 정복하는 것은 하나님께 예물을 드리는 것보다 더 중요하다'[34]고 했다. 사랑이 없이는 화해가 없으며, 화해가 없이는 평화를 이룰 수 없다.

예수는 억울함을 호소하며 복수하기 보다는 무저항을 말한다. 누구든지 네 오른편 뺨을 치거든 외편도 돌려대며(마5:38-39). 여기서 '다른 뺨을 돌려대라' 는 아람어 방언으로 다른 사람의 돛을 밀어내는 바람을 일으키는 것을 배우라. 그것이 작을 때 문제를 해결하라는 의미이다. 종종 우리는 부정에 저항할 때 우리는 문제를 중대시킨다. 온유한 말은 분노를 돌이킨다.[35] 이러한 구절은 자기 방어에 반대하는 제한이 아니라 오히려 싸움과 복수에 반대하는 구제책(개선)이다. 예수는 사람 관계 안에서 평화와 조화를 장려(권면)했다.[36]

예수께서는 아람어의 평화를 가장 선명하게 표현한 것이 '원수를 사랑하라' 이다. 또 네 이웃을 사랑하고 네 원수를 미워하라 하였다는 것을 너희가 들었으나 나는 너희에게 이르노니 너희 원수를 사랑하며 너희를 핍박하는 자를 위하여 기도하라 이같이 한즉 하늘에 계신 너희 아버지의 아들이 되리니 이는 하나님이 그 해를 악인과 선인에게 비취게 하시며 비를 의로운 자와 불의한 자에게 내리우심이 니라 너희가 너희를 사랑하는 자를 사랑하면 무슨 상이 있으리요 세 리도 이같이 아니하느냐 또 너희가 너희 형제에게만 문안하면 남보 다 더 하는 것이 무엇이냐 이방인들도 이같이 아니하느냐(마5:43-47). 여기서 사랑은 감성이나 열렬한 애정을 언급한 것이 아니라 오 히려 따뜻하고 친절하고 우호적인 것을 말한다. 즉 마음씨 고운 것 을 향한 것이다. 만일 네 원수가 굶주렸으면 그에게 먹을 빵을 주어 라, 그리고 만일 그가 목마르거든 그에게 마실 물을 주어라(잠25:21 K.J.V.) 그렇게 하면 원수가 없어질 것이다. 예수는 인류가 평화와 화해를 실행하기 위하여 모든 개인에게 끊임없이 더 높은 이상을 역 설했다. 증오와 복수는 단지 더 많은 증오와 복수를 발생시킬 것이 지만 사랑은 가장 아름다운 사람을 길러내고 장려한다.[37]

예수는 이러한 평화를 이루며 유지하기 위한 방법도 제시해 주고 있다. 보라 내가 너희를 보냄이 양을 이리 가운데 보냄과 같도다. 그 러므로 너희는 뱀같이 지혜롭고 비둘기 같이 순결하라(마10:16). 뱀 은 공격보다는 먼저 피하고, 위험을 느낄 때에는 자신의 몸을 돌돌 감아 머리를 가장 중앙에 두므로 뱀을 지혜의 상징으로 삼았다. 비 둘기는 청결과 온유와 평화와 순수의 상징으로 생각한다. 그것은 매 우 다정한 새이고 아마도 처음으로 길들인(가정에서 받아들인) 새이 기 때문일 것이다. 예수는 그의 제자들을 뱀처럼 지혜롭고 비둘기처 럼 해롭지 않도록 가르쳤다. 그들은 말썽이나 위험을 일으키지 않게 하기 위해서 그들의 사역에 신실하도록 했다. 그들은 대적들의 길을 피하도록 주의를 받았다. 그들에게 하나님의 권능과 지혜를 의지함 으로 그들 스스로를 보호할 수 있게 하기 위하여 주의하였다. 제자 들은 여행하기 위해서 무장하거나 위험한 사건에 개입하지도 않았 다. 그들은 일이 있을 때 한 도시에서 다른 곳으로 도망쳤다. 왜냐하

예수 그리스도의 평화

면 제자들은 청결과 평화와 친절을 설교하기 위해서이다.

이러한 것으로 볼 때, 예수께서는 아람어로 평화를 사용하면서 평화를 만드는 자가 되기를 원하셨다. 평화를 만드는 자는 모든 것을 양보하며, 용서하며, 원수까지도 사랑할 줄 알아야 한다. 어쩌면 이러한 모습은 유대인들이 생각했던 것처럼 비굴해 보이기도 하고 어리석어 보이기도 한다. 그러나 양보와 화해를 통해 서로사랑을 할 때 이 땅에는 진정한 평화가 임할 것이다.

5. 에이레네($\epsilon \iota \rho \eta \nu \eta$)

평화를 헬라어로는 에이레네로서 에이오($\epsilon \check{\iota} \omega$, 결합하다)에서 유래했다(어떤 사전에서는 에이로($\epsilon \acute{\iota} \rho \omega = \lambda \acute{\epsilon} \Upsilon \omega$)에서 유래된 것으로 봄). 70인역 본에서는 주로 샬롬의 역어로 평화, 즉 국가적으로 평온한 상태, 전쟁의 소용돌이와 황폐에서의 해제를 의미한다.[38] 고대 히브리어에서는 평화를 경쟁 집단 간의 적대감이 중단되거나 또는 사라진 상태에 사용되었다. 그러나 신약에서는 그 의미의 폭이 훨씬 더 광범위하다. 그 이유는 히브리어 샬롬의 영향과 기독교 신앙과 경험의 배경 속에서 사용되었기 때문이다. 실제적으로 쓰여진 실례를 보면 휴전과 같은 의미로 화친을 청할지니라(눅14:32), 화목하기를 청한지라(행12:20), 교회가 박해를 받지 않는 평안한 상태로 에이켄 에이레넨($\epsilon \check{\iota} \chi \epsilon \nu \; \epsilon \iota \rho \eta \nu \eta \nu$) 평안하여(행9:31)를 말한다.

에이레누오($\epsilon \iota \rho \eta \nu \upsilon \acute{\omega}$)는 '에이레네'에서 유래하였다. 화평하게 지내다, 화평을 가지다, 화평을 지키다 의 뜻이다. 조화와 일치를 이루는 것을 말한다. 마가복음 9:50 엔 에우토이스 알라 카이 에이레뉴에테($\epsilon \nu \; \acute{\epsilon} \alpha \upsilon \rho \; o \iota \varsigma \; \acute{\alpha} \lambda \alpha \; \kappa \alpha \iota \; \epsilon \iota \rho \eta \; \nu \upsilon \acute{\epsilon} \tau \epsilon$) 너희끼리 화목하라, 그리고 데살로니가전서 5:13 에이레뉴에테 엔 에우토이스($\epsilon \iota \rho \eta \; \nu \upsilon \acute{\epsilon} \tau \epsilon \delta \nu \; \acute{\epsilon} \alpha \upsilon \tau$

ois) 너희끼리 화목하라라고 되어있다.

에이레니코스(*εἰρηνικός*)는 평화에 관한, 평화로운, 태평한, 평화를 사랑하는 등의 뜻이다. 야고보서 3:17에 에이레니케(*εἰρηνικη*) '화평하고' 로 되어있다. 또한 그것과 더불어 화평을 가져오는, 평화로운, 유익한의 뜻이 있다. 히브리서 12:11에 보면 에이레니콘(*εἰρνικόν*) '평강한' 이라고 되어있다.

에이레노포이오스(*εἰρηνοποιέω*)는 주격, 복수, 남성으로 조성자, 화평케 하는 자, 화해적인, 평화를 사랑하는 자의 뜻으로 무력에 의한 통치자들의 평화에도 적용되었다. 마태복음 5:9에 화평케 하는 자로 되어있다. 에이레노포이에오(*εἰρρηνοποιέω*)는 에이레노포이오스에서 유래되었다. 화평케 하다, 화합을 이루다의 뜻이다. 골로새서 1:20은 에이레노포이에사스(*εἰρηνοοποιήσας*), 즉 평화를 이루다로 되어있다.

이로 미루어 볼 때 에이레네는 기본 동사 결합하다에서 유래된 단어로 문자적으로나 혹은 상징적으로 평화, 함축적으로는 번영, 하나됨, 고요, 안식, 다시 하나가 되다, 조화, 일치, 안전, 무사, 확신이란 의미가 있다. 이러한 의미를 나타내는 에이레네는 신약성서에 91회나 나타난다.[39] 이 단어의 의미는 전쟁이나 투쟁, 분쟁의 반대개념의 평화다. 또한 하나님과 인간 사이에 올바른 관계의 회복에 대해 크게 관심을 갖고 있다.[40] 신약성서에서 이 단어는 평안(마10:13,막5:34), 화평(마10:34,행10:36), 평강(눅1:79,요20:19,21,26), 평화(눅2:14,롬10:15), 안전(눅11:21), 화친(눅14:32), 화목(행7:26,12:20)[42] 등으로 번역되고 있다. 단어의 의미는 구약의 영향을 받아서인지 샬롬보다 더 광범위하게 쓰이고 있다.

신약성서에 쓰이고 있는 에이레네에 대해서 살펴보자. 신약성경에 사용된 에이레네는 샬롬과 같이 인사말로 사용되었는데 한 사람이 다른 사람에게 인사를 하며 평화를 빌 때 그 평화가 상대방에게 임하는 것으로 믿었다. 만일 상대방에게 평화를 빌었을 때 상대방이 받아들이지 않고 거절하면 그 빌었던 평화가 자신에게로 돌아오는 것으로 알았다.[42] 바울이나 서신서의 저자들은 이 인사말을 서신들의 서두에 편입시켰다.[43] 이러한 인사말에서 상대방에게 제공되는 평화는 하나님께로부터 오는 것으로 여겼다.[44] 왜냐하면 평화는 하나님으로부터 말미암아 인간에게 주어지기 때문이다.

에이레네는 가정적인 평화를 이야기하고 있다. 고린도전서 7:8-18에 보면 바울의 가정관이 나오고 있다. 남편과 아내 사이의 평화다.

> 11절, 만일 갈릴지라도 그냥 지내든지 다시 그 남편과 화합하든지 하라) 남편도 아내를 버리지 말라. 15절, 혹 믿지 아니하는 자가 갈리거든 갈리게 하라 형제나 자매나 이런 일에 구속받을 것이 없느니라 그러나 하나님은 화평 중에서 너희를 부르셨느니라.

화평 중에 우리를 부르신 하나님은 모든 일에 있어서 화평하기를 원하신다. 부부가 같이 살든지 헤어지든지 서로에게 화평의 일을 도모해야 한다. 그러나 가정에 관한 이야기는 예수의 복음과 약간의 차이가 있다. 예수는 내가 너희에게 말하노니 누구든지 음행한 연고 외에 아내를 내어버리고 다른데 장가드는 자는 간음함이니라(마 19:9)라고 이혼을 금하였다. 이에 대하여 바울은 서로간의 합의하에 화평의 이유로 이혼해도 된다는 주장이다. 이는 국제 사회에서 전쟁 후의 평화를 이야기하는 것 같다. 부부간의 싸움을 잠재우기 위하여 서로 간에 합의하에 이혼하라는 것과 같다. 그러나 예수는 어떠한 일이 있어도 이혼보다는 가정의 화목을 위하여 말씀을 지키는 자가 희생과 헌신을 할 것을 강조하고 있다.

신약에서 평화가 쓰인 또 다른 예는 하나님과 우리 사이의 바른 관계회복에 매우 깊은 관심을 갖고 있다. 성경은 하나님을 알기 전의 인간과 범죄한 사람을 하나님과의 관계가 깨어진 상태로 말하고 있다.[45] 그러나 이 관계를 회복하는 것을 화목의 상태, 평화의 상태라고 전하고 있다(고후5:19, 골1:22).

또한 에이레네는 마음의 평화, 마음의 평온을 나타낼 때 사용되고 있다. 이 의미는 기독교적인 의미를 가진 것으로 보인다.[46] 예를 들어보면, 로마서 8:6 '영의 생각은 생명과 평안' 과 15:13의 '모든 기쁨과 평강을 믿음 안에서' 를 들 수 있다. 또한 갈라디아서 5:22에 나오는 성령의 열매들 중의 하나인 화평도 이런 의미이다.

지금까지 살펴본 에이레네는 샬롬의 의미보다 포괄적인 의미를 갖고 있다. 에이레네는 인간과 인간, 인간과 자연, 그리고 인간과 하나님 사이의 관계회복으로 주어지는 평화를 말한다.

에이레네에 있어서 독특한 것은 예수의 평화이다. 예수는 위에서 언급한 평화보다는 아주 특별한 평화를 말한다.

> 평안을 너희에게 끼치노니 곧 나의 평안을 너희에게 주노라 내가 너희에게 주는 것은 세상이 주는 것 같지 아니하니라 너희는 마음에 근심도 말고 두려워하지도 말라(요14:27).

신약에서 에이레네는 인사말, 개인의 평화, 가정의 평화, 관계회복 등으로 쓰이고 있다. 그런데 예수가 주는 평화는 이러한 평화 보다는 더 광범위한 것으로 구약에서 잃었던 평화, 샬롬에서 말하지 못하는 평화로서 창조질서의 회복으로 이루어지는 평화를 말한다. 즉, 하나님 나라에서 맛볼 수 있는 평화를 말한다. 이에 대해서는 '예수 그리스도의 복음과 평화' 에서 세론하고자 한다.

예수 그리스도의 평화

6. 로마의 평화(Pax Romana)

로마의 평화는 아우구스투스 황제 때부터 아우렐리우스 황제까지 지중해 세계가 안정을 누렸던 시기를 말한다. 여기에 나오는 라틴어 Pax라는 단어는 계약, 즉 서로 싸우지 않겠다는 동의와 같은 어근에서 나온 것이다. 그래서 securitas(평안), tranquilitas(평정), quies(휴식), otium(안식) 등과 사용될 수 있다.[47] 이러한 의미로 볼 때 계약에 의한 로마제국의 평화라 할 수 있다. 여기서 제국이란 말의 뜻도 살펴볼 필요가 있다. 제국이란 하나의 절대적 통치권 아래 관할되는 영토를 말한다.[48] 오늘날까지 알려진 로마의 평화의 형성은 B.C.E.45년 시민전쟁에서부터이다. 시이저가 이 전쟁에서 승리하면서 로마의 권력을 잡는다. 그는 천재성을 발휘하여 로마의 법과 질서를 회복시켜 로마 세계전역에 평화를 이룩했다. 이러한 업적으로 그를 최초의 황제로 표시했다.[49] 그러나 B.C.E.44년 3월 15일 시이저는 원로원의 음모로 암살된다. 그의 뒤를 이어 옥타비아누스가 양자로 입양되어 권력을 잡는다. 그는 외교적인 재질을 갖고 있었고 그를 도와 줄 사람을 뽑아내는 데 천재적인 소질을 갖고 있었다. B.C.E.27년 공화정 재건의식을 끝낸 후, 옥타비아누스는 아우구스투스라는 칭호를 받았다. 이후 주변 국가들을 정복하면서 영토를 확장하며 제국을 넓혀갔다. 제국을 넓히는 가운데 고통 받는 사람들은 백성이었다. 전쟁과 기아와 질병으로 고통 받던 백성들에게 가장 필요한 것이 평화였다.

아우구스투스가 스페인과 갈리아 원정을 성공적으로 마치고 돌아왔을 때, 원로원은 그의 귀환을 기념하기위해 아우구스투스 평화제단(Pax Augusta)을 설립하였다. 이 제단 위에서 희생자들은 연기처럼 사라져갔지만 '팍스 로마나' 라는 개념은 여기에서부터 출발한다.[50] 로마의 평화는 시저에게서 시작되어 아우구스투스인 옥타비아누스에게 와서 완성된 것이다. 로마 제국은 개개의 민족을 다스리며 로마에 완전히 복종을 하는 한도 내에서 이들에게 자체의 법령을 제정하고 집행할 수 있는 권한을 부여했다.[51]

로마는 강제적으로 타민족을 정복하고 제국을 건설하였다. 정복당한 민족에게 완전한 복종을 요구하였다. 복종할 때 자치를 허용했다. 이러한 관계에서 로마와 주변 국가들은 평화를 유지할 수 있었다. 경제적으로 안정을 이루며 사회적으로도 평화를 보장받았다. 이러한 면을 볼 때 로마의 평화는 로마 황제와 로마의 원로원이 정치적으로 원했던 평화이며 군단의 투입을 통해 군사적으로 획득되고 보장된 평화다.[52] 로마의 평화는 구조적인 평화다. 로마 내에서 사회와 신분적인 평화뿐만 아니라 정복과 피정복자의 구조에 의한 평화다.

로마의 평화는 정치적인 면뿐만 아니라 종교적인 면에도 깊숙이 관계되어있다. B.C.E.40년 로마의 사가인 베르길(Vergil B.C.E.70-19)은 현재의 철권시대(Eisernes Zeitalter)가 지나면 평화가 성취되는 장구한 황금시대(Goldenes Zeitalter)가 도래함을 선언하면서 프리에네 신전의 제단의 비문에 아우구스투스 황제(B.C.E.63-C.E.14)를 하나님이 보낸 구세주라고 명명했다. 말하자면 아우구스투스 황제의 탄생과 구세주의 평화통치시대가 하나의 합일점을 찾는 팍스 로마나의 시작인 것으로 파악한 것이다.[53]

팍스 로마나는 단순한 정치적인 평화가 아니다. 박종화 교수는 '팍스의 주인공인 황제가 신격화되면서 국가권력의 절대화 상징인 황제숭배가 생활방식으로 등장하게 된다. 그래서 팍스 로마나는 신들의 평화(Pax deum)을 말하는 것이다. 결국 팍스 로마나에 담긴 팍스 숭배는 일종의 정치종교의 극치에 속한다고 볼 수 있으며, 정치종교는 실제로 국민 내지 백성의 총화적 획일주의 화와 함께 지배 체제의 종교적 정당화를 꾀하는 데 목적이 있는 것이다'[54]고 했다.

팍스 로마나는 진정한 평화가 되지 못했다. 로마 사람과 통치자인 황제는 평화를 말할 수 있을 것이나 다른 종교나 로마 시민이 아닌 다른 민족들은 평화가 없기 때문이다. 실제로 로마가 망하게 된 것은 절대 권력자의 오만함과 방종함 때문에 타 민족뿐만 아니라 로마 시민마저도 불안하게 만들었기 때문이다. 그렇다면 성경에서는 팍스 로마나를 어떻게 말하고 있을까?

예수가 활동하던 시대는 로마에 지배를 받던 시대다. 예수는 로마의 평화와 대치되는 주장을 했다. 예수는 구조적인 로마의 평화를 진정한 평화로 인정하지 않았다.

> 이방인의 소위 집권자들이 저희를 임의로 주관하고 그 대인들이 저희에게 권세를 부리는 줄을 너희가 알거니와 너희 중에는 그렇지 아니하니 저희 중에 누구든지 크고자 하는 자는 너희를 섬기는 자가 되고 너희 중에 누구든지 으뜸이 되고자 하는 자는 모든 사람의 종이 되어야 하리라 인자의 온 것은 섬김을 받으려 함이 아니라 도리어 섬기려 하고 자기 목숨을 많은 사람의 대속물로 주려 함이니라(막10:42-45).

여기에서 주권자들과 그 대인들이 부리는 권세가 로마의 평화의 구조이다. 즉, 권세를 통하여 위에 있는 사람이 아래 있는 사람을 지배하면서 평화를 이루는 것을 말한다. 그러나 예수는 "저희 중에 누구든지 크고자 하는 자는 너희를 섬기는 자가 되고 너희 중에 누구든지 으뜸이 되고자 하는 자는 모든 사람의 종이 되어야 하리라"라고 했다. 현재의 구조를 완전히 다른 사회질서를 말한다. 한 가지만 더 예를 든다면,

> 내가 세상에 화평을 주러 온 줄로 생각지 말라 화평이 아니요 검을 주러 왔노라 내가 온 것은 사람이 그 아비와 딸이 어미와 며느리가 시어미와 불화하게 하려 함이니 사람의 원수가 자기 집안 식구리라(마 10:34-36)

당시 이스라엘은 대가족제도에 속해 엄격한 가부장적이었다. 소유주는 가장이 최고의 위치를 점유하고 있다. 바로 이 집에서 기존의 질서가 가장 강력하게 나타나고 있다. 예수는 직접적으로 이야기하지 않았으나 이러한 집에 분쟁과 분열이 일어나야 할 때가 온 것이다. 그리고 분쟁을 일으키거나 분열시켜야 한다는 말은 하지 않았다. 이것은 비유적으로 한 로마의 지배체제를 가리킨다. 로마의 평화에 칼을 던지며 참된 평화를 위한 희생을 예고한 것이다. 예수의 죽음은 로마의 평화와 무관하지 않다. 예수의 죽음은 로마의 평화를 위한 죽음이라고 해도 과언이 아니다. 예수는 예루살렘에서 로마의 평화를 위한 희생양이 된 것이다. 예수가 희생되지 않았다면 유대인들은 로마를 향하여 폭동을 일으켰을 수도 있다.

바울은 로마의 평화에 대해 은근히 유화적이다.

> 각 사람은 위에 있는 권세들에게 굴복하라 권세는 하나님께로 나지 않음이 없나니 모든 권세는 다 하나님의 정하신 바라 그러므로 권세를 거스리는 자는 하나님의 명을 거스림이니 거스리는 자들은 심판을 자취하리라 관원들은 선한 일에 대하여 두려움이 되지 않고 악한 일에 대하여 되나니 네가 권세를 두려워하지 아니하려느냐 선을 행하라 그리하면 그에게 칭찬을 받으리라 그는 하나님의 사자가 되어 네게 선을 이루는 자니라 그러나 네가 악을 행하거든 두려워하라 그가 공연히 칼을 가지지 아니하였으니 곧 하나님의 사자가 되어 악을 행하는 자에게 진노하심을 위하여 보응하는 자니라 그러므로 굴복하지 아니할 수 없으니 노를 인하여만 할 것이 아니요 또한 양심을 인하여 할

것이라(롬13:1-5)

바울은 로마 시민으로 특혜도 받았지만 말년에 많은 고난을 받았다. 그리고 로마에 있는 그리스도인들에게 로마의 권세 잡은 사람들에게 복종할 것을 말한다. 로마의 평화가 바울에게 어느 정도 인정받는 것을 볼 때 매우 광범위했던 것 같다. 로마의 식민지 국가들에게 자치권을 부여한 것만 보더라도 그렇다. 로마에 복종하는 조건아래 종교, 정치, 사회 전반에 자유를 보장한 것이다. 로마에 세금과 정치적인 복종을 할 때 자유와 안전을 보장받은 것이다. 그러나 이러한 평화치하에 제한받고 억압된 타민족들은 불만이 있기 마련이다. 그러나 기독교는 로마의 평화 아래서 번성하고 예수 그리스도가 전파되는 전기를 마련한 것이다.

예수와 제자들은 유대인들에게 많은 배척을 당했다. 예수도 제사장들의 시기함으로 인하여 십자가에 못 박혔다. 예수의 제자들도 유대인들에 의해 대부분 순교를 당했다. 바울도 가는 곳마다 선교에 장애가 되는 것은 유대인들이었다. 예수를 전하는 곳에는 항상 유대인들이 나타나서 그들을 괴롭히며 방해할 때, 로마가 방패역할을 하였다. 유대교에는 율법으로 사람들을 죽였다. 그러나 로마가 유대인을 지배할 당시에는 사형권은 반드시 로마 법정에서 결정이 되었다. 유대 종교지도자들이 예수와 제자들을 마음대로 할 수 없었던 이유가 여기에 있다.

로마와 유대인의 법률제도의 성격이 다르다. 유대인들은 종교적인 면이 강하고, 로마인들은 사회적 치안과 질서를 중히 여겼다. 유대인들이 예수를 빌라도의 법정에 송사할 때 죄목을 보면 유대인에게는 종교적인 로마에는 정치적인 죄목을 만들었다.

빌라도가 예수께 물어 가로되 네가 유대인의 왕이냐 대답하여 가라사대 네 말이 옳도다 빌라도가 대제사장들과 무리에게 이르되 내가 보니 이 사람에게 죄가 없도다하니 무리가 더욱 굳세게 말하되 저가 온 유대에서 가르치고 갈릴리에서부터 시작하여 여기까지 와서 백성들을 소란케 하나이다(눅23:3-5).

유대인들은 이 문제로 예수를 십자가에 못 박아 죽이고자 했다. 그러나 빌라도는 예수에게서 정치적인 문제점을 찾지 못하였다. 내가 보니 이 사람에게 죄가 없도다(눅23:4). 예수가 선포한 하나님의 나라는 이 세상에 속한 것이 아니기 때문이다(요18:36). 빌라도는 유월절에 예수를 놓아주려고 했으나 예수를 소송한 유대인들의 광신적인 면 때문에 빌라도는 사회의 안정을 위해 뜻을 이루지 못하고 예수를 십자가에 못 박을 수밖에 없었다. 그러나 분명한 것은 로마의 법에 의하면 예수는 죄가 없었다. 제자들과 바울도 유대인들에게는 천하를 어지럽히는 죄인이었다. 즉, 나사렛 이단이었다. 그러나 로마법에는 저촉되지 않았다. 그래서 예수의 제자들과 바울은 로마법의 보호를 받으면서 선교할 수 있었다. 어쩌면 로마가 팔레스타인을 지배함으로 인하여 기독교를 배양한 것이다.

7. 예수 그리스도의 평화

모든 민족이 평화를 추구하는 방법은 달라도 평화의 필요와 요구가 있다. 그러나 인간의 욕구가 앞섰기 때문에 참된 평화를 이루지 못했다. 오히려 전쟁이 난무하며 이념과 사상과 종교로 인한 혼란된 세상을 만들어 버렸다.

예수는 세상에 참된 평화를 주기 위하여 오셨다. 지극히 높은 곳에서는 하나님께 영광이요 땅에서는 기뻐하심을 입은 사람들 중에 평화로다(눅2:14). 이 땅에서 선포한 예수의 복음의 내용이다.

예수가 이 땅에서 사역할 때 예루살렘과 유다는 평화를 알면서도 이루지 못하는 세상의 축소판이었다. 인간의 욕구와 자존심을 앞세운 평화를 원했기 때문에 참된 평화를 이루지 못하고 멸망 직전에 이르게 된 것이다. 예수는 멸망을 내다보며 한탄했다.

> 너도 오늘날 평화에 관한 일을 알았더면 좋을 뻔 하였거니와 지금 네 눈에 숨기었도다. 날이 이를지라. 네 원수들이 토성을 쌓고 너를 둘러 사면으로 가두고 또 너와 및 그 가운데 있는 네 식구들을 땅에 메어치며 돌 하나도 돌 위에 남기지 아니하리니 이는 권고 받는 날을 네가 알지 못함이니라(눅19:42-44).

그렇다면 예수가 말하는 평화에 관한 일은 무엇인가? 예수가 말하는 평화에 관한 일은 서로 사랑하는 것이다. 율법은 지켜야 할 열 가지 계명, 즉 십계명을 말했다. 그러나 예수는 율법서와 선지서의 강령을 두 가지-하나님 사랑과 이웃사랑-로 요약했다. 마지막으로 예수는 한 가지로 말씀하셨다.

> 새 계명을 너희에게 주노니 서로 사랑하라 내가 너희를 사랑한 것 같이 너희도 서로 사랑하라 너희가 서로 사랑하면 이로써 모든 사람이 너희가 내 제자인줄 알리라(요13:34-35).

예수는 평화에 관한 일은 서로 사랑이다. 서로 사랑할 때 모든 것이 해결된다. 예수의 말씀을 보면 모든 것이 사랑으로 점철되어 있다. 예수가 가진 것은 사랑밖에 없기 때문에 오직 사랑과 용서와 화해와 관용을 베풀라고 말했다.

예수에게 있어서 경제관은 나누는 것이다. 어쩌면 무소유가 모든 것을 가진 사람임을 암시하고 있다. 여우도 굴이 있고 공중의 새도

거처가 있으되 오직 인자는 머리 둘 곳이 없다(마8:20; 눅9:25). 너를 송사하여 속옷을 가지고자 하는 자에게 겉옷까지 가지게 하며(마5:40), 네 이 뺨을 치는 자에게 저 뺨도 돌려대며 네 겉옷을 빼앗는 자에게 속옷도 금하지 말라(눅6:29). 사람들의 욕심은 무한하다. 누구나 남보다 더 좋은 것, 더 나은 것, 더 편한 것, 더 값진 것, 남들이 갖지 못한 것을 가지고자 한다. 남이 가지면 나도 가져야 하고, 남이 하면 나도 해야 한다. 이것이 대부분의 사람들이 갖고 있는 욕심이다. 이 욕심은 밑도 끝도 없다. 자기가 갖고 싶은 것을 가지고 나면 더 좋은 것을 바란다. 더 좋은 것을 잡으면 그보다 더 좋은 것을 바란다. 이러한 욕망이 사람의 마음속에 자리 잡을 때 통제가 되지 않고 사람의 마음을 잡지 못하게 만들어버린다. 이런 사람은 욕심을 따라 원하는 것을 바라는 것이 당연한 것으로 믿는다. 그래서 예수는 말씀하셨다. 옷 두벌 있는 자가 옷 없는 자에게 나눠줄 것이요 먹을 것이 없는 자도 그렇게 할 것이니라(눅3:11). 이러한 마음에는 욕심이나 자기 것을 지키려고 의존론이나 성전론이 없다.

이에 예수는 제자들에게 용서를 가르쳤다. 우리가 우리에게 죄 지은 자를 사하여 준 것 같이 우리 죄를 사하여 주옵시고(마6:12). 예수의 용서는 자기에게서부터 시작된다. 이 기도문에 보면, '남이 어떻게 하니까 용서하라' 는 말이 없다. 그리고 '자신이 남을 용서할 때 하나님께서도 용서하신다' 는 원리이다. 그리고 '용서하되 일흔 번씩 일곱 번이라도 용서하라' (마18:21-22)고 말씀하셨다. 사람이 다른 사람의 죄나 어떤 것을 용서할 때 하늘에 계신 하나님도 용서해 주신다는 것이다. 또 예물을 제단에 드리다가 거기서 네 형제에게 원망 들을만한 일이 있는 줄 생각나거든 예물을 제단 앞에 두고 먼저 가서 형제와 화목하고 그 후에 와서 예물을 드리라(마5:23-24). 예수의 복음은 하나님 앞에 제사 드리고, 예배하고, 기도하기 전에 먼저 자신을 살피는 것이다. 자신을 살펴 마음에 거리끼는 일이나, 잘못한 일이 있으면 먼저 그 문제를 해결하는 것이다. 그래야 모든 상황에서 평화를 유지할 수 있는 것이다.

예수는 용서 다음에는 화해를 강조하고 있다. 네가 너를 고소할 자와 함께 법관에게 갈 때에 길에서 화해하기를 힘쓰라 저가 너를 재판장에게 끌어가고 재판장이 너를 관속에게 넘겨주어 관속이 옥에 가둘까 염려하라(눅12:58). 이 말씀은 자신이 잘못한 경우를 가리키고 있다. 다른 사람에게 빚을 진 일이 있을 경우를 말하고 있다. 그러나 예수의 사상을 볼 때 빚을 지든, 다른 사람이 자신의 돈이나 물건을 빌려가서 갚지 않거든 고소하고 분쟁을 일으키라는 것이 아니라 화해하고 화목하게 지내라는 것이다. 자신이 잘못한 일이 있든, 다른 사람이 자신에게 잘못한 일이 있든 서로에게 약점이 있다면 회목하기는 쉽지 않다. 하지만 예수는 복음을 믿는 자가 먼저 머리를 숙이며 먼저 화해를 청하라고 한다. 이렇게 할 수 있는 근원은 사랑이다. 사랑은 허다한 죄를 덮는다. 그리고 하나님은 사랑이시다. 이러한 것들을 바탕으로 사랑하라고 강조하고 있다. 모든 예수의 복음은 사랑에 근거한다.

예수는 이 세 가지로 하나님 사랑, 이웃 사랑, 원수 사랑을 말한다. 구약의 계명을 요약하면 '마음을 다하며 목숨을 다하며 힘을 다하며 뜻을 다하여 주 너의 하나님을 사랑하고 또한 네 이웃을 네 몸과 같이 사랑하라' (눅10:27)이다. 예수는 이어서 새 계명을 주신다. 새 계명을 너희에게 주노니 서로 사랑하라 내가 너희를 사랑한 것 같이 너희도 서로 사랑하라 너희가 서로 사랑하면 이로써 모든 사람이 너희가 내 제자인줄 알리라(요13:34-35). 서로 사랑하되 예수님이 일방적으로 우리를 사랑한 것 같이 서로 사랑하는 것이다. 이러한 사랑이라면 모든 것이 해결되고도 남음이 있다. 서로 사랑한다면 미움이나 다툼이 없다. 전쟁도 없다. 또한 이웃을 사랑하라고 했다. 이것은 구약적인 전통에 있다. 원수를 갚지 말며 동포를 원망하지 말며 이웃 사랑하기를 네 몸과 같이 하라 나는 여호와니라(레 19:18). 구약의 시대적인 상황으로 볼 때 이 말씀은 가장 최상의 말씀이었다.

그러나 예수 그리스도의 말씀에 비추어 볼 때 소극적이다. 예수는 적극적으로 원수를 사랑하라고 한다. 또 네 이웃을 사랑하고 네 원수를 미워하라 하였다는 것을 너희가 들었으나 나는 너희에게 이르노니 너희 원수를 사랑하며 너희를 핍박하는 자를 위하여 기도하라(마5:43-44). 누가 이 말씀을 실천할 수 있을까? 예수 그리스도의 복음을 믿고 따르는 자만이 할 수 있다. 세상의 욕심이나 정욕, 예수 그리스도에 관한 복음이나 교회의 교리 등으로는 이 말씀을 실천할 수 없다. 오직 예수 그리스도의 복음으로만 될 수 있다.

예수의 평화는 사람과의 관계뿐만 아니라 자연과의 관계도 깊이 연관되어있다. 예수의 평화운동은 갈릴리 자연 환경과 더불어 시작되었다. 갈릴리 주변은 비옥하기 때문에 다른 지역과는 달리 아름다운 수목과 꽃들이 많았다. 봄에는 꽃이 피고, 여름에는 각종 과일나무들이 열매를 맺고, 가을에는 아름다운 열매들이 익어가는 곳이다. 여기에 갈릴리 호수에 어류들이 있고 공중에 새가 있다. 들에는 온갖 들꽃들이 꽃을 피워 향기를 발한다. 이러한 자연을 바라보면서 말씀을 전한다. 그래서 모든 말씀과 비유는 자연의 이치와 순리에 합당한 말씀들이었다. 빛, 나무, 공기, 새, 들의 백합, 겨자나무, 씨 뿌리는 자의 비유, 등불 등의 비유를 보면 모든 것이 이치에 맞게 제 기능을 다할 때 조화가 이루어짐을 나타내고 있다.

예수의 평화운동의 목표는 하나님의 나라이다. 하나님의 나라는 헬라어로 '바실레이아'(βασιλεια)이다. 이는 신약성경에 150여 회나 사용되고 있다. 특히 공관복음서에 집중적으로 사용되고 있는데, 무려 126회나 사용되고 있다. 마가복음 20회, 마태복음 55회, 누가복음 46회, 요한복음 5회, 바울서신 17회, 야고보서 1회, 계시록 7회가 사용되었다. 그런데 복음서와 그 외의 서신에서 사용되는 의미가 서로 다르다.

예수가 사용한 하나님의 나라는 추상적인 관념이 아니다. 예수의 사랑과 봉사의 활동을 의미한다. 그의 복음운동의 목적이 바로 하나님의 나라였다.[55] 예수 그리스도의 활동을 통하여 나타난 하나님의 나라를 보면 치유의 행위 속에 나타난다. 내가 만일 하나님의 손을 힘입어 귀신을 쫓아내는 것이면 하나님의 나라가 이미 너희에게 임하였느니라(눅11:20). 하나님의 나라는 볼 수 있게 임하는 것이 아니요 또 여기 있다 저기 있다고도 못하리니 하나님의 나라는 너희 안에 있느니라(눅17:20-21). 때가 찼고 하나님 나라가 가까웠으니 회개하고 복음을 믿으라(막1:15). 하나님의 나라는 사람들 사이에 가까이, 즉 예수 그리스도의 복음을 믿는 자들이 소유한 하나님 나라이다.

하나님의 나라는 왕국이나 제국과 같지 않다. 중세시대에는 왕국과 제국 그리고 하나님의 나라를 구분했다. 교황과 왕으로 나누었다. 이로 인하여 종교와 정치 사이에 분쟁이 일어났었다. 왕국과 제국 그리고 아무리 든든한 기초위에 세워진 민주정부라 해도 법으로 질서를 지켜야 한다. 그러나 하나님의 나라는 율법과 교리가 아닌 법칙을 말하는 것이 특징이다.[56] 그러므로 예수 그리스도의 복음을 법이나 법률, 율법으로 대하는 잘못을 범해서는 안 된다.

그렇다면 예수가 보여주신 나라는 어떤 나라인가? 하나님의 나라는 겸손과 사랑과 봉사와 섬김과 낮아짐을 바탕으로 하여 모두가 제 기능을 다할 때 이루어지는 나라이다. 예수의 사역 자체가 사랑, 겸손, 봉사, 섬김, 낮아짐을 바탕으로 한 것이다. 예수는 제자들의 발을 씻으시고 말씀하신다. 내가 너희에게 행한 것을 너희가 아느냐 너희가 나를 선생이라 또는 주라 하니 너희 말이 옳도다 내가 그러하다. 내가 주와 또는 선생이 되어 너희 발을 씻겼으니 너희도 서로 발을 씻기는 것이 옳으니라 내가 너희에게 행한 것 같이 너희도 행하게 하려 하여 본을 보였노라(요13:12-14). 만찬이 있던 날 밤에도 제자들 사이에는 누가 제일 높으냐를 놓고 입씨름이 벌어졌다. 너희 중에 큰 자는 젊은 자와 같고 두목은 섬기는 자와 같을 지니라(눅22:26). 모든 말씀과 행함이 섬김과 봉사와 겸손 그리고 사랑이다. 예수가 오신 목적 자체가 이것이다. 인자의 온 것은 섬김을 받으려 함이 아니라 도리어 섬기려 하고 자기 목숨을 많은 사람의 대속물로 주려 함이니라(막10:45). 평화의 나라는 하나님의 사랑의 역사와 인간의 섬김과 봉사, 헌신, 그리고 자연의 조화가운데 이루어지는 나라이다.

지금까지 평화를 뜻하는 안녕, 화평, 샬롬, 슬라마, 에이레네, 팍스로마나를 살펴보았는데 참으로 넓은 의미의 평화를 제시하고 있다. 그러나 인간에 의하여 모든 평화는 깨어지고 말았다. 그 이유는 평화에 관한 일을 알지 못하였기 때문이다. 예수는 멸망직전에 놓여 있는 예루살렘과 유다를 바라보고 우시면서 말씀하셨다. 너도 오늘날 평화에 관한 일을 알았더면 좋을 뻔하였거니와 지금 네 눈에 숨기웠도다(눅19:42).

사람들은 평화에 대하여 너무나 잘 알고 있었으나 그 평화를 실천하는 방법을 알지 못했다. 원수를 맺음과 시기와 다툼과 분쟁, 전쟁으로는 이 땅에 참된 평화를 이룰 수 없다. 하나님과 인간, 인간과 인간, 인간과 자연의 조화가 깨어지고, 무질서한 나라가 되어버리고 말 것이다. 그러나 예수는 이 땅에서 평화를 실천하는 길은 '서로 사랑' 이다. 하나님과 인간, 인간과 인간, 인간과 자연이 조화를 이룰 때 이 땅은 평화의 동산이 될 것이다. 평화의 동산을 만들기 위해서는 서로 사랑해야 한다. 하나님을 사랑하고, 이웃을 사랑하고, 원수를 사랑하며, 자연을 보호해야 할 것이다.

제 1 장_각주

1)) 동아국어사전. 4판. 두산동아. 2000년. p.1476.

2) 금성판 국어대사전. 금성출판사. 1993. 5판. p.1940.

3) 대백과사전. 학원사, 1963. p.516.

4) 동아 한한대사전. 동아출판사. 1982. p.476.

5) Ibid., p.502.

6) 成百曉,譯註 懸吐完譯, 論語集註, 전통문화연구회.2000.p.215.離婁章句上

7) 동아세계대백과사전, 26권. 동아출판사, 1989. p.588.

8) 成百曉,譯註 懸吐完譯, 孟子集註, 전통문화연구회.2000.p.215.離婁章句上

9) Ibid., p.81.公孫丑章句上

10) 車柱環 譯著, 新完譯 孟子 下 萬章上, 명문당, 1990, p.370.

11) 정인제, 중국의 평화사상, 서강대학교 철학연구소 편, 평화의 철학, 철학과 현실사, 1995,
p.246.

12) 國語, 周語 下, 이강수, 노장의 평화사상, 현대사회와 평화, 서광사, 1991, p.132. 재인용.

13) 李民樹 譯解, 禮記, 樂記, 惠園出版社, 1992, p.429.

14) 春秋繁露, 循天之道, 이강수, Ibid., p.133.

15) 權五惇, 譯解 홍성문화사, 1996, 春秋左傳, 隱公六年經, 隱公七年傳, 襄公六年傳, 襄公九
年傳, 인용순서대로.

16) 張基權 譯著, 新完譯 論語, 學而, 명문당, 1991, p.62. 예지용(禮之用), 화위귀(和爲貴), (예
를 시행하는 데는 조화가 귀중하다)

17) 車柱環, Ibid., p.215. 이력복인자(以力服人者), 비심복야(非心服也), 역불섬야(力不贍也),
이덕복인자(以德服人者), 중심열이성복야(中心悅而誠腹也), 여칠십자지복공자야(如七十
子之服孔子也), (힘으로써 남을 복종시킨다면, 그것은 마음속으로부터 복종하는 것이 아
니고 힘이 모자라서이다. 덕으로 남을 복종시킨다면, 그것은 마음속으로부터 기뻐서 정
말로 복종하는 것으로, 그것은 칠십 명의 제자가 공자에게 복종한 것과 같다.)

18) 金敬琢, 老子, 명지대학교 출판부, 1988, p.221. 이도좌인주자(以道佐人主者),불이병강천
하(不以兵强天下),기사호환(其事好還),[도(道)로써 인생을 보좌하는 이는 병을 천하에 강
하게 하지 않는다. 그 전사란 되돌아오기를 좋아한다.]

19) 이강수, Ibid., p.147.

20) Ibid., p.148.

21) 宋榮培, 제자백사의 다양한 전쟁론과 그 철학적 문제의식(Ⅰ), 시대와 철학 제4월호 1992, 한국철학사상연구회, p.153. 정인재, 중국의 평화사상, p.271에서 재인용.

22) 李民樹 譯解, 禮記, 惠園出版社, 1992, p.255.

23) 金榮洙, 譯解, 大學.中庸, 일신서적출판사, 1991, p.75.

24) 기독교 대백과사전, 15권, 기독교문사. 1989. 5판. p.863.

25) Ludwig Koehler and Walter Baumgartner, "The Hebrew and Aramaic Lexicon of The Old Testament" (Leiden, Boston, Köln, 1999)p.1506-1510. 필자가 우리말 표기를 함.

26) Brown, Francis, Driver, S. R. Briggs,c.a.,A Hebrew and English Lexicon of the Old Testament, (Oxford : Clarendon, 1953), p. 1022.

27) A. 바이저/K. 엘리거. 국제성서주석. 소예언서. 한국 신학연구소. 1990.

28) Ibid., p.111.

29) 최상용, Ibid., p.69.

30) 日本平和學會編輯委員會 編, 平和學-理論과 課題, 李慶憙 譯, "平和學" 文佑社

31) 아가페성경사전, p.1028.

32) Ibid., p.1029.

33) Rocco A. Errico, George M. Lamsa, *Aramaic Light on The Gospel of Matthew*, Noohra Foundation. p.63.

34) Ibid., p.72

35) 잠언 15:1, 아람어 페쉬타 본문, 람사 번역.

36) Rocco A. Errico, George M. Lamsa, Ibid., p.83

37) Ibid., p.86.

38) 계 6:4($\tau\acute{\eta}\nu$ $\epsilon\grave{\iota}\rho\acute{\eta}\nu\eta\nu$ 화평), 행24:2($\pi o\lambda\lambda\grave{\iota}s$ $\epsilon\grave{\iota}\rho\acute{\eta}\nu\eta\nu$ 태평).

39) 그리스도교 철학연구소 편, 현대 사회와 평화, (지광사, 1991), p. 35.

40) 기독교 대 백과사전, (기독교문사, 1990) 15권 p.864.
John Macquarrie는 그의 저서 *The Concept of Peace*, p. 29에서 에이레네를 휴전(a truce)의 상태로 이해함.

41) 헬라어 히브리어 원어사전, (로고스, 1989), p.373.

42) 마태복음10:13; 누가복음 10:5-6. "또 그 집에 들어가면서 평안하기를 빌라 그 집이 이에 합당치 아니면 그 평안이 너회에게 돌아올 것이니라"

43) 베드로전서 1:2; 요한이서 1:3; 유다서 1:2; 계시록 1:4.

44) 갈라디아서 1:3; 에베소서 1:2; 계시록 1:4.

45) 에베소서 4:18; 골로새서 1:21; 로마서 5:10

46) 기독교 대백과사전. Ibid. p.864.

47) Roland H. Bainton, *Christian Attitudes Toward War and Peace - A Historical and Critical Re-evaluation*, 최수일 역, 전쟁 평화 기독교, 대한기독교출판사, 1981. p.17.

48) 정인찬 편, 성서대백과, (기독지혜사, 1979), p.341.

49) Ibid.,

50) 클라우스 뱅스트저, 정지련 역. 로마의 평화. 한국신학연구소. 1994. p.30.

51) 브리데니커 세계대백과사전,(브리데니커, 동아일보 공동출판, 1994), 23권, p.194.

52) 클라우스 뱅스트. Ibid., p.34.

53) 박종화, 평화, 이론과 실천의 모색 II , 한신대학교 평화연구소 엮음, 삼민사, 1992, p.15.

54) 박종화, 평화, 이론과 실천의 모색 II , 한신대학교 평화연구소 엮음, 삼민사, 1992, p.15.

55) HerMan Ridderbos, *The Coming of the Kingdom*, (The Presbyterian and Reformed Publishing Company, 1973), p.11, 손병호 복음신학 원론, p.79.에서 재인용.

56) 송기현, "A Study of Evangelical Salvation of Jesus Christ", 2000. Th,D. 논문 p.96.

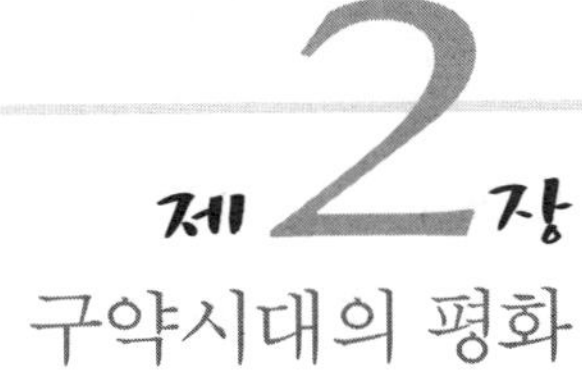

　　지금까지 평화의 개념에 대하여 살펴보았듯이 약간씩 차이는 있지만 평화는 모든 민족이 소망하는 것이다. 문제는 그 평화를 이루는 방법의 차이 때문에 세상이 혼란스럽다. 이러한 세상에 예수 그리스도가 오셔서 참된 평화의 길인 복음을 선포하셨다. 예수 그리스도의 복음은 이기적인 소유욕보다는 나눔과 봉사와 헌신을 요구한다. 이러한 원리가 행해지는 곳이 예수의 복음이 말하는 하나님 나라이다.

　　하나님 나라는 ‘서로사랑’과 ‘이웃사랑’과 ‘원수사랑’이 있다. 또한 예수 그리스도의 말씀에 의해 능력이 나타난다면 이미 하나님의 나라는 우리 안에 임한 것이다. 여기에는 미움이나 시기나 질투보다는 서로 용서와 용납, 공생과 공존이 가능하다. 2000년 전에 이미 세상에 선포되었지만 평화가 이루어지지 않는 이유는 무엇인가? 그 이유를 구약의 족장시대부터 살펴보고자 한다.

1. 족장시대

　　구약에는 삼대 족장들은 한결같이 가정을 제대로 다스리지 못하였다. 모두가 형제간의 갈등만 키웠지 형제 우애를 이루지 못하였다. 소위 믿음의 조상이라고 하는 아브라함부터 그랬다.

1) 아브라함과 평화

아브라함도 평화를 찾아 갈망했던 사람이다. 그의 본명은 아브람이며, 고향은 유프라테스강과 티그리스강이 흐르는 메소포타미아의 갈대아 우르였다. 이곳은 B.C.E.4000년 경부터 사람이 정착하기 시작하여 B.C.E.3000년 경에 이미 청동기 문명을 가진 수메르인들이 도시 국가를 형성하였고, 종교, 언어, 군주를 가진 인류 최초의 고등 문명을 이루었다. 이들은 서북쪽에서 발흥한 셈족의 아카드인들에 의해 멸망당하고, 아카드 왕조는 B.C.E.2150년 경에 비셈족계 산악인들의 침입으로 그 세력이 약화되기 시작한다. B.C.E.2050년 경부터 수메르 복고시대를 거쳐 바빌로니아 왕조로 이어지는 메소포타미아에서는 함무라비왕의 법전이 완성되었다. 바빌로니아의 발흥과 함께 종교생활이 활발하게 이어져 마르둑은 만신전의 최고의 신이었고, 당시 에테메난키(Etemenanki) 신전은 불가사의 가운데 하나로 여겨지고 있다.[1] 일상생활 가운데 마술과 점술이 발달되었다.

아모리 역사는 족장 시대에 상당히 중요하다. 엘람과 아모리의 동맹이 아브라함의 본래 고향이던 우르의 멸망을 가져왔으며, 아모리 족속은 아브람과 그의 아버지가 이주해 갔던 하란 지경까지 지배했던 것 같다.[2] 이러한 배경에서 아브람의 가정은 매우 어려운 상황이었다. 아브람의 아버지 데라는 당시 다신교를 믿는 갈대아의 우상 장사였다. 사회의 부흥과 종교의 발달 때문에 가정 형편은 그리 어렵지는 않았다. 그러나 데라의 가정에 문제가 있었다.

…데라는 아브람과 나홀과 하란을 낳았고 하란은 롯을 낳았으며 하란
은 그 아비 데라보다 먼저 본토 갈대아 우르에서 죽었더라 아브람과
나홀이 장가들었으니 아브람의 아내 이름은 사래며 나홀의 아내 이름
은 밀가니 하란의 딸이요 하란은 밀가의 아비며 또 이스가의 아비더
라 사래는 잉태하지 못하므로 자식이 없었더라 데라가 그 아들 아브
람과 하란의 아들 그 손자 롯과 그 자부 아브람의 아내 사래를 데리고
갈대아 우르에서 떠나 가나안 땅으로 가고자 하더니 하란에 이르러
거기 거하였으며 데라는 이백오 세를 향수하고 하란에서 죽었더라
(창11:27-31).

데라의 가정도 사회적으로는 전쟁의 소용돌이 속에 휘말려야만
했고, 자녀들의 문제도 복잡했다. 셋째 아들 하란은 큰형과 작은 형
이 장가도 가지 않았는데 롯을 낳았다. 이는 야곱이 장가든 예로 보
아 당시 사회에서는 있을 수 없는 일이었다(창29:26). 그리고 데라에
게 있어서 다른 불행은 큰아들에게 자녀가 없다는 것과 또한 가정에
우환이 끊일 날이 없었다는 것이다.

이러한 외적인 전쟁과 내적인 불행으로 갈대아 우르를 떠나 하란
으로 이주할 수밖에 없었다. 하란에서는 데라가 죽자 이제부터 아브
람이 그 가정을 이끌어야 할 처지가 되었다. 아브람은 이 때 여호와
의 음성을 듣게 된다.

…너는 너의 본토 친척 아비 집을 떠나 내가 네게 지시할 땅으로 가라
내가 너로 큰 민족을 이루고 네게 복을 주어 네 이름을 창대케 하리니
너는 복의 근원이 될지라 너를 축복하는 자에게는 내가 복을 내리고
너를 저주하는 자에게는 내가 저주하리니 땅의 모든 족속이 너를 인
하여 복을 얻을 것이니라(창12:1-3).

아브람은 전쟁을 피하여 아버지를 따라 갈대아 우르를 떠났고, 하

란에서는 여호와의 음성을 듣고 하나님께서 지시할 땅을 향하여 여행길에 오른다. 이는 평화를 찾아 평화롭게 살아가기 위해 정착할 땅과 후손에 관한 약속을 믿고 떠나는 여행이었다. 구약에 보면 땅에 관해서는 당시 원주민들은 이방인에 대하여 관대했던 것 같다. 유목민인 아브람과 그의 일행을 받아들였고, 그들에게 필요한 것을 공급하며, 물물교환을 할 정도였다. 이러한 여행 중에도 아브람과 롯은 거부가 된다. 양들이 많아지자 거느리는 목자가 많아졌다. 양들을 인도해야 할 목초지는 한정이 있었다. 이 때 아브람과 롯은 서로의 길을 갈 수밖에 없었다. 평화의 땅을 찾아 같이 떠났지만 평화를 찾아 헤어질 수밖에 없는 운명에 처한 것이다.

(1) 아브람을 향한 평화와 유일신 교육

아브람과 롯이 헤어진 것은 평화를 위한 것이라기보다는 자신들의 부와 명예를 지키기 위한 것이었다. 욕심을 채우기 위한 헤어짐이었다. 아브람과 롯은 그들이 소유가 많아서 동거할 수 없었다(창13:6). 이 때 아브람은 롯에게 '우리는 한 골육이라 나나 너나 내 목자나 네 목자나 서로 다투게 말자 네 앞에 온 땅이 있지 아니하냐 나를 떠나라 네가 좌하면 나는 우하고 네가 우하면 나는 좌하리라'(창13:8-9)라고 말한다. 이에 롯이 요단 들을 바라보니 소알까지 온 땅에 물이 넉넉함을 보고 그 땅을 택하여 이주하였다.

그러나 이 때 이곳에 시날 왕 하므라벨과 엘라살 왕 아리옥과 엘람 왕 그돌라오멜과 고임 왕 디달이 소돔 왕 베라와 고모라 왕 비르사와 아드마 왕 시납과 스보임 왕 세메벨과 벨라 곧 소알 왕과 싸움(창14:1-2)이 있었다. 이 싸움에서 소돔과 고모라가 싸움에서 패하였다. 승리자들은 소돔과 고모라의 모든 재물과 양식을 빼앗아가고 소돔에 거하는 아브람의 조카 롯도 사로잡고 그 재물까지 노략하여 갔다(창14:11-12). 이 소식을 듣고 아브람은 그의 가병 삼백 십팔 인을 끌고 그들을 쫓아가 조카 롯과 탈취물들을 빼앗아 온다. 이 때 등장하는 사람이 샬렘 왕 멜기세덱이다.

> 아브람이 그돌라오멜과 그와 함께한 왕들을 파하고 돌아올 때에 소돔 왕이 사웨 골짜기 곧 왕곡에 나와 그를 영접하였고 살렘 왕 멜기세덱이 떡과 포도주를 가지고 나왔으니 그는 지극히 높으신 하나님의 제사장이었더라 그가 아브람에게 축복하여 가로되 천지의 주재시요 지극히 높으신 하나님이여 아브람에게 복을 주옵소서 너희 대적을 네 손에 붙이신 지극히 높으신 하나님을 찬송할지로다 하매 아브람이 그 얻은 것에서 십분 일을 멜기세덱에게 주었더라 소돔 왕이 아브람에게 이르되 사람은 내게 보내고 물품은 네가 취하라 아브람이 소돔 왕에게 이르되 천지의 주재시요 지극히 높으신 하나님 여호와께 내가 손을 들어 맹세하노니 네 말이 내가 아브람에게 치부케 하였다 할까 하여 네게 속한 것은 무론 한 실이나 신들메라도 내가 취하지 아니하리라 오직 소년들의 먹은 것과 나와 동행한 아넬과 에스골과 마므레의 분깃을 제할지니 그들이 그 분깃을 취할 것이니라(창14:17-24).

멜기세덱의 신분은 살렘 왕이며, 지극히 높으신 하나님의 제사장이었다. 살렘은 나중에 지금의 예루살렘이 되었다.[3] 아브람과 멜기세덱과의 만남은 아브람에게 있어서 중요한 전환기를 맞이하게 된다. 아브람은 갈대아 우르에서 다신교를 믿었으나 멜기세덱을 만남으로 유일 신관으로 바뀌는 계기가 되는 것이다. 아브람은 하란에서 하나님의 음성을 들었으나 그 신이 어떤 신인지 확신하지 못했다. 그러나 멜기세덱을 만남으로써 지극히 높으신 하나님임을 깨닫게 된다. 아브람은 하나님이 자기를 인도했음을 깨닫고 멜기세덱에게 십분의 일을 드림으로 자신의 신관을 확정하게 된다.

아브람에게 있어서의 변화는 여기에서 그치지 않는다. 멜기세덱은 살렘의 왕으로 아브람에게 평화 교육을 시킨다. 아브람이 우르를 떠나게 된 것이 전쟁에 의한 것이었다. 또한 조카 롯이 소돔 왕들에게 잡혀갔을 때에도 전쟁으로 해결하였다. 아브람의 삶을 볼 때 평화에 관한 것을 모르고 있는 상태였다. 이 때 멜기세덱은 지극히 높으신 하나님의 뜻인 평화에 관한 것을 가르치게 된다. 아브람은 그 뜻을 깨닫고 평화의 뜻을 실천하게 된다. 아브람은 자기가 전쟁을 일으키고 탈취해 온 모든 것을 소돔에 돌려보내며 '천지의 주재시요 지극히 높으신 하나님 여호와께 내가 손을 들어 맹세하노니 네 말이 내가 아브람으로 치부케 하였다 할까 하여 네게 속한 것은 무론 한 실이나 신들메라도 내가 취하지 아니하리라'고 한다. 고대 사회의 전쟁의 가장 큰 이유는 상대방의 물품을 빼앗은 것과 다른 사람의 물건으로 치부하는 것이다. 아브람도 전쟁을 시작한 것은 롯과 그의 모든 물건을 빼앗김에서부터 시작되었다. 이러한 전쟁을 종식시키기 위해서는 상대방의 것을 돌려준 것이다. 아브람은 멜기세덱으로부터 평화 교육을 받은 후 변화된 모습이다.

(2) 평화를 위한 열국의 아비

아브람과 멜기세덱의 만남 이후 큰 변화는 아브람이 이후에 전쟁을 하지 않았다는 것이다. 그래서 아브람은 정착할 땅을 얻지 못했다. 평화를 몰랐다면 전쟁을 하여 땅을 빼앗았을 것이다. 그리고 자식도 없었다. 아브람이 가로되 주 여호와여 무엇을 내게 주시려나이까 나는 무자하오니 나의 상속자는 이 다메섹 엘리에셀이니이다. 아브람이 또 가로되 주께서 내게 씨를 아니 주셨으니 내 집에서 길리운 자가 나의 후사가 될 것이니이다(창15:2-3). 그러나 하나님은 네 몸에서 날 자가 네 후사가 될 것이라는 약속을 받는다(창15:4). 이러한 언약에도 불구하고 오랜 세월 후사가 없자 그의 아내 사래의 권유로 사라의 여종과 동침할 것을 권유받는다(창16:2). 아브람은 사래의 말을 따라 아내 사래의 여종 하갈과 동침하여 잉태하게 된 때부터 가정의 불화가 시작됐다. 가정의 행복과 평화를 위한 일이 불화의 시작이 된 것이다. 사래와 하갈의 충돌로 하갈이 집을 도망쳐 나간다. 광야에서 하갈은 여호와의 사자를 만나 장차 낳을 아들이 큰 민족을 이루게 될 것이라는 약속을 받고 집으로 돌아온다. 하갈이 아브람에게 돌아와 아들을 낳았는데, 이 때 아브람의 나이는 팔십 육세였다. 이후 아브람이 구십 구세 때 여호와께서 나타나신다.

> 내가 너와 내 언약을 세우니 너는 열국의 아비가 될지라 이제 후로는 네 이름을 아브람이라 하지 아니하고 아브라함이라 하리니 이는 내가 너로 열국의 아비가 되게 함이니라 내가 너로 심히 번성케 하리니 나라들이 네게로 좇아 일어나며 열왕이 네게로 좇아 나리라 내가 내 언약을 나와 너와 네 대대 후손의 사이에 세워서 영원한 언약을 삼고 너와 네 후손의 하나님이 되리라 내가 너와 네 후손에게 너의 우거하는 이 땅 곧 가나안 일경으로 주어 영원한 기업이 되게 하고 나는 그들의 하나님이 되리라(창17:4-8).

여기에 하나님께서 아브람에게 두 가지 언약을 세우신다. 열국의 아비가 되는 것과 가나안 땅이 그의 후손들에게 영원한 기업이 되는 것이다. 이는 평화의 복음신학에서는 중요하게 다루어져야 한다.

열국의 아비

하나님은 언약을 세우면서 아브람(אברם, Abram)의 이름을 바꾸셨다. 아브람의 어원이 정확하지 않으나 이러한 이름은 고대 근동 지방의 설형문자로 된 서류들에서 발견되고 있는 아비람(Abiram), 아바라마(Ab[a]ram[a])와 같은 계열 단어의 변형인 듯하다. 이는 그 아버지는 존귀하시다 는 의미이다.[4] 존귀한 아버지는 많은 사람들에게 존경을 받고 섬김을 받는 아버지란 의미이다.

이러한 의미의 아브람에서 아브라함(אברהם)으로 바뀌게 된다. 아브라함은 아브람의 방언적 형태이든지(남부 아랍 지역에서는 *h*가 장모음을 표시한다) 또는 변형인 것으로 생각된다. 이 단어의 어근이 존재하긴 하지만 (예, 아랍에서는 'ruham'이 열국, 무리를 의미한다). 성경 히브리어에서는 증명되지 않고 있다.[5] 성서에도 아브라함의 의미는 열국의 아비로 모든 민족의 아비를 뜻한다. 한 민족인 유대인의 아비만이 아니다. 이스마엘의 아비이며, 유다의 아비이며, 이삭, 에서와 야곱 그리고 모든 민족의 아비이다.

성경은 분명히 열국의 아비라고 하지만 기독교에서는 아브라함을 믿음의 조상이라고 한다. 그러나 평화의 복음신학적 입장에서 손병호 박사는 믿음의 조상보다는 열국의 아비라고 한다.

> 창세기 15장과 17장은 아브라함이 두 언약을 한 것으로 언급하고 있다. 15장은 개인적이며 민족적인 언약이라면 17장은 인류적이고 세계적인 약속이었다. 15장은 야웨와의 언약이라면 17장은 엘로힘과의 언약이었다. 15장은 아브라함(열국의 아비)이 되기 이전의 아브람(고귀한 아비)으로서의 언약이었으나 17장은 아브라함이 열국의 아비로서 다시 언약한 것을 언급하고 있다. 그러나 아브라함이 열국의 아비라는 언약을 이행하지 못하게 되자 이에 대한 대치로 믿음의 조상론이 나온 것이다.[6]

구약이 말하는 것은 열국의 아비였다. 한 민족의 아비(고귀한 아비)도 아니고 믿는 자들만의 조상(믿음의 조상)도 아니다. 열국의 아비, 즉 모든 민족의 아비다. 모든 민족을 포용하여 공존, 공생, 공영하며 평화롭게 살아가야 할 의무를 준 것이다. 그러나 그의 삶은 가정에서부터 틀어지고 있음을 보여준다.

하나님께서는 아브라함과 언약을 세울 때 어느 범위를 한정시키고 제한시켜 언약을 세우지 않았다. 모든 민족, 온 세계, 온 우주를 바라보시면서 평화의 나라를 계획하시고 언약을 세우신 것이다. 이런 의미로 볼 때 아브라함은 열국의 아비가 되어야 한다. 이 열국의 아비를 통하여 나라와 열왕이 좇아 나게 되는 것이다.

약속의 땅

하나님께서 아브라함과 맺은 두 번째 언약은 약속의 땅이다. 약속의 땅은 하나님과 아브라함이 만난 땅을 말하고 있다. 이 가나안 땅을 지금까지는 유대인들만을 위한 땅으로 생각하고 있다. 그러나 열국의 아비에게 약속한 뜻은 다르다. 한글개역 성경에는 '내가 너와 네 후손에게 너의 우거하는 이 땅 곧 가나안 일경을 주어 영원한 기업이 되게 하고'로 되어있다. 문제는 후손이 가지는 의미이다. 한글에서는 한 민족으로 유다 민족만을 생각할 수 있다. 그러나 히브리어에는 자르카(זרעך)로 되어 있다. 이 뜻은 '후손'(Descendants, Off-spring)의 뜻이다.[7] 즉, 아브라함은 많은 민족의 자상한 아버지로 하나님과 언약을 맺은 것이다. 한 민족으로 한정시키는 지엽적이며, 편협적이며 독존적인 아버지가 아니다. 열국에게 복을 내리며, 열국에게 평화를 주며, 열국이 공존하게 하는 아버지로서 많은 민족이 함께 사는 땅을 약속하신 것이다.

이러한 아브라함을 이해하지 못한 유대교와 기독교는 아브라함을 아브람으로 역행시키고 말았다. 이에 평화의 신학은 하나님께서 언약을 세우시면서 주신 이름인 아브라함의 이름으로 복귀시키고 그 이름에 맞는 신학을 정립시켜야 한다. 아브라함은 열국의 아비로서 열국을 평화롭게 만들어야 할 의무가 있다. 열국을 평화롭게 할 수 있는 방법은 모든 싸움과 모든 이기주의를 버리고 공생과 공존을 위하여 서로 사랑하며, 서로를 위하는 길 밖에 없다.

(3) 수신제가를 이루지 못한 열국의 아비

하나님께서는 아브라함을 열국의 아비로 세우시며 세계의 평화를 계획하셨다. 그러나 사람들은 열국의 아비 대신 믿음의 조상으로 믿고 따르게 되었다. 믿음은 구원을 위해 중요한 것이지만 잘못된 믿음은 극단적 이기주의로 나타난다. 사람들은 아브라함을 자신들만의 아비이며, 자신들에게만 복을 주는 아비로 전락시켜버렸다. 이러한 현상은 아브라함의 가정에서부터 시작된다.

아브라함은 세 명의 처를 두었는데 당시 사회는 일부다처제의 사회였다. 아브라함의 본처 사라에게는 자식이 없었다. 자손의 축복을 준다고 했지만 그들이 나이 많을 때까지 자식이 없었다. 이럴 때 당시 사회에서는 후처를 얻는 것을 용납했다. 고대 함무라비 법전(The Code of Hammu rapi: 주전 18세기의 바벨론 왕)과 앗시리아의 혼례에 의하면 아들을 얻지 못하였을 때, 남자는 합법적으로 다른 여자를 취할 수 있었다. 일부다처제의 대부분은 수혼(嫂婚, 과부가 고인의 형제와 결혼하는 풍습, 유다의 가정인 경우)인 경우이다.[8] 이 외에도 본처가 자식을 낳지 못할 경우에 자손의 번창을 위하여 후처를 둘 것을 권유 받았다. 누지문서에는 다음과 같이 되어 있다.

> 만일 길림니누(본처)가 잉태하지 못한다면, 그 본처는 많은 종들이 오는 룰루(Lullu) 땅에서 온 한 여인, 셴니마를 결혼시킬 것이다.[9]

결혼 약조에 자식이 없는 아내는 그의 남편에게 여종을 들여보내야 했다. (사라는) 여호와께서 나의 생산을 허락지 아니하였으니 원컨대 나의 여종과 동침하라 내가 혹 그로 말미암아 자녀를 얻을까 하노라(창 16:2). 흥미로운 것은 아브라함의 형제나 가족에 의해 이러한 제안을 받는 것이 아니라 본처인 사라에 의해 제안을 받는다는 것이다. 히브리어에서 후처라는 말은 경쟁자, 적(敵)이라는 뜻이다.

예수 그리스도의 평화

사라는 가정을 위하여 경쟁자를 만든 것이다. 경쟁자를 만들기는 쉽지만 경쟁자를 내쫓는 것은 쉽지 않았다. 당시 사회에서 후처가 되거나 첩이 되면 어느 정도 가정과 사회에서 인정을 받았다. 가정에서는 지위도 인정받았다.[10] 자식들은 본처의 자녀와 동등하게 상속을 받았다. 실제로 이들을 위한 권리를 보장해 주었다.

> 사람이 딸을 여종으로 팔았으면 그는 남종같이 나오지 못할지며 만일 상전이 그를 기뻐아니하여 상관치 아니하면 그를 속신케 할 것이나 그 여자를 속임이 되었으니 타국인에게 팔지 못할 것이요 만일 그를 자기 아들에게 주기로 하였으면 그를 딸 같이 대접할 것이요 만일 상전이 달리 장가들지라도 그의 의복과 음식과 동침하는 것은 끊지 못할 것이요 이 세 가지를 시행하지 아니하면 그는 속전을 내지 않고 거저 나가게 할 것이니라(출21:7-11).
> 네가 나가서 대적과 싸움함을 당하여 네 하나님 여호와께서 그들을 네 손에 붙이시므로 네가 그들을 사로잡은 후에 네가 만일 그 포로 중의 아리따운 여자를 보고 연련하여 아내를 삼고자 하거든 그를 네 집으로 데려갈 것이요 그는 그 머리를 밀고 손톱을 베고 또 포로의 의복을 벗고 네 집에 거하며 그 부모를 위하여 일 개월 동안 애곡한 후에 네가 그에게로 들어가서 그 남편이 되고 그는 네 아내가 될 것이요 그 후에 네가 그를 기뻐하지 아니하거든 그 마음대로 가게하고 결코 돈을 받고 팔지 말지라 네가 그를 욕보였은즉 종으로 여기지 말지니라(신21:10-14).

후처의 권리를 보장해 주는 구절들이다. 때로는 한 가정에서 어떤 여자가 후처인지, 첩인지 구별하기가 어려웠다.[11] 당시 부인이 자신의 몸종으로 하여금 남편과 동침케 하여 그 사이에 태어난 아들을 부인의 합법적인 소생으로 인정하는 관습이 있었다.[12] 따라서 야곱의 부인들이 아들 낳기 경쟁을 한다. 자신이 자녀를 낳지 못하면 자신의 종들을 통해서라도 자녀를 낳는다. 이들은 야곱의 합법적인 아들로 인정을 받았다. 성경 이외의 누지문서에 보면, 혼인 계약에 의해 만약 부부간에 아이가 없으면 아내가 남편에게 자기를 대신할 첩을 얻어 주는 의무가 있다. 이러한 결합에서 만약 아들이 태어나면 그 여종 출신의 아내와 그녀의 아들을 추방하는 것은 금지되었다.[13]

또 한 가지 당시 중동의 강력한 가부장적 가족제도이다. 유산상속은 남자에게만 주어졌고, 여자에게는 상속되지 않았다. 성경에 예외는 있다. 슬로브핫의 딸들이 출애굽 할 때 이스라엘 백성들과 함께 출애굽해서 가나안에 입성했을 때 그들에게도 가나안 땅을 분배받을 권리가 있었다. 그런데 슬로브핫은 가나안에 입성하지 못하였다. 이로 인해 그의 딸들이 모세에게 이의를 제기했다. 자기 아버지에게도 가나안 땅을 분배해 달라는 것이다. 이 때 모세가 그들에게 아버지 대신 가나안 땅을 분배할 것을 명했다(민27:7). 그리고 욥은 그의 딸들에게 그 오라비처럼 산업을 주었다(욥42:15).

이 경우 외에는 아들들에게만 상속이 되었다. 재산분배는 큰아들에게 유산의 2/3를 주었다.[14] 족장시대에는 그 부족의 우두머리의 위치로서 족장이 사망하면 장자가 그 뒤를 계승하였다. 따라서 족장이란 자신의 조그마한 왕국을 통치하는 축소판 임금인 셈이다. 이에 장자에게는 막대한 권력과 유산이 상속된다.

이러한 사회적인 풍습아래 사라의 종 하갈을 통하여 자녀를 얻을 것을 아브라함이 받아들였다. 아브라함은 하갈을 통하여 이스마엘을 낳는다. 이스마엘은 당시 사회적인 풍습을 따라 엄연한 아브라함가의 장자이다. 모세의 율법을 따라 장자의 권리를 인정받을 수 있는 확실한 근거도 있다. 그러나 하갈이 이스마엘을 낳은 후 14년 만에 사라가 이삭을 낳는다. 이삭을 낳은 후, 아브라함 가정에는 다시 분쟁이 시작된다. 아브라함가의 장자인 이스마엘이 집에서 쫓겨난다. 그 근거를 창세기 17장과 21장에서 찾을 수 있다. 하나님이 아브라함에게 말씀하신다. 내가 그(사라)에게 복을 주어 그로 네게 아들을 낳아 주게 하며 내가 그에게 복을 주어 그로 열국의 어미가 되게 하리니 민족의 열왕이 그에게서 나리라(창17:16). 네 아이나 네 여종을 위하여 근심치 말고 사라가 네게 이른 말을 다 들으라 이삭에게서 나는 자라야 네 씨라 칭할 것임이니라(창21:12). 이후에 사라가 이삭을 잉태하면서부터 하갈과 분쟁이 생긴다. 창세기 17장의 말씀에는 이삭은 하나님이 택한 자손이 되고 이스마엘은 택함 받지 못한 자식이 된다. 바울은 하갈을 계집종이라고 했다(갈4:22-24). 바울에 의하면 이삭은 언약을 따라 났고 이스마엘은 정욕을 따라 난 자녀가 된다. 하나님께서도 말씀하시지 않았다.

구약성서에서 하나님은 이스마엘과 이삭에게 같은 복을 허락하신다. 문제는 창세기 16장에 사라와 하갈의 갈등이 생긴 것이다. 이 갈등에 아브라함은 사라의 편을 들어 준다. 그대의 여종은 그대의 수중에 있으니 그대의 눈에 좋을 대로 그에게 행하라. 이 말을 듣고 사라는 하갈을 학대하기 시작하고 하갈은 그 학대를 이기지 못하여 집을 나가게 된다.

여기서 아브라함의 처신에 문제가 있다. 당시는 강력한 가부장적인 사회였다. 모든 것은 가장이 책임진다. 이스라엘 사회에서 가장은 인자하게 가족을 돌보며 존경받는 사람이었다. 가장에게 모든 권한과 책임이 있다. 가족들의 안녕과 필요를 채워줘야 한다.[15] 그러나 아브라함은 권리와 의무를 회피했다. 이처럼 소극적인 가장에 의하여 분란이 생긴 것이다.

그럼에도 불구하고 하나님은 하갈과 이스마엘을 축복한다. 네가 잉태하였은즉 아들을 나으리니 그 이름을 이스마엘이라 하라 이는 여호와께서 네 고통을 들으셨음이니라 그가 사람 중에 들 나귀 같이 되리니 그 손이 모든 사람을 치겠고 모든 사람의 손이 그를 칠지며 그가 모든 형제의 동방에서 살리라(창16:11-12) 사라와 하갈의 갈등에 하나님은 아브라함에게 말씀한다. 그러나 여종의 아들도 네 씨니 내가 그로 한 민족을 이루게 하리라(창21:13) 이에 아브라함은 하갈과 이스마엘을 쫓아낸다. 그들은 광야를 방황하다가 하나님을 만난다. 하나님이 그 아이의 소리를 들으시므로 하나님의 사자가 하늘에서부터 하갈을 불러 가라사대 하갈아 무슨 일이냐 두려워 말라 하나님이 저기 있는 아이의 소리를 들으셨나니 일어나 아이를 일으켜 네 손으로 붙들라 그로 큰 민족을 이루게 하리라 하시니라 하나님이 하갈의 눈을 밝히시매 샘물을 보고 가서 가죽부대에 물을 채워다가 그 아이에게 마시웠더라(창21:17-19). 하나님은 하갈과 이스마엘을 저주하거나 육체의 정욕을 따라 난 자라고 하지 않았다.

손병호 박사는 이와 같이 견해가 다른 이유를 남 유다를 중심으로 쓰인 J문서와 북 이스라엘을 중심으로 쓰인 E문서의 차이라고 설명하고 있다.[16] J문서는 야훼라는 신명을 중심으로 족장들이 아브라함, 이삭, 야곱을 내세워 다윗계열을 부각시키며 유다를 내세운다. E문서는 엘로힘이라는 신명을 중심으로 북 왕국에서 쓰인 문서이다. 이러한 차이가 있는 문서들이 편집되면서 생긴 문제이다.

지금까지 살펴본바 대로 아브라함은 율법과 인륜을 저버리는 실수를 범했다. 후처와 첩의 권리는 고사하고 자신의 장자를 내치는 잘못을 범했다. 이러 조상의 잘못으로 지금까지 중동은 갈등과 분쟁, 테러, 전쟁이 끊이지 않고 있다. 생명을 존중하시는 하나님을 전쟁의 신으로 만들어 버린 결과이다.

 예수 그리스도의 평화

2) 이삭과 평화

이삭은 아브라함과는 다른 모습을 보인 족장이다. 아브라함은 하나님과 직접적인 관계를 갖지만, 이삭은 그런 기록이 없다. 아브라함은 하나님의 음성을 직접 듣지만, 이삭은 하나님의 음성을 듣거나 꿈속에서 환상을 본 적도 없다. 이삭의 삶은 전통과 관습에 관한 것밖에 없다. 아버지 아브라함이 드렸던 제사를 그대로 드렸을 것이다.[17] 아브라함은 전쟁을 하지만 이삭에게는 전쟁이 없다. 오히려 양보의 삶을 살았다. 그가 쌓아놓은 어떤 공적이나 기념할만한 것이 없기 때문에 족장으로서의 자격여부를 따지기도 한다. 그러나 그는 양보를 통하여 공존과 공생을 표명한 족장이다.

(1) 양보와 화해를 통해 평화를 이룬 이삭

이삭은 족상 중에 블레셋과 화해와 공존을 이룬 족장이다. 하나님의 인류 구원에서 볼 때 이삭의 화해와 공존은 매우 이상적인 구원이다. 모든 이스라엘 사람들이 이삭과 같았으면 중동이 분쟁의 지역이 되지 않았을 것이다.

이삭이 흉년을 피하여 그랄 땅에 거하였다. 이삭은 이 땅에서 농사를 지어 백배의 소출을 내었고, 가축이 잘되어 거부가 되었다. 이것을 시기한 블레셋 사람들은 아브라함 때에 팠던 모든 우물을 메워버렸다. 팔레스틴 사람들에게 중요한 것은 우물이다. 그리고 이것도 모자라서 이삭을 몰아냈다. 당시 문화에서 이 정도 되면 싸움이 나고, 전쟁이 나야한다. 그러나 이삭은 그곳을 떠나 그랄 골짜기에 장막을 쳤다. 그랄 골짜기로 옮긴 이삭은 다시 우물을 판다. 첫 번째 우물을 팠을 때 그랄 목자들이 와서 우물로 인하여 다툼이 생기자 그 우물 이름을 에섹이라 하였다. 또 다른 곳에 가서 우물을 팠다. 다시 다툼이 생김으로 그 우물 이름을 싯나라 하였다. 이삭은 그곳

에서 옮겨 다시 우물을 팠는데 이번에는 다툼이 생기지 아니하여 르
호봇이라 하였다. 이 뜻은 여호와께서 우리의 장소를 넓게 하였으니
이 땅에서 우리가 번성하리로다(창26:1-22)는 뜻이다. 이삭은 여러
번 블레셋 사람들과 싸움을 할 수 있는 상황인데도 싸움을 하지 않
고 인내심을 갖고 양보하였다. 이삭은 르호봇에서 자리를 옮기면서
브엘세바에 장막을 치고 다시 우물을 판다. 이 때 아비멜렉의 친구
들과 군대 장관들이 이삭을 찾아온다. 이들이 흥미로운 말을 한다.

> 아비멜렉이 그 친구 아훗삿과 군대 장관 비골로 더불어 그랄에서부터
> 이삭에게로 온지라 이삭이 그들에게 이르되 너희가 나를 미워하여 나
> 로 너희를 떠나가게 하였거늘 어찌하여 내게 왔느냐 그들이 가로되
> 여호와께서 너와 함께 계심을 우리가 분명히 보았으므로 우리의 사이
> 곧 우리와 너의 사이에 맹세를 세워 너와 계약을 맺으리라 말하였느
> 니라 너는 우리를 해하지 말라 이는 우리가 너를 범하지 아니하고 선
> 한 일만 네게 행하며 너로 평안히 가게 하였음이니라 이제 너는 여호
> 와께 복을 받은 자니라 이삭이 그들을 위하여 잔치를 베풀매 그들이
> 먹고 마시고 아침에 일찍이 일어나 서로 맹세한 후에 이삭이 그들을
> 보내매 그들이 평안히 갔더라(창26:26-31).

역사를 보면 참고 인내하는 자가 승리하는 것을 볼 수 있다. 이삭
은 우물을 몇 번씩 양보했다. 이러한 양보로 인하여 그랄 사람들과
아비멜렉이 감동되어 화해를 요청한다. 일반적으로 싸워 이긴 자가
승리자요, 복을 받는 자로 생각한다. 그러나 본문은 전혀 반대의 말
을 하고 있다.

이삭은 예수님의 복음에 합당한 행동을 하였다. 속옷을 달라 하는
자에게 겉옷까지 주며, 왼 뺨을 치는 자에게 오른쪽 뺨을 돌려대며,
오리를 가자하는 자에게 십리를 가며, 먹을 것이 없는 자에게 먹을

것을 주는 것은 예수의 복음이다. 또한 서로 사랑하되 원수까지 사랑하라 하신 예수의 복음과 같은 리듬을 산 사람이 이삭이다. 이러한 이삭을 지금까지 우유부단한 사람이라거나, 아브라함의 말년에 얻은 자식이어서 고귀하게 컸기 때문에 인생을 모르는 사람으로 판단해 왔다. 하지만 예수 그리스도의 복음에 비춰 볼 때 이삭은 큰 구원을 이루며, 평화를 이룬 사람이었다.

(2) 편애로 가정의 화목을 깬 이삭

이삭에게도 한 가지 단점이 있었다. 그것은 가정을 제대로 다스리지 못했다. 이삭과 리브가 사이에 쌍둥이 아들인 에서와 야곱이 있었다. 리브가가 해산할 때 먼저 나온 자가 붉고 전신이 갖옷 같아서 이름을 에서라 하였고, 후에 나온 자는 손으로 에서의 발꿈치를 잡았으므로 야곱이라 하였다. 야곱이란 뜻은 발꿈치를 붙잡다, 발꿈치를 걸어서 넘어뜨리다, 기만하다를 뜻하는 동사다.[18] 야곱의 일생을 보면 그의 이름과 같이 많은 사람들을 걸어서 넘어뜨리는 일을 벌인다. 에서는 '털이 많은' 이란 뜻인데, 동생에게 당하기만 한다. 두 아들 사이에 부모가 각각 편애를 하게 된다. 아버지는 들에서 사냥을 좋아하는 큰 아들 에서를 좋아했고, 어머니는 집에서 자신을 도와주는 야곱을 좋아한다. 이러한 관계에 있을 때 장자의 명분으로 인하여 서로 경쟁관계에 놓이게 된다. 어떤 목적을 놓고 경쟁관계에 있을 때 그 둘 사이의 평화는 깨진다. 비록 이삭이 눈이 먼 틈을 타서 야곱과 리브가에 의해 일어난 일이라 할지라도 이로 인하여 에돔과 이스라엘은 끊임없는 적대관계에 놓인다.

에서와 야곱, 왜 적대관계에 놓여야만 했을까? 기독교에서는 두 국민이 네 태중에 있구나 두 민족이 네 복중에서부터 나누이리라 이 족속이 저 족속보다 강하겠고 큰 자는 어린 자를 섬기리라(창25:23)

라는 말씀을 인용하여 하나님의 뜻이라고 한다. 그러나 원초적인 이유를 살펴보아야 한다. 하나님이 이렇게 정했으면 에서는 순종했어야 한다. 에서는 이러한 사실을 모르고 있는 것처럼 보인다. 단지 성경 본문에서는 장자의 명분을 놓고 두 경쟁자가 경쟁을 하는 것처럼 나오고 있다. 팥죽 사건이 그렇다. 프레드만은 에서와 야곱의 이야기의 배경을 에서의 본거지인 에돔이 유다를 그동안 괴롭힌 데 대한 유다 지파의 에돔 정복 역사를 합리화 하는 이야기라고 했다.[19] 이 이야기는 북 왕국의 E문서에는 없고, 남 왕국의 J문서에만 나온다. 야곱에게 그럴듯한 기사와 에서를 비하하는 문장은 전부 남왕국 J문서에만 있다. 북왕국의 E문서에는 에서에게 불미스럽거나 불리한 이야기는 전혀 없다. E문서에는 야곱의 사기 행각을 그대로 쓰고 있다. 에서와 야곱의 역사는 다윗이 에돔을 정복한 후에 남북왕조가 서로 달리 기록된 것을 후에 하나로 합한 것으로 본다.[20]

남 왕국의 성경기자는 야곱을 두둔하고 있지만 하나님은 어느 한 민족에 치우치지 않고, 에서를 통하여 큰 민족을 이루고 있다. 하나님은 야곱과 에서가 공존하며 평화를 이루길 원하셨다. 이러한 하나님의 뜻이 후에 다윗에 의해 깨어진다. 다윗은 그의 왕위의 위치를 굳히려고 나라를 통일시키고, 영토를 넓히려는 욕심 많은 군주로 등장한다. 왕국시대에서 세론하겠다.

3) 야곱과 평화

세 번째 족장인 야곱은 이삭의 둘째 아들이다. 둘째 아들이 장자가 된 것은 처음이 아니다. 아브라함은 큰아들 이스마엘이 아닌 둘째 아들 이삭에게 장자권을 주었다. 이 경우는 이스마엘이 여종의 아들이라는 이유로 내쫓고 이삭에서 장자권을 주었다. 하지만 야곱의 경우는 다르다.

(1) 기만과 술수로 평화를 깨는 야곱

야곱의 장자권은 형 에서에게 기만과 술수로 치열한 싸움에서 빼앗은 것이다. 야곱은 팥죽 한 그릇에 장자권을 산다. 당시 중동사회에서 장자권을 양도하는 경우가 있었다. 누지에서 장자권 매매가 있었는데 장자권을 팔 경우 일단 보수로 양 세 마리를 받았다.[21] 이 기록에 의하면 당연히 팥죽 한 그릇보다 많은 것이다. 기독교에서는 하나님의 뜻을 이루기 위한 그의 영적인 갈급함이라고 한다. 그러나 이성적으로 볼 때, 그의 욕심이다. 장자로서 갖는 모든 권리를 탐낸 것이다. 이러한 야곱의 성격을 샌포드는 '가족의 통치자가 되려는 그의 야만은 개인적인 권세와 지배를 얻으려는 적나라한 갈망이었다. 서기에는 영적인 측면 또는 경건한 측면은 전혀 없었디.'[22]고 했다. 반면에 에서에게는 이러한 면을 전혀 찾아 볼 수 없다. 에서는 그대로의 인생에 만족한 사람이었다. 전혀 반대의 성격이다. 어쩌면 이러한 두 성격의 사람이 모여 있었기 때문에 형제 사이에 피비린내 나는 싸움이 일어나지 않았을 것이다. 장자권 싸움의 주범도 야곱과 에서가 아니다. 엄연히 따지고 보면 그들의 어머니 리브가다. 샌포드는 인습적인 관점에서 볼 때, 리브가는 자신의 목적을 이루기 위해서는 무슨 짓이든 서슴지 않으며, 부부간의 신성한 신뢰관계까지도 깨뜨리는 무서운 여인이라[23]고 했다. 야곱은 그리 강한 성격이 아니다. 오히려 소심한 사람이었다. 아버지에게 장자의 축복을 받으러 갈 때, 야곱은 내 형 에서는 털 사람이요 나는 매끈매끈한 사람인즉 아버지께서 나를 만지실진대 내가 아버지께 속이는 자로 뵈일찌라 복은 고사하고 저주를 받을까 하나이다(창27:11-12)고 했다. 이러한 성격을 강하게 만든 것은 어머니 리브가이다. 내 아들아 너의 저주는 내게로 돌리리니 내 말만 좇고 가서 가져오라(창27:13). 이러한 계략이 두 형제의 사이를 갈라놓았다. 지금의 중동 역사의 책임자는 리브가이다.

두 형제의 이야기는 뒤로하고 야곱의 이야기를 집중적으로 하고자 한다. 야곱은 그의 성격과 그의 욕심을 따라 생활한다. 형에서의 장자 축복을 빼앗은 후 외삼촌 라반의 집으로 도망한다. 그 곳에서 처음에는 결혼을 목적으로 외삼촌의 일을 돌봤지만 결혼하고 난 다음에는 외삼촌의 재산을 탐내기 시작했다. 일의 댓가라고 하지만 외삼촌과 그의 가족이 볼 때는 일의 댓가에 비하면 지나쳤던 것 같다. 야곱에게는 보수가 적고 외삼촌의 가정으로 볼 때에는 보수가 많았던 것이다. 이러한 관계가 계속되면 두 가정에 불화가 생기며 평화롭지 못하게 되는 것이다.

결국 야곱 일가는 밧단아람을 떠날 수밖에 없었다. 밧단아람을 나와 고향으로 가지만 고향에는 자신이 잘못에 분노에 쌓인 형 에서가 있어 두려움에 쌓인다. 이 때 천사와 씨름하는 장면이 나온다. 지고는 못사는 야곱은 천사와 밤새도록 환도뼈가 위골이 될 정도로 싸웠다. 이 때 얻은 이름이 이스라엘(:하나님과 사람으로 더불어 겨루어 이기었음이니라. 창32:28)이다. 이런 성격 때문에 야곱은 어디를 가든지 평화롭지 못했다. 에서를 만났을 때 잠시 화해를 한다. 그러나 다윗이 에돔을 정복하면서 이 화해가 깨어지고 만다.

야곱은 에서와 화해한 후 세겜으로 가게 된다. 그곳에서 딸 디나가 강간을 당하게 된다. 하몰이 그의 아들이 잘못된 것을 알고 야곱 일가에 화해를 청한다. 이에 화해의 표징으로 야곱의 아들들은 할례를 요구하고, 그들이 할례의 고통 중에 있을 때, 시므온과 레위가 엄습하여 남자들을 죽이는 사건이 발생한다. 세겜 사람들은 화해를 청하였으나 야곱 일가는 화해하지 않았다. 이유는 할례받지 않은 사람이라는 이유다. 할례가 사람의 목숨보다 귀중한가? 할례가 평화보다 귀중한가? 이러한 야곱을 손병호 박사는 야곱을 천성이 호전적이고 전투적이며, 지고는 못사는 자[24]라고 했다.

(2) 자녀들에게 평화교육을 시키지 못한 야곱

야곱은 승리만을 원했기 때문에 그만큼 많은 적을 만들었고, 가정도 평안하지 못하였다. 그의 아들들은 권력다툼에 휘말린다. 유다와 르우벤의 장자싸움, 열 아들과 요셉의 힘겨루기, 그 외에도 가나안에서 분열왕국의 싸움 등이 있다. 이 모든 것은 야곱에 의해서 발단이 된다. 야곱의 생애에서 가장 큰 아픔은 사랑하는 아내 라헬이 낳은 아들 요셉을 잃었을 때였을 것이다. 요셉은 꿈을 꾸는 사람으로서 형들에게 미움을 샀다. 아버지 야곱이 편애하는 것도 기분이 나쁜데 그가 꾼 꿈에 열 명의 형제뿐만 아니라 부모까지도 자신을 섬길 것이라는 것이다. 이에 미움을 받고 이스마엘 상인들에게 팔리는 비극을 낳는다. 야곱은 자신이 겪었던 모든 어려움들을 생각하며 자녀들에게 평화교육과 형제우애를 가르쳐야 했었다. 그러나 야곱은 평화교육보다는 오히려 편애로 형제 사이의 우애와 신용을 잃게 만들어 버렸다. 그 결과 사랑하던 아들을 잃게 되었고, 열 아들들의 기만과 술수로 속임을 당하는 비운을 겪게 된다.

창세기는 아브라함과 이삭과 야곱을 걸쳐서 요셉에게 이른다. 아브라함에게 받았던 열국의 아비가 되라는 언약은 3대에 걸쳐도 이루어지지 않았다. 그러나 요셉에게 와서는 많은 변화가 일어난다.

4) 요셉과 평화

요셉은 족장에 들지 않지만 사실상 4대 족장이나 다름이 없다. 요섭은 유다의 택민사상[25]에 의해 가려지게 된다. 요셉은 평화의 복음 신학에서 중요한 인물이다. 그의 행함을 볼 때 전무후무한 일을 행했지만 족장의 대열에 들지 못했다. 그 이유는 성경이 지나치게 유다에게 초점을 맞추고 있기 때문이다. 이러한 점을 지적하면서 이스라엘 핑컬스타인과 닐 애서 실버먼은「성경: 고고학인가 전설인가」에서 구약 성경은 유다를 중심으로 삼은 범 이스라엘 민족주의를 탄생시키기 위하여 쓰인 책이라고 하였다.[26] 이러한 의도 때문에 요셉의 중요성이 사라져 버렸고, 유다를 살리기 위한 도구가 된 것이다. 그러나 요셉은 인류 구원을 향한 하나님의 사역에 없어서는 안 될 인물이다.

(1) 자력으로 이룬 구원

손병호 박사는 요셉의 행적을 보고 자력으로 인류를 구원한 사람으로 평가하고 있다.

> 요셉의 구원의 특성은 구약성서 어디에서도 찾아볼 수 없는 하나님의 구원이 하나님과는 직접적으로는 단 한 마디의 대화도 언질도 없이, 그리고 하나님의 능력이나 초능력이라고는 단 한 건도 없이, 오직 요셉의 하나님 사랑과 이웃 사랑과 원수사랑으로 이루어졌다. 하나님의 구원은 하나님이 창조하시고 섭리하신 원리나 이치나 사리나 순리나 자연의 법칙대로 오는 구원이 가장 큰 구원임을 말한다.[27]

요셉의 삶을 요약하여 예리하게 지적한 말이다. 실제로 그의 삶을 볼 때 평화를 만드는 사람이었다.

요셉은 기구한 운명을 타고난 사람이다. 어릴 적에는 자신이 꾼 꿈의 의미를 알지 못하고 그냥 신기하여 자신이 꾼 꿈을 이야기했을 것이다. 당시 사회는 꿈을 잘 꾸는 것도 신의 축복 중의 하나로 인식

했다. 요셉은 꿈을 잘 꾸고, 아버지의 사랑을 독차지한다는 이유만으로 형들의 질투를 받았다. 형들의 질투는 극에 달하여 동생을 죽일 계책을 꾸민다. 맏형 르우벤의 도움으로 죽음은 면하지만 노예로 팔리게 된다. 요셉이 애굽에서 노예생활을 보면 극적이다. 고관 대장의 집을 관리하는 신분에서 누명을 쓰고 옥살이를 하다가 애굽의 총리가 된다. 노예의 신분에서 대제국의 2인자가 된 것이다. 당시 애굽에서는 이러한 길이 열려 있었다. 요셉의 이야기를 전개하면서 클라우스 베스터만은 당시 사회 상황을 다음과 같이 말한다.

> 초기 이스라엘에서는 그러한 사회적 성공-노예로부터 장관에로의 성공-은 새로운 그리고 전혀 환상적인 가능성이었다. 순수히 농경적인 환경에서는 그런 일이 일어날 수 없었다. 그러한 성공의 무대가 이집트였다고 한다면 그것은 철두철미 역사적 사실과 부합된다. 이집트에서는 당시 그러한 일이 가능했었다.[28]

이러한 환경 속에서 성경은 요셉의 출세를 여호와께서 요셉과 함께 하시므로(창39:2,3,5,21,23)라고 한다. 그런데 신기한 것은 요셉의 이야기에서도 이삭과 같은 양상이 난다. 요셉은 하나님과의 대화가 없다. 신비적인 사고에 기원을 둔 이야기도 없다. 단지 인류 구원을 향한 의지와 노력이 보인다.

노예로 팔려갔을 때 보디발의 가정에서 노예생활을 한다. 이 때 보디발의 아내의 유혹을 받는다. 노예로서 주인의 요구를 과감하게 뿌리치는 것은 쉬운 일이 아니다. 하지만 요셉은 자신의 신분과 자신이 처신해야 할 일들을 잘 알고 있었기에 모든 것을 과감하게 뿌리칠 수 있었다. 총리가 된 요셉은 바로가 꾼 꿈대로 7년 동안 풍년이 들었을 때 가능한 모든 식량을 비축한다. 7년 후에 온 땅에 기근이 들기 시작한다. 기근이 들기 시작하자 천하의 모든 사람들이 애굽으로 식량을 구하러 오기 시작했다.

형들이 애굽으로 식량을 구하러 왔을 때, 요셉은 자기의 형들을 알아보지만 형들은 요셉을 알아보지 못한다. 여기서 몇 가지 실랑이가 오고간다. 막내 베냐민 때문에 시므온이 애굽에 남는 일, 두 번째 식량을 구하러 왔을 때 베냐민의 부대에 요셉의 은잔이 있었던 일 등 이해가 안 되는 일들이 일어난다. 이 일들은 요셉이 계획한 일이지만 형들에게 자신의 원한을 갚기 위하여 꾸민 일은 아니었다. 이 과정 속에서 형들은 자신들의 잘못을 깨닫는다. 우리가 아우의 일로 인하여 범죄하였도다. 그가 우리에게 애걸할 때에 그 마음이 괴로움을 듣지 아니하였으므로 이 괴로움이 우리에게 임하도다(창42:21). 이 후에 요셉은 자신이 살아있음을 알리고, 아버지와 자기 집을 구원할 것임을 알린다. 이 때 요셉의 말이 감동시킨다.

나는 요셉이라 내 아버지께서 아직 살아 계시니이까……당신들의 아우 요셉이니 당신들이 애굽에 판 자라 당신들이 나를 이곳에 팔았으므로 근심하지 마소서 한탄하지 마소서 하나님이 생명을 구원하시려고 나를 당신들 앞서 보내셨나이다……하나님이 큰 구원으로 당신들의 생명을 보존하고 당신들의 후손을 세상에 두시려고 나를 당신들 앞서 보내셨나니 그런즉 나를 이리로 보내신 자는 당신들이 아니요 하나님이시라 하나님이 나로 바로의 아비를 삼으시며 그 온 집의 주를 삼으시며 애굽 온 땅의 치리자를 삼으셨나이다(창45:3-8).

요셉은 지금까지 자신에게 이루어진 일들을 긍정적으로 생각했다. 원수를 생각하되 불운을 안겨준 사람으로 생각하는 것이 아니라 지금과 같은 영화를 누리게 하기 위한 발판을 만들어 준 사람으로 생각했다. 이러한 생각과 행동이 일치한다. 원수를 선대하며 사랑하는 모습을 보게 된다. 이것이 평화의 사신이 행하는 삶이다. 클라우

예수 그리스도의 평화

스 베스터만은 요셉 이야기의 주제를 가정의 평화[29]라고 한다. 그러나 이 이야기는 가정의 평화에 한정된 것이 아니다. 요셉 이야기는 지엽적이거나 한정된 이야기가 아니다. 세계성을 띤 이야기다. 각국 백성도 양식을 사려고 애굽으로 들어와 요셉에게 이르렀으니 기근이 온 세상에 심함이었더라(창41:57). 당시 사람들이 생각하는 대로 온 세상에 기근이 들었다. 모든 사람이 굶주림으로 죽어가게 되었다. 이러한 상황에서 요셉은 애굽의 창고를 풀어 그들을 구원한다. 각국의 사람들의 생명을 구원한 것이다.

(2) 창세기의 평화와 그리스도의 구원의 그림자 요셉

요셉의 일생을 볼 때 지금까지 살펴본 다른 족장들의 삶과는 전혀 다른 삶을 살아갔다. 요셉의 이야기는 용서와 사랑을 통한 생명구원의 이야기이다. 생명구원을 통하여 모두가 평화를 얻은 것이다. 요셉의 이러한 삶을 바라보면서 센포드는 '요셉은 먼저 자기 자신을 다스렸고 그리하여 백성들을 다스릴 자격을 갖추게 되었다'[30]라고 했다. 자신을 먼저 다스린 자만이 가정을 다스릴 수 있고, 가정을 가지런히 한 자만이 백성을 다스릴 수 있는 것이다. 이것을 동양에서는 수신제가치국평천하라 하며 이러한 사회가 이루어진 곳을 대동사회라고 했다. 이러한 사회를 예수 그리스도는 하나님의 나라라고 했다. 하나님의 나라는 그 어디에서 이루어지는 것이 아니다. 뜻이 하늘에서 이루어진 것 같이 땅에서도 이루어지는 나라를 말한다(마6:10). 요셉은 이러한 나라를 위하여 용서와 관용과 사랑을 하였다. 이러한 일은 서로사랑할 때 이루어지는 것이다. 서로 사랑할 때 하나님 사랑, 이웃 사랑, 원수 사랑이 이루어지는 것이다. 창세기에서는 요셉의 이야기 속에서 아브라함에게 약속했던 열국의 아비로서 세계를 구원하는 이야기로 끝맺음을 하고 있다. 요셉이 이끌었던 사회가 하나님께서 원하셨던 세계이다. 요셉은 원수와 같았던 형제들을 용서했고, 굶주림 속에 허덕이던 인류를 구원했으며, 전쟁을 하기 보다는 생명을 구원하는 일에 힘썼다. 이러한 일에 힘쓸 때 세계의 평화와 인류의 구원이 이 땅에서 이루어지는 것이다.

그런데 이러한 사회는 요셉에게서 시작되었다가 요셉에게서 끝나고 출애굽부터는 평화와는 전혀 반대 방향으로 흐름을 볼 수 있다.

2. 출애굽 후 광야시대

아브라함에게 언약한 열국의 아비로서 평화를 이루고자 했던 하나님의 계획은 요셉에게 와서 이루어진다. 요셉은 하나님의 뜻을 따라 형제들과 열국을 구원한다. 이 때 야곱과 그의 열한 형제들과 70여 명이 애굽으로 이주하여 고센에 거하게 된다. 야곱은 자녀들과 애굽으로 이주하여 400여 년 동안 평화를 누리며 번성하게 된다. 그러는 동안 총리였던 요셉이 죽고, 요셉을 알지 못하는 사람이 바로가 되었을 때 상황은 완전히 바뀌게 된다.

1) 공존을 유지하지 못한 이스라엘과 애굽

이스라엘은 애굽으로 이주한 후 평화를 누리며, 자손이 번성한다. 이주한 지 400여 년이 지났고, 야곱과 총리였던 요셉도 죽고, 요셉을 알지 못하는 왕이 들어서 애굽의 정책은 완전히 바뀌게 된다. 그 때 당시의 상황을 설명해 주는 성경구절이 있다.

요셉을 알지 못하는 새 왕이 일어나서 애굽을 다스리더니 그가 그 신민에게 이르되 이 백성 이스라엘 자손이 우리보다 많고 강하도다 자, 우리가 그들에게 대하여 지혜롭게 하자 두렵건대 그들이 더 많게 되면 전쟁이 일어날 때에 우리 대적과 합하여 우리와 싸우고 이 땅에서 갈까 하노라 하고 감독들을 그들 위에 세우고 그들에게 무거운 짐을 지워 괴롭게 하여 그들로 바로를 위하여 국고성 비돔과 라암셋을 건축하게 하니라(출1:8-11).

애굽의 새 왕은 이스라엘 백성들에 대한 경계심을 갖게 된다. 전쟁이 일어날 때에 우리 대적과 합하여 우리와 싸우고 이 땅에서 갈까 하노라. 이스라엘과 애굽은 요셉으로 이어진 신용과 믿음으로 맺어진 관계였다. 요셉의 가족이었기 때문에 바로가 이스라엘을 비옥한 땅인 고센에 머물게 했다. 이때에는 서로 신뢰하며, 서로를 의지하는 관계에 있었다. 그러나 시간이 흐르고, 서로를 알지 못하는 상황에서 민족이 나뉘기 때문에 서로를 신뢰하지 못하는 관계가 되어 버렸다.

애굽 왕은 이스라엘과 공존과 공영보다 그들을 지배하고 이용하려고 하였다. 그럼에도 불구하고 번성한 이스라엘에게 온갖 핍박을 하게 된다. 점차 압박의 강도는 높아지고, 노예사역을 시키며, 나중에는 남자 아이를 낳으면 산파가 제거하게 하는 정책까지 썼으나 뜻대로 되지 않았다. 그래서 남자 아이를 낳으면 나일강에 버리게 하였다.

이러한 상황에 접하게 되자, 이스라엘은 애굽을 탈출하지 않으면 안 되게 되었다. 이 모든 상황을 바라보면서 아론은 이스라엘을 탈출시킬 모든 계획을 세우게 된다.

2) 아론과 모세와 출애굽

이스라엘이 평화를 찾아 애굽으로 갔지만 이제 민족이 멸절하게 될 위기의 상황을 맞이했다. 이 때 레위지파에 속한 아므람과 요게벳에게서 낳은 장자 아론이 나서서 출애굽 운동을 주도하게 되었다. 출애굽운동의 주도자는 아론이다. 아론이 치밀히 준비하고 시작하여 진행이 되고 있던 중에 동생 모세가 합세를 한 것이다.[31] 출애굽 운동의 모든 계획과 조직운영 관리 등을 모세가 세운 것이 아니다. 그러나 출애굽기는 모세를 주인공으로 한 모세의 전기나 다름이 없기 때문에 아론을 조연급으로 기록한 것이다.

모세가 태어날 당시 애굽은 이스라엘 백성 중에 아들을 낳으면 하수에 던지고, 여자 아이를 낳으면 살리게 했다. 모세는 이 죽임을 모면키 위해 갈대상자에 넣어 나일강에 버려졌다. 아들이 없던 애굽의 공주가 나일강에 목욕하러 왔다가 아이가 든 상자를 발견하고 이를 건져내어 하늘이 준 아들이라 생각하고 모세라 불렀다(출12:41). 모세는 애굽의 궁중에서 친어머니 요게벳을 유모로 맞아 자라며 자신의 정체를 알게 된다.

모세는 40년 동안 왕궁에서 왕권수업을 받았으나, 하루는 학대받는 동족을 보고 참지 못하여 애굽 사람을 쳐 죽인다. 이 일로 바로가 모세를 죽이려고 하자 미디안으로 도망하여 40여 년 동안 미디안의 제사장 이드로의 집에서 양을 치며 생활하게 된다. 양을 치던 중 호렙산에서 야훼 신을 만나 결단을 내리고 애굽으로 돌아와 출애굽 운동을 벌이는 아론과 합세를 하였다. 아론은 그동안 비밀리 야훼의 군대를 결성하였다(출12:41).

아론과 모세는 바로의 궁을 찾아가 전쟁없이 출애굽을 하겠다고 요구한다. 그러나 애굽 왕은 허락하지 않고 반란으로 규정하여 진압하려고 했다. 이 때 열 가지 재앙이 내려지며 무력으로 군사행동을

예수 그리스도의 평화

하게 되었다. 야훼의 군대는 야밤에 기습하여 초태생을 살해하였다. 2백만의 이스라엘이나 60만의 야훼의 군대로 게릴라전을 펴서 애굽을 쑥대밭으로 만들어 버렸다(출12:37-41). 이러한 상황에 이르자, 바로는 이스라엘 백성들을 출애굽을 허락한다. 출애굽하는 이스라엘은 가축과 양식과 은금 패물과 의복을 탈취하여 약탈하였다(출12:35-36). 바로도 이스라엘의 반란을 진압하려고 군대를 출정시켜 홍해까지 추적하였지만 홍해에서 수장되어 진멸되고 말았다.

애굽은 나름대로 이스라엘과 공존하지 못했다. 공존보다는 지배하고, 권력으로 누르려고 하다가 평화가 깨어졌다. 지배받던 민족 이스라엘은 출애굽하려고 군대를 결성하여 훈련을 시켰다. 잘 훈련된 군대를 이끌고 애굽을 초토화시키며 출애굽을 했다. 이것도 모자라 애굽의 군대를 홍해에서 완전히 전멸시켰다. 서로 이해하지 못하고, 공존하지 못하며, 지배하고 착취하려다 일어나는 처참한 상황이 전개되는 것이다.

3) 여호와의 전쟁

출애굽한 이스라엘은 광야생활에서 더 난폭해진다. 그들의 전쟁은 여호와의 전쟁이었다. 고대 중동에서의 전쟁은 신들의 전쟁이다. 인간들이 싸우지만 그 싸움의 주관자는 신들이다. 전쟁의 결과는 그들이 믿는 신들의 승패로 믿었다. 그런데 이스라엘에서는 조금 다르다. 여호와의 전쟁에서는 오직 승리만 있다. 전쟁에서 주체는 여호와이지만 객체는 이스라엘의 대적자다. 그렇다면 이스라엘은 전쟁에서 한 번도 패배한 적이 없다는 말인가? 그렇지 않다. 윤용진 박사는 여호와의 전쟁의 이중성(二重性)을 말한다. 하나는 여호와께서 자기백성 이스라엘의 구원과 보호를 위(爲)하여(For) 싸우시는 전쟁이고, 다른 하나는 하나님의 언약 백성인 이스라엘이라 할지라도 그들이 언약적 삶을 살지 못할 경우 그들을 대적(對敵)하여 싸우시는 여호와의 전쟁이라[32]고 했다. 여호와의 전쟁의 대상이 전자는 이스라엘의 대적이고, 후자는 이스라엘이란 것이다. 즉, 전자는 이스라엘의 구원의 전쟁이고, 후자는 이스라엘의 심판의 전쟁이다. 이런 면을 들면서 여호와의 전쟁은 패배란 것이 없다. 그리고 여호와의 전쟁에는 반드시 기적적인 사건이 동반된다. 그 출발이 홍해사건이다. 애굽에서 열 가지 재앙도 있지만 여호와의 전쟁의 출발을 출애굽기 14장에서부터 시작된다. 여호와의 전쟁에서도 한 가지 특징이 있다면 그것은 헤렘(חרם)사상이다. 여호와의 명령에 의해 수행되는 대표적인 전쟁이 가나안의 7대 부족에 대한 진멸(חרם)의 명령에서 찾을 수 있다(신7:2,13:15,17,20:17). 고대 근동의 텍스트에서는 찾아볼 수 없는 사상이다.[33]

또 한 가지 여호와의 전쟁의 특징은 고대 근동 전쟁은 사람들이 싸움을 하지만 승패의 결정은 신에게 있다. 하지만 여호와의 전쟁은 이스라엘 백성들의 의지에 의하여 수행되는 것이 아니라 전적으로 여호와의 의지, 즉 명령에 의하여 수행되는 것이다. 따라서 여호와 전쟁의 가장 대표적인 특성은 여호와의 기적 간섭으로 말미암은 이스라엘의 승리이다.[34]

이러한 면으로 볼 때, 여호와는 이스라엘 백성에게는 민족의 신으로서 흡족할 것이다. 그러나 우주를 창조하시고, 우주를 다스리시는 신으로서의 역량은 어떤가? 야훼는 한 민족만을 위한 신으로 둔갑한 모습을 보여주고 있다. 히브리인도 사람이지만 애굽 군대도 사람이다. 사람을 구별하는 신을 우주적인 신이라 할 수 있는가? 히브리인들은 이러한 신을 찬양하고 있다. 미리암의 찬양 속에서 잘 나타나 있다. 내가 여호와를 찬송하리니 그는 높고 영화로우심이요 말과 그

탄자를 바다에 던지셨음이로다. 여호와는 나의 힘이요 노래시며 나의 구원이시로다 그는 나의 하나님이시니 내가 그를 찬송할 것이요 내 아비의 하나님이시니 내가 그를 높이리로다. 여호와는 용사(Warriers)시니 여호와는 그의 이름이시로다(출15:1-3). 이때부터 야훼가 히브리인들의 유일신으로 자리매김을 하기 시작한 것이다. 애굽 군대와 이러한 사건이 있은 후 히브리인들은 아말렉과 전쟁을 벌이게 된다. 아말렉은 에서의 아들 엘리바스가 그의 첩 딤나에게서 낳은 아들이다(창36:12). 즉, 에돔의 후손이다. 하나님은 에돔을 보호했다는 증거가 있다. 너희 동족 에서의 자손의 지경으로 지날진대 그들이 너희를 두려워하리니 너희는 깊이 스스로 삼가고 그들과 다투지 말라 그들의 땅은 한 발자국도 너희에게 주지 아니하리니 이는 내가 세일산을 에서에게 기업으로 주었음이로다(신2:4-5). 이스라엘은 출애굽하면서 하나님의 명을 어긴 것이 된다. 화친하고 화목하게 살아가야 할 민족이 전쟁을 일으켜 동족상잔의 비극을 저지른 것이다. 서로 우애해야 할 형제들이 서로 피를 흘리는 싸움을 한 것이다. 이 비극 내부를 보면 신비한 현상이 나타난다. 모세가 손을 들면 이스라엘이 승리하고, 모세가 손을 내리면 이스라엘이 패했다. 이 때 주어진 이름이 야훼 닛시이다. 야훼 닛시라는 신명 아래 골육상쟁이 벌어졌고, 이 싸움 후에 자축연을 벌였다.

이후에 모세와 이스라엘 백성은 시내산에 이르러 야훼와 계약을 맺는다. 야훼는 이스라엘의 유일신이 되고, 이스라엘은 야훼의 백성이 되는 것이다. 이 때 언약궤가 출현한다. 이 언약궤는 싸움에 나아갈 때 깃발과 같은 역할을 하게 되었다.[35] 이 후로 야훼는 승리의 신으로 등장한다. 야훼신앙은 애굽에서 도망 나온 노예들과 당시 광야에서 아무런 사회적인 기반없이 떠도는 족속들에게 강력한 매력을 갖고 있었음이 틀림없다.[36] 이들을 하나로 묶을 수 있었던 힘에 대하여 최창모 교수는 애굽에서 압제를 당했던 고통의 경험과 야훼와의 계약이라[37]고 했다. 실제로 이들의 마음을 하나로 묶는 것은 쉽지 않았다. 이들은 의지할 곳이 없이 광야에서 온갖 고생과 고난을 겪은 사람들이다. 누구보다 자유하며, 어떤 사람의 간섭을 받고 싶지 않았을 것이다. 이러한 사람의 마음을 하나로 묶어 준 것은 야훼의 계약과 함께 모든 전쟁에 승리를 안겨주는 신이라고 믿은 것이다. 이들은 마음을 합하여 자신들이 정착할 땅을 찾게 된다. 시내 산에서 언약을 맺으며 찾은 것이 가나안이다. 가나안은 그들의 조상 아브라함과 이삭과 야곱에게 주시마한 땅이라 생각하고 오로지 그 땅만을 위하여 진군한다. 가나안을 향하여 진군하면서도 많은 부족을 만나게 된다. 그 부족을 만나면서도 그들은 명목상의 평화를 선언하지만 그들에게는 전쟁의 신을 통한 승리를 장담하였다.

여호와의 전쟁은 공존과 공생이나 화해와 용서, 사랑, 희생이란 찾아 볼 수 없이 처참했다. 예수 그리스도의 평화의 복음으로 볼 때 출애굽과 광야생활은 치욕적인 생활을 한 것이다.

4) 가나안 정복전쟁

이처럼 여호와의 전쟁을 치르면서 이스라엘은 가나안을 향하여 계속 진군한다. 그리고 그들은 순수하게 가나안으로 진입한 것이 아니라 전쟁으로 쑥대밭을 만들며 진군했다. 그러나 당시 사회를 말해주는 고고학의 증거들에 의하여 많은 의문이 제기되기 시작했다. 이스라엘이 가나안으로 들어가게 된 것은 여러 가지 방법에 의한 것이라는 가설이 조심스럽게 나오고 있다. 지금은 고고학계에서 학자들이 가나안 정복 이야기를 고고학으로 증명하는 것을 포기한 상태다.[38] 그만큼 성경이 쓰여진 상황과 고고학적 자료들이 불일치하기 때문이다. 당시 가나안은 강력한 국력을 가진 애굽의 통치하에 있었다. 가나안 사람들은 애굽에 세금을 바치고 애굽은 가나안 사람들을 지켜주는 체계가 잡혀 있었다. 그래서 팔레스타인은 방어 목적의 성이 없었다. 여리고나 아이 성에는 높은 성곽이 없었다. 이러한 모습을 바라보면서 여호수아서는 요시아 왕 때 당시 백성들 사이에 흐르는 민담과 영웅담, 우용담, 전설 등을 모아 정리하여 이스라엘 백성들의 힘을 모으려는 목적이 있었다.[39] 이 율법책을 네 입에서 떠나지 말게 하며 주야로 그것을 묵상하여 그 가운데 기록한 대로 다 지켜 행하라 그리하면 네 길이 평탄하게 될 것이라 네가 형통하리라 내가 네게 명한 것이 아니냐 마음을 강하게 하고 담대히 하라 두려워 말며 놀라지 말라 네가 어디로 가든지 네 하나님 여호와가 너와 함께 하느니라(수1:8-9). 이와 같은 맥락으로 요시야와 같이 마음을 다하며 성품을 다하며 힘을 다하여 여호와를 향하여 무세의 모든 율법을 온전히 준행한 임금은 요시야 전에도 없었고 후에도 그와 같은 자가 없었더라(왕하23:25)라고 되어 있다. 이 두 구절은 매우 유사하게 맞춰져 있다. 이러한 면을 보면서 여호수아서는 요시야 왕 때 편집된 것으로 주장하는 학자들이 있다.

그럼에도 여러 가지 고고학적인 자료와 성경을 볼 때 가나안 입성 시기와 규모에 대해서는 불일치하는 점들이 많지만 이스라엘 사람들이 가나안으로 침투한 것은 분명한 사실이다. 당시 가나안에는 이스라엘이 아닌 다른 일곱 족속이 살고 있었다. 성경에는 이 일곱 족속도 후대에 살았던 족속이라고 한다. 이 족속이 후대에 살았던 족속인지는 모르나 분명한 것은 이스라엘 백성은 가나안에 살고 있지 않았다는 것이다. 이러한 사실로 볼 때 이스라엘 백성이 가나안으로 침투하여 들어간 것이 분명해진다.

이스라엘 백성이 가나안을 정복한 방법에 대해서는 여러 가지 학

설이 있다. 최창모 교수에 의하면, 첫째는 정복설이다. 이는 성서의
기록을 근거로 이스라엘이 가나안을 집중적이고 통일된 군사적 정
복을 통하여 점유했다는 주장이다. 그러나 고고학적인 증거가 부족
하다. 둘째는 평화 이주설이다. 이스라엘이 가나안 점유는 평화적
유입, 조약체결, 그리고 자연적인 인구 증가에 의한 것이라는 학설
이다. 이 이론을 뒷받침해 주는 성경의 기록들 가운데 족장들은 대
체로 거주민들과 화목하게 지냈으며, 또 가나안 주민들이 므낫세에
씨족이 되었으며(수12:17,24,17:2-3), 유다가 가나안 사람들과 결혼
하기도 하였다(창38;)는 기록들을 제시한다. 이 주장은 이스라엘인
들이 통합되지 않은 채 각각 다른 시기에 다른 방향에서 가나안으로
들어갔음을 말한다. 셋째는 사회혁명설이다. 이스라엘은 도시 국가
의 군주들과 지배층에 대하여 반란을 일으키고, 그들의 독자적인 사
회, 정치적, 종교적 질서를 확립한 토착 가나안 민중이었다는 주장
이다.[40]

이 세 주장 중에 어떤 것이 옳다고 판단하기는 힘들다. 아쉬운 점
이 있다면 이스라엘 백성이 가나안으로 이주할 때 평화롭게 이주할
수도 있었을 것이다. 그리고 그곳에서 공존하며 공생할 수도 있었을
것이다. 그러나 이스라엘은 가나안에 입성하면서 피비린내 나는 싸
움을 계속했다. 가나안으로 들어서면서 새롭게 등장하는 사상이 있
다. 그것은 헤렘 사상이다. 헤렘(חרם)은 완전봉헌이란 뜻인데 야훼에
게 봉헌된 모든 것을 태우거나 죽이거나 부수어서 완전히 바치는 것
이다. 이 사상은 가나안에만 적용되었다고 한다.[41] 이것이 그들이 말
하는 성전(Holy war)이다. 성전(聖戰)은 이처럼 잔인하게 전개되었
다. 가나안 원주민들을 전멸시키려고 했다. 어쩌면 팔레스타인에 살
고 있는 원주민을 인종청소를 하는 것과 같은 것이다. 이 사상을 적
용하지 않음으로 인하여 벌을 받은 경우가 있다. 아이 성 전투에서

아간이란 사람이 전리품을 자신의 소유로 삼으려고 숨긴 경우와 사울이 전쟁 후 온전한 짐승들을 살려둔 경우에 하나님은 이스라엘 백성들에게와 당사자에게 벌을 내리는 것을 볼 수 있다.

이처럼 여호와의 전쟁과 헤렘 사상을 안고 여호수아는 가나안을 진격한다. 성경에서도 볼 수 있듯이 가나안 전투는 상상을 초월했던 것 같다. 장정만 60만이 한 길을 지나가면 어떻게 되겠는가? 폐허가 되었을 것이다. 여호수아가 치룬 전투를 보면 여리고(수6:12-27), 아이(7:2-6), 아이와 벧엘(8:1-29), 아모리 동맹국(10:1-27), 막게다(10:28), 립나(10:29-30), 라기스(10:31-32), 게셀(10:33), 에글론(10:34-35), 헤브론(10:36-37), 드빌(11:1-9), 북편의 동맹군(11:1-9), 하솔(11:10-11), 북방의 성읍들(11:12-17) 등이 있다.

이 모든 전쟁에 앞서 여호수아 5장 마지막 부분에 보면 여호와의 군대 장관이 나타난다. 그의 손에는 칼을 잡고 있다. 여호수아가 그에게 나아가 너는 우리를 위하느냐 우리의 대적을 위하느냐라고 묻는다. 이 물음에 아니라 나는 여호와의 군대 장관으로 이제 왔느니라고 대답을 한다. 이처럼 이스라엘의 싸움은 전적으로 여호와의 전쟁으로 묘사되고 있다. 이 전쟁들 속에서 헤렘 사상이 뚜렷이 나타난다. 전쟁에서 대적들은 모두 죽여야 한다. 여리고 전투에서는 성중에 있는 것을 다 멸하되 남녀노유와 우양과 나귀를 칼날로 멸하니라(수6:21)고 되어 있다. 단지 여리고 성을 정탐할 때 정탐군들을 도와준 기생 라합의 가정만 살아남게 된다. 성은 무너지고, 성중에 있는 사람은 물론 모든 동물까지 멸망당한 것이다.

아이성에서 첫 전투에 실패한다. 그 이유는 헤렘사상을 위반했기 때문이다. 전쟁에서 취한 모든 물자는 여호와의 것이 되어야 하는데 그렇게 하지 못했다. 아간이란 사람이 시날산의 아름다운 외투 한 벌과 은 이백 세겔과 오십 세겔 중의 금덩이 하나를 보고 탐내어 취하였기 때문이다. 이 전투에서 이스라엘은 36명이 죽는다. 두 번째 전투는 처참했다. 여호수아가 아이를 불살라 그것으로 영원한 무더기를 만들었더니 오늘까지 황폐하였다(수8:28)고 기록하였다.

아모리 동맹국들과의 전투는 어떠했는가? 이 전투에는 다섯 왕이 동맹을 맺는다. 그들은 예루살렘 왕 아도니세덱, 헤브론 왕 호함, 야르못 왕 비람, 라기스 왕 야비아, 에글론 왕 드비이다. 이 전쟁에서도 다섯 왕은 죽임을 당하고 해가 질 때까지 나무에 매달렸다가 해가 진후에 그들이 숨었던 동굴에 던져 넣고 막아버렸다.

그외에 다른 전투들도 거의 진멸시킨 것으로 보인다. 여호와의 전쟁은 이와 같은 것이다. 어떤 전투에서도 화친을 제의하거나 평화를 원한 전투가 없다. 단지 여호와의 전쟁을 내세워 헤렘사상을 이행한 것이다. 그렇다고 이 전쟁에서 모든 거민을 다 처치할 수는 없었다. 이 전쟁에서 살아남은 부족들과 후손들을 괴롭혔다.

여호수아에 의하여 가나안을 완전히 정복하면 평화를 얻을 수 있으리라 생각했다. 심지어 헤렘사상을 내세워 가나안의 일곱 족속을 완전히 멸하면 평화가 올 줄로 믿었다. 그러나 가나안에는 평화가 없었다. 가나안을 완전히 정복하여도 평화는 없었을 것이다. 그들에 의해 쫓겨난 민족이 가만히 있지 않기 때문이다.

이러한 현상을 볼 때 예수 그리스도의 복음에 의한 평화만이 참된 평화인 것을 알 수 있다. 서로 사랑하며, 원수도 사랑하며, 공존, 공생하는 것이 참된 평화를 위한 것이다.

3. 사사시대

출애굽 이후 가난안 정착은 사사시대로 이어진다. 사사시대도 여호수아가 수행했던 여호와의 전쟁의 연속선상에 있다. 차이가 있다면 여호수아는 가나안에 있는 사람들을 몰아내고 땅을 차지하기 위한 전쟁을 하였고, 사사들은 가나안 땅에서 자기들을 억압하던 왕들을 몰아내고 땅을 지키기 위한 전쟁이었다.[42] 사사시대 내내 전쟁이 끊이지 않는다. 이와 같이 전쟁이 끊이지 않는 원인이 있다면 서로 공존하기보다는 자기 민족의 욕망만 채우고자 했기 때문이다. 그렇다고 공존할 수 있는 환경이 전혀 없었던 것이 아니다. 단지 그들에게 인식된 잘못된 신앙과 인간의 욕구 때문임을 알 수 있다. 본 단원에서 이러한 면을 관찰해 보도록 하겠다.

1) 가나안은 이스라엘만을 위한 약속의 땅인가?

이스라엘의 가나안 정복은 여호와께서 선조들과 언약한 약속의 땅으로 알았기 때문이다. 땅에 대한 이야기는 족장과의 언약에 나타난다. 아브라함(창12:1-3), 이삭(창26:3-4), 야곱(창22:13-15,35:12, 32:28)에게 땅에 대한 약속이 있다. 그러나 그 약속의 땅이 가나안이며, 이스라엘 백성들에게만 주어진 것인가?

가나안 땅에 인류가 살기 시작한 것은 적어도 초기 구석기 시대 말경(B.C.E.15만년)부터 추적할 수 있다. 문자로 쓰인 기록은 없지만 고고학적 유물들은 수십만 년 전부터 중동 지역에 인류가 거주하였음을 보여준다. 이후 많은 민족이 이동이 있었다. 셈족의 이동, 아카디아-이집트의 이동물결(B.C.E.3000년후), 고대 아모리인들의 이동(B.C.E.2500-2300), 가나안인의 이동(B.C.E.2100-1700)은 서부에서 국가들의 건립(알라라흐, 칼케미쉬, 알렛포, 카트나, 우가리트 등

등)으로 말미암아 독자적인 문화의 발전(알파벳의 발명과 함께)과 종교의 발전으로 결실을 맺었다.[43] 중동은 인류의 출연과 함께 여러 민족이 이동하면서 쫓기고 쫓는 전쟁의 역사를 피할 수 없었다. 지정학적 위치가 남북을 잇는 길이었기 때문에 전쟁을 피할 수 없었다. 이러한 역사 속에서 가나안 땅은 많은 민족이 뿌리내려 살았다. 이스라엘이 가나안을 정복하기 전에는 여섯 족속이 살고 있었다. 즉, 가나안족속, 헷족속, 아모리족속, 브리스족속, 히위족속, 여부스족속(출3:8)이다. 이들이 가나안에 정착하기 시작한 것은 가나안인의 이동이 시작된 B.C.E.2100-1700년 경이다. 이스라엘이 출애굽하여 가나안을 정복은 B.C.E.1400년 경이라고 한다면 이스라엘보다 훨씬 앞서 가나안에 완전히 정착하여 살았다. 역사적인 맥락에서 본다면 가나안은 이들 여섯 족속의 땅이라 할 수 있다.

이스라엘이 출애굽하여 가나안에 들어섰을 때는 춘추전국시대나 다름이 없었다. 가나안에 정착한 여섯 족속은 강자도 없었고, 강한 군대를 가진 족속도 없었다. 그러나 이스라엘은 가나안 정복을 위하여 출애굽할 때 잘 훈련시킨 군대를 이용하여 원주민들을 살육하며 학살을 일삼았다. 이러한 모습을 바라보며 손병호 박사는 '이때부터는 열국의 아비보다는 약속의 땅을 말하며, 가나안 정복을 합리화하는 이스라엘과 유다였다. 그들은 약속의 땅을 독점의 땅으로, 착취의 땅으로, 정복의 땅과 동일시하였다'[44]고 했다.

하나님은 아브라함을 열국의 아비로 세우면서 열국의 아비처럼 모든 나라와 민족을 끌어안길 원했다. 모든 민족과 모든 나라와 함께 공존하며, 공생하며, 평화를 만들어 가길 원했다. 그러나 후손들은 선민과 택민을 부르짖으면서 자신들만을 위한 것으로 착각을 하게 된 것이다. 이러한 착각이 인류의 평화와 안녕을 앗아가 버렸다.

 예수 그리스도의 평화

2) 원주민 학살과 동족상잔의 비극

사사시대는 12지파의 동맹으로 이어졌다. 이 열두 지파는 야곱의 열두 아들을 중심으로 이루어졌다. 그러나 열두 지파의 구성 부족에는 변동이 있을 수 있다.[45] 그 가장 좋은 예로 레위와 요셉지파가 빠져 나가는 대신 요셉의 아들들인 에브라임지파와 므낫세지파가 들어왔다. 그러나 겉으로 보기에는 혈연동맹인 것 같지만 성경의 세부 사항을 살피면서 지연 동맹이라고 주장하는 학자들이 있다. J 맥스웰 밀러와 존 H. 헤이스는 비교 인류학적 연구의 견지에서 성경의 자료들을 면밀하게 검토해 보면, (1) 지파 구분과 지파들의 관계는 성경의 족보들을 피상적으로 읽을 때 생각되는 것보다 훨씬 더 복잡하고 유동적이었고, (2) 지파들은 성격상 혈연보다는 지역에 의존하는 경향이 강하였음이 드러난다[46]고 하였다. 실제적으로 가나안에는 이질과 동질의 집단이 있었다. 존 브라이트는 아마 각 지파마다 처음부터 이질 족속들을 포함하고 있었으며, 그중에는 사막에서 새로 이주해 온 족속도 있었고, 오래전부터 가나안 땅에서 정주해 온 토착 족속도 있었고, 또 그밖에 잡다한 혈통을 가진 족속들도 있었던 것 같다. 그럼에도 불구하고 가나안 정복에 앞서 모종의 부족 동맹이 형성되어 있었으리라고 추론해야 할 것이다[47]고 했다. 이러한 논리가 타당성이 있는 것은 길르앗지파와 이방인 사사 그리고 여호수아와 동맹을 맺은 부족들을 보면 알 수 있다. 길르앗은 야곱의 아들이 아니다. 그런데 사사기에는 길르앗지파가 등장한다. 길르앗은 요셉의 증손자가 된다(삿5:14,수17:1). 이러한 면으로 볼 때 요셉에게는 세 부족이 나온 것이다. 또한 사사들 중에 삼갈이란 사사가 있다. 그는 유대인이 아니었던 것 같다. 존 브라이트의 말을 빌어보면 '삼갈에 관해서(삿3:31) 우리는 사실상 아무것도 알지 못한다. 그는 판관으로 불리지 않으며, 아마 이스라엘 사람도 아니었던 것 같다.

그러나 사사기 5:6에 그에 관해 언급되어 있는 것을 보면 드보라 시대 이전(즉, 해양민족들이 팔레스타인에 대거 침입하고 있었던 12세기 초엽)에 활약했던 역사상의 실존 인물이었던 것 같다.……그는 갈릴래아의 벳-아낫(Beth-anath)이란 도시의 왕으로 어떤 동맹체의 수령이었으며, 그는 팔레스타인들을 격퇴함으로써 그 자신과 아울러 이스라엘도 동시에 구했던 것이다' [48]고 했다. 이와 같은 증거로 사사기 3:31절에 에훗 후에 삼갈이 사사로서 이스라엘을 구원했다. 하지만 4:1절에 보면 에훗이 죽은 후에 이스라엘 자손이 또 여호와의 목전에 악을 행하였다고 되어있다. 삼갈을 제하고 둘째 사사인 에훗을 내세우고 있다. 사사기 기자는 이방인 사사를 선민 이스라엘의 사사로 인정하고 싶지 않았을 것이다. 하지만 분명히 이스라엘 사회에 동질성의 집단과 이질성의 집단이 있었다. 동질성과 이질성의 집단이 어우러진 가운데 지파로서의 역할을 하지 못한 지파도 있다. 루우벤 지파는 일찌기 한 지파로서의 의의를 상실하고 시므온 지파는 유다 지파에 흡수되었다(수19:1-9). 르우벤 지파가 어떻게 해서 지파로서의 역할을 하지 못했는지는 알지 못한다. 그러나 존 브라이트에 의하면 '모압인들이 르우벤지파의 영토로 침입한다. 모압인들을 격파는 하였지만 이러한 사건을 겪고 영구히 무력해진 것이다.' [49] 이 외에도 여호수아는 여부스족속과 계약을 맺었다. 여호수아가 가나안으로 진격함을 듣고 기브온 거민은 계략을 짠다. 이러한 계략으로 여호수아와 화친을 맺어 예루살렘에 함께 살게 된다(수9:1-15). 아모리족속의 다섯 왕이 기브온에 침공하였을 때, 여호수아는 아모리족속을 멸망시키고 기브온을 구한다(수10:1-27). 이 외에도 사사기 1장에 보면 이스라엘이 점령한 팔레스타인에는 많은 부족들이 생존해 있었다. 이스라엘이 강성한 후에 이 가나안 인들에게 사역을 시킨다(삿1:28). 이 외에도 많은 방랑자들이 팔레스타인에 거하며 공존했다. 여러 민족이 공존할 수 있었던 것은 강력한 공동체가 형성되었기 때문이다. 이스라엘은 단일 민족이 아닌 여러 민족이 함께 살아가야 하는 나라다. 이러한 나라가 구심점을 이룰 수 있었던 것은 야훼를 통한 신성동맹이다. 이 동맹은 여호수아가 세겜에서 맺은 언약에서부터 시작된다. 만일 여호와를 섬기는 것이 너희에게 좋지 않게 보이거든 너희 열조가 강 저편에서 섬기던 신이든지 혹 너희의 거하는 땅 아모리 사람의 신이든지 너희 섬길 자를 오늘날 택하라 오직 나와 내 집은 여호와를 섬기겠노라(수24:15). 이 계약으로 이스라엘은 강력한 신성동맹을 맺게 된다. 이로써 하나님이 대왕다운 종주권에 승복하고, 또한 그분의 봉신으로서 그분의 다스림 밑에 서로 간에 성스러운 평화를 유지하며 의좋게 살아갈 것을 약속하는 것이다.[50] 이 언약의 이행 여부에 따라서 축복과 저주를 내리도록 신에게 기원하는 관습이 정착초기부터 있었다(삿5:23). 이러한 무서운 지파동맹에서 사사들이 통치하는 시대가 열린 것이다. 사사시대는 가나안을 점령한 후부터 왕국이 탄생할 때가지 200년을 말한다.

사사란 무슨 의미인가? 사사는 히브리어 쇼페트(שֹׁפֵט, 복수형 쇼페트는 판관들) 동사는 다른 셈족 언어에서처럼 재판하다, 다스리다라는 뜻이다. 사사들은 통일된 이스라엘의 군대는 아니지만 위기가 닥치면 지파들은 결집하여 대적과 싸웠다. 싸움을 할 때 사사들에게 여호와가 임하였다는 강력한 증거를 자신의 자질(카리스마)로 보여주고 이스라엘 군인들을 다루었다. 이들도 화친이나 평화를 위한 공존, 공생을 부르짖지 않았다. 얼마든지 공존할 수 있는 여건이 마련되어 있었다. 즉 이스라엘이 거하는 팔레스타인은 여러 민족이 함께 살았다. 게다가 이방인 사사 삼갈도 있었다. 이들이 힘을 합하고, 양보하고, 서로 사랑한다면 얼마든지 다민족 공통체로 평화롭게 살아

갈 수 있었다. 그러나 그들은 모세와 여호수아가 갔던 길을 가면서 원주민들과 함께 살지 못했다. 그래서 전쟁이 끊이지 않았다.

가나안 정복 후에도 계속되는 싸움을 한번 살펴보고자 한다.

여호와께서 가나안 전쟁을 알지 못한 이스라엘을 시험하려 하시며 이 스라엘 자손의 세대 중에 아직 전쟁을 알지 못하는 자에게 그것을 가르쳐 알게 하려하사 남겨두신 열국은 블레셋 다섯 방백과 가나안 모든 사람과 시돈 사람과 바알 헤르몬 산에서부터 하맛 어구까지 레바논 산에 거하는 히위 사람이라 남겨두신 이 열국으로 이스라엘을 시험하사 여호와께서 모세로 그들의 열조에게 명하신 명령들을 청종하나 알고자 하셨더라(삿3:1-4).

이 기록에 의하면 전쟁의 신다운 면모를 보여준다. 전쟁을 통하여 나라를 세웠기 때문에 그 신의 공로를 인정하는지 시험하는 것 같다. 이스라엘의 전쟁은 평화를 전제한 전쟁이었다. 여호수아도 가나안에 들어가면 평화가 임할 줄 알고 전쟁을 벌였고, 모든 민족을 진멸시켰다. 진멸 후에 찾아오는 그들만의 평화를 바랬던 것이다. 그러나 모든 것은 인간의 뜻대로 되지 않았다. 그리고 여호와의 뜻대로도 되지 않았다. 좁은 땅에 이스라엘 백성들과 함께 거하는 다른 민족과 공존했다(삿3:6). 서로 결혼하며 더불어 같은 문화를 누렸다. 목축업에서 농업으로 전업을 하면서 그들의 도움을 받으면서 서로 나누어야 했다. 그러나 그들의 것을 빼앗고, 살육하고, 쫓아내는 것이 이스라엘의 일반적인 관행이 되어버렸다. 그래서 수천 년이 지난 지금까지도 팔레스타인은 평화를 이룰 수 없는 것이다.

사사기에 들어서서 첫 전투의 대적은 베섹이다. 베섹 왕은 아도니세덱인데 유다지파가 그들을 대적했다. 유다지파가 사사기에서 첫

두각을 나타내지만 여호수아서와 사사기에서 그렇게 큰 역할을 하지 못한다. 사사기의 역사적 악순환은 이스라엘의 범죄-하나님의 징벌- 백성들의 회개- 사사를 통한 구원이다. 전쟁의 원인이나 타 민족에 의해 지배를 받게 되는 것은 이스라엘의 잘못에 의한 것이다. 이 잘못을 타 민족에게 짐을 지우는 꼴이 된 것이다. 이스라엘이 잘못되었다면 이스라엘에게만 벌을 내려야 하는 것이 정당하다. 주변 국가들은 아무런 죄도 없이 여호와에 의해 사용되었으면서도 나중에 벌을 받는 꼴이 되어버렸다.

삼손의 이야기가 그 예이다. 삼손이 일으킨 전쟁은 전적으로 삼손의 애정행각 때문이다. 삼손이 딤나에서 블레셋 여인과 결혼을 하려고 했으나 뜻대로 되지 않자 여우 삼 백을 붙들어 꼬리에 홰를 매고 곡식과 감람원을 살라버린다. 이로 인해 블레셋과 갈등이 생겨 전쟁이 일어난다. 다시 가사에서 드릴라 사건이 발생한다. 이 사건으로 삼손이 죽으나 블레셋 사람들이 더 많이 희생된다. 이것이 여호와가 도와준 이스라엘에 내려오는 영웅 이야기이다. 이스라엘 입장에서는 그럴듯하다. 여호와는 전쟁의 신이며, 진멸하는 신이기 때문이다.

사사시대에 동족과의 싸움도 있었다. 동족과의 싸움에서 사사들이 형제를 몰살하는 일에 앞장선다. 사사기 8장에 보면 에브라임 사람과 기브온의 갈등이 생긴다. 이 갈등에서는 전쟁으로 번지지 않고 화친이 성립된다(삿8:1-3). 그런데 12장에 가면 에브라임과 입다 사이에 갈등이 생긴다. 이 갈등으로 인하여 에브라임 사람 사만 이천 명이 죽임을 당한다(삿12:16). 이 싸움에서도 서로 화친할 수 있는 길이 있었다. 기드온은 에브라임과 대화를 하며 서로 이해하고, 양보하며, 높여주었다. 그런데 입다의 경우는 그렇지 않다. 입다는 서로 자신들의 잘잘못을 따지고 자신들이 옳았다고 한다. 에브라임의 경우에는 자신들을 싸움에 앞서 부르지 않았고, 입다는 불렀는데 오지 않았으면서 전쟁이 끝난 다음에 딴소리를 한다. 이러한 대립으로 인하여 전쟁이 일어난다. 이것이 동족상잔의 비극이다.

동족상잔의 비극은 계속된다. 사사기 19장에 보면, 레위인과 그 첩에 대한 이야기가 나온다. 그 첩이 행음하고 남편을 떠나 유다 베들레헴 그 아비의 집에 돌아가서 거기서 넉 달을 보내었다. 레위인은 첩을 데리러 장인의 집에 가서 며칠을 지내고 그 첩을 데리고 집으로 향하였다. 날이 저물어 베냐민에 속한 기브아에서 한 노인의 도움으로 그 집에 거하게 되었다. 이 때 그 성읍의 비류들이 집 주인 노인에게 네 집에 들어온 사람을 끌어내라 우리가 그를 상관하리라고 위협하여 그 레위인의 첩을 내어 준다. 아침에 그 첩을 문 앞에서 죽은 채로 발견한다. 레위인은 집으로 돌아와 그 첩을 열두 덩이로 쪼개어 각 지파로 보낸다. 이스라엘은 힘을 모아 베냐민 지파를 징벌하러 나선다. 이스라엘이 베냐민과 몇 차례 싸움 끝에 베냐민 사람 육백 명만 남겨놓고 전멸시키고 말았다. 얼마나 처참했으면 한 지파가 사라질 정도였다(삿21:15). 이 또한 여호와의 전쟁에 속한다. 여호와의 전쟁은 이중성이 있다. 하나는 이스라엘의 대적과의 싸움이고, 다른 하나는 이스라엘을 향한 전쟁이다. 여호와의 전쟁에는 패배란 없다. 오직 여호와의 승리로 끝난다. 이스라엘이 패한 경우는 여호와가 다른 민족을 이용하여 이스라엘을 심판하는 전쟁이 되는 것이다. 이 전쟁에서 이스라엘과 베냐민의 전쟁은 여호와가 베냐민을 심판하는 전쟁이 되는 것이다.

여호와의 전쟁은 헤렘 사상을 동반한다고 했다. 그렇다고 동족인 베냐민을 향하여 이렇게 처참한 전쟁을 벌일 필요가 있었을까? 그리고 다른 이방인들을 향하여도 정확하게 적용을 시켜야 하는데 그렇지 않았다. 여호수아서에는 등장하지 않던 유다지파가 사사기에 들

예수 그리스도의 평화

어서면서 맹활약을 하고 있다. 그리고 하나님은 왕국을 원하지 않았는데 은근히 왕국을 준비하는 모습을 볼 수 있다. 잔인하게 동족과 전쟁을 벌이면서 유다지파와 왕국의 필요성을 논하고 있다. 이러한 것으로 볼 때 창세기에서부터 유다지파 건설을 내세우고 있다. 서로 양보하며, 공존하며, 사랑하는 정신은 간 데 없고, 유다지파의 우수성만 내세우고 있다. 이 사상이 사사기의 역사다.

4. 통일왕국시대와 평화

이스라엘은 신성동맹으로 이루어진 나라이다. 각 지파는 야훼의 언약과 그 언약의 실천으로 서로 도우며 평화를 이루려고 하였다. 그러나 백성들은 주변 나라들을 바라보면서 신성동맹보다 왕국을 더 안전하게 생각했다. 이러한 생각을 중심으로 사사기 저자는 왕국을 대망하면서 사사기를 써내려 간듯하다. 사사기에 눈에 띄는 구절이 있다. 그때에는 이스라엘에 왕이 없으므로 사람마다 자기 소견에 옳은 대로 행하였더라(삿17:6,18:1,19:1,21:25). 사사기 전반기에는 이러한 언급이 없었지만 후반기에 들어서면서 자주 언급이 되었다. 이는 백성들보다 저자와 어떤 특권층에 의해 원하는 것처럼 들린다. 그리고 여기에 나타나는 왕은 어느 한 사람에게 맞춰진 것 같다.

1) 사무엘과 왕국의 평화

사사시대와 왕국시대를 잇는 가교 역할을 한 사람은 사무엘이다. 사무엘은 선지자이면서 사사의 역할까지 하였다(행13:20). 그는 라마에서 단을 쌓고 거기서 이스라엘을 다스렸으며, 또한 벧엘, 길갈, 미스바에 차례로 머물며 치리하였다(삼상7:3-17). 선지자로서 종교적인 행사에만 관여하는 것이 아니라 사사로서 정치적인 일들까지 관여한 사람이다. 그는 공정하게 선지자와 사사로서의 행하였다. 사무엘은 그의 아들들인 요엘과 아비야를 사사로 임명하였지만, 아버지의 뜻을 따르지 않았다. 엘리의 두 아들과 같이 제멋대로 판결하였다. 이에 이스라엘 백성들은 왕을 세울 것을 제안하였다. 사무엘은 이 제안을 굉장히 불쾌하게 생각했다. 왕정체제의 부당성을 장황하게 설명한다(삼상8:10-18). 그러나 백성들의 요구는 더욱 강력했다. 왕정체제가 들어서면 주변 국가들처럼 안정되고 평화로울 것으로 생각했다. 백성들의 강한 요구에 사무엘은 하나님에게 고한다. 백성들이 네게 한 말을 다 들으라 그들이 너를 버림이 아니요 나를 버려 자기들의 왕이 되지 못하게 함이니라(삼상8:7). 사무엘에게 중요한 업무가 주어졌다. 200여 년 동안 유지해 왔던 지파동맹 체제를 버리고 새로운 체제인 왕국을 만드는 일이다. 이는 자신이 지금까지 행해왔던 선지자의 사명과 사사로서의 사명을 버리는 일이기도 했다. 백성들의 요구와 하나님의 허락으로 사무엘은 왕정을 수립할 수밖에 없었다.

이러한 배경 속에 베냐민지파 출신인 사울이 선택되어 왕위에 오르게 된다. 왕정체제는 이스라엘의 중부-북부, 즉 북이스라엘 구릉지대인 에브라임에서 시작되었다. 사울이 왕으로 선출되는 과정은 사사의 선출과 비슷했다. 예언자의 지명(기름부음)과 이에 찬성하는 대중의 환호에 의해 선정이 된다(삼상10:1,11:14). 이 기록에서 사울은 왕이라고 불리지 않고 지도자 혹은 군사령관이라 불리고 있다(삼상9:1-10,16,13:4-15).[52] 외관상 사사나 왕의 자격을 갖추었지만 많은 사람에게 인정을 받지는 못했다. '이 사람이 어떻게 우리를 구원하겠느냐'(삼상10:26-27)고 하였다. 이러한 면을 볼 때 사울은 왕으로서 모든 백성들이 찬성을 받지 못했다. 북이스라엘에 속한 지파는 환영하였지만 남유다에 속한 지파는 반기지 않았다. 왕정체제와 함께 시작된 이러한 관계는 통일왕국의 갈등을 초래하게 되고, 나중에 두 나라로 나뉘게 되는 예고였다. 사울은 이러한 관계를 없애기 위하여 당시 산재해 있던 지파동맹의 문제와 주변 국가들의 관계를 정리해 나가게 된다. 주변 국가들은 틈만 나면 이스라엘을 침략했다. 한시도 평화를 이루지 못하였다.

사울은 평화로운 이스라엘을 만들기 위하여 노력했다. 그의 노력은 곧바로 전쟁으로 이어졌다. 사울이 왕이 되면서 치른 첫 번째 전쟁인 암몬과의 전쟁은 왕의 자격에 대한 시험대이기도 했다. 사울은 암몬과 싸울 때 하나님의 신에 크게 감동되어(삼상11:6) 밭을 갈고 있던 소를 잡아 잘게 썰어서 그 고기조각들을 각 지파에게 보내어 군대를 소집한다. 여러 지파에서 참전하여 암몬과의 싸움에서 크게 승리하게 된다. 사울은 이 싸움에서 사사들이 그랬던 것처럼 백성들에게 왕으로서의 능력을 보여줬다. 백성들은 그를 길갈에서 환호하며 왕으로 옹립하였다. 길갈은 이스라엘 탄생에 있어서 중요한 장소다. 가나안에 입성하면서 자주 등장하는 장소다. 요단을 건너 열두 돌의 기념비를 세운 장소이며, 여리고와 아이성을 칠 때 진을 친 곳이기도 하다. 길갈은 부족 동맹의 중심지였다. 이곳에서 사울은 백성들에게 왕으로 추대를 받는다. 사울은 왕으로 옹립된 후부터 고난의 연속이었다. 외부적으로는 블레셋과 암몬 등의 침입이 잦았고, 내부적으로는 그를 기름부어 왕으로 세운 사무엘과 불화, 그리고 자신의 정신적인 질병에 시달려야만 했다. 사무엘과의 불화 원인은 밝혀지지 않았다. 단지 사울은 부족동맹의 제관직무를 찬탈하고 '헤렘'의 법을 어겼다는 것이다(삼상13:4-14,15:15). 그러나 성경은 사울의 신앙을 처음부터 끝까지 충실한 야훼 신앙인으로 묘사하고 있다. 사울은 싸움에 앞서 야훼를 위해 제단을 쌓았고, 희생제사를 드릴 때 흠없는 것으로 드리려고 신경을 썼다(삼상14:31-35). 또한 사울은 야훼 외에 다른 신들을 섬기는 것을 거부하고 신접한 자와 박수를 그 땅에서 쫓아내었다(삼상28:3). 왕으로 추대된 초기의 행적은 중심을 잃지 않으려고 애쓴 흔적들이 보인다. 그러나 사무엘로부터 야훼께서 왕권을 박탈했다는 말을 들은 후부터 그의 행동은 달라졌다. 심지어자신의 답답한 심정에 엔돌의 신접한 자를 찾아가는 모순된 행동을 한다(삼상28:3,9). 사울의 잘못이라면 사무엘의 구체적인 지시를 모두 따르지 않았다는 것이다. 이것은 편집자들의 반 사울적인 경향을 뚜렷이 나타내는 것이다. 고고학적인 증거들에 의하면 사울시대에 국가종교가 있었다고 말하는 것은 합당치 않다.[53]

이러한 면을 바라보면서 존 브라이트는 사무엘의 심정을 읽고 있다. 사무엘은 새로운 체제가 옛 질서 유지에 도움이 되기를 바랐으나 사울이 고래의 전통적 지도력을 분수에 맞게 지켜나갈 것 같지 않고, 오히려 더 폭넓은 권한을 장악하려 하는 것을 두려워했던 것 같다. 그래서 그는 사울의 선임을 공적으로 취소했던 것이다.[54] 그러나 밀러와 헤이스는 창세기-열왕기하 편집자들이 사울 시대보다는 다윗 시대에 더 관심을 가졌다는 사실도 또 하나의 문제로 보았다. 실제로 사울 왕궁에 관한 것은 거의 없고, 그나마 있는 것도 다윗에 관한 이야기들에 간간이 섞여 있다고 했다.[55] 사무엘서의 저자는 사울에 대한 관심이 없다. 그리고 사울의 공적 보다는 허물을 찾는 인상을 보여준다. 사울이 얼마나 많은 공헌을 했는가? 암몬(삼상11:1-11), 블레셋(13:3,13:5-14:46), 모압, 암몬, 에돔, 소바(14:47), 아말렉(15:1-9), 블레셋(17:1-54,31:1-6)과 싸워 이스라엘을 구원한다. 어느 사사도 하지 못한 일을 사울은 왕으로서 충실히 행했다. 물론 싸움만이 그의 온전한 의무는 아니었다. 이스라엘에 평화와 번영을 안겨주는 것이 왕의 온전한 의무이다. 사울은 연약한 지파동맹 국가를 강한 왕국으로 만드는 일에 혁신적인 공헌을 했다. 그럼에도 불구하고 그는 다윗의 그림자로 서서히 감춰지는 이유는 무엇일까? 그것은 신명기 기자의 유다왕국 건설을 위한 의도적인 편집이라고 밖에 할 수 없다. 사실 유다지파 때문에 이스라엘은 동족상잔의 비극과 주변 강대국들에 의한 처참한 말로를 맞게 되는 것이다.

사울은 정통성을 유지한 한 국가를 건국한 왕이다. 그가 왕위에 오르는 절차를 보면 어느 것 하나 흠잡을 곳이 없다. 하나님의 지명과 기름부음. 자신의 카리스마적인 리더십과 백성들의 환호에 의해 왕위에 올랐다. 그 장소는 지파동맹의 중심지이며 유서깊은 길갈이다. 모든 것이 정당성을 증명해 준다. 단지 흠이 있다면 제의와 헤렘 사상이다. 이것은 신명기 작가의 의도이다. 신명기 작가는 사울의 잘못을 꼬집고 그의 왕권을 박탈시킨다. 왕이 여호와의 말씀을 버렸으므로 여호와께서도 왕을 버려 왕이 되지 못하게 하셨나이다(삼상 15:23).

이에 등장하는 인물이 다윗이다. 다윗의 등장은 이스라엘 초대 왕조의 몰락을 예고하는 것이다. 다윗도 야훼의 지명과 선지자의 기름부음 다음에 그의 능력을 나타내고 있다. 전장에서 어린 소년 다윗은 골리앗과 대결을 벌인다. 그의 대결은 여호와의 전쟁임을 선언하는 것이다. 너는 칼과 창과 단창으로 내게 오거니와 나는 만군의 여호와의 이름 곧 네가 모욕하는 이스라엘 군대의 하나님의 이름으로 네게 가노라(삼상17:45). 이러한 거룩한 전쟁의 슬로건을 내걸고 다윗은 이 전쟁에서 승리를 이룬다. 이 사건으로 다윗의 인기는 하늘을 찌른다. 다윗의 인기로 자신의 왕권에 위협을 느낀 사울은 다윗을 시기할 수밖에 없었다. 이때부터 사울과 다윗은 적대 관계가 되다가 마지막 전투인 블레셋과의 싸움에 임하게 된다. 사무엘상 28-31장에 보면, 다윗이 블레셋과 손을 잡을 수밖에 없었던 상황을 묘사하고 있다. 사울이 블레셋과 싸움을 벌이게 된 원인은 모호하다. 싸움의 원인을 밝히기 보다는 다윗의 정당성을 밝히는데 주력을 하는 것 같다. 신접한 자들을 제거했던 사울이 신접한 여인을 찾아간 사건이나 블레셋과 손을 잡고 있던 다윗을 블레셋이 견제하는 일이나 어려운 상황에서도 아말렉을 물리치는 다윗을 볼 때 이 사실은 더 뚜렷하다. 저자는 몰락해가는 이스라엘 초대 왕조를 안타깝게 여기는 것보다는 새로운 왕조를 위하여 초대 왕조를 희생시키고 있다. 이스라엘의 평화보다는 새로운 왕조를 두둔하고 있는 사례가 발생하고 있다.

2) 다윗의 야심과 왕국의 평화

사울왕은 자신의 아들들과 함께 길보아 전투에서 전사한다. 이 때 다윗은 아기스를 섬기고 있었다. 사울 왕과 그의 세 아들들의 죽음을 본 사울의 군대장관 아브넬은 사울의 아들 이스보셋을 데리고 마하나임으로 건너가 거기서 이스라엘의 왕으로 세웠다. 이스보셋은 2년 동안 이스라엘을 다스렸다(삼하2:8-10).

이스보셋이 왕위에 올랐지만 굉장히 미미했다. 기울어진 왕가를 지키느라 벅찬 나날을 보내야만 했다. 이스라엘은 이스보셋에 의해 왕의 명맥을 유지하려 애쓰는 반면 남쪽에서는 다른 세력이 등장하게 된다. 신명기 사가들에 의해 많은 이유로 정당성을 주장하지만 분명한 것은 다른 국가를 출범시키고 있는 것이다.

다윗은 사울과 그의 세 아들이 길보아 전투에서 죽자 군대를 이끌고 헤브론과 그 근방을 점령하였다. 유다 사람들은 다윗이 점령한 헤브론으로 와서 그에게 기름을 붓고 왕으로 삼는다. 다윗이 왕위에 오를 때 유다지파만의 지지를 받은 것 같다. 사울 왕이 죽자 그의 군대장관이었던 아브넬은 다윗과 동맹을 시도하였으나 그는 다윗의 군대장관이었던 요압에게 암살당한다. 그후 브에롯 출신의 두 군장이 이스보셋을 암살하였다. 이러한 사실을 안 이스라엘의 장로들은 어쩔 수 없이 헤브론으로 다윗을 찾아와 그와 계약을 맺고 그에게 기름을 부어 그들의 왕으로 삼았다(삼하3:6-5:5). 또하나의 이유는 블레셋, 모압, 암몬, 아말렉, 에돔이 계속해서 침공했고, 왕을 잃은 백성들은 갈피를 잡지 못하였기 때문이었다. 왕이 된 다윗은 공의와 공평으로 다스리게 된다(삼하7-8장).

그러나 내외적으로 많은 도전을 받게 된다. 외적으로는 타 민족의 침입이 있었고, 내적으로는 왕권의 정통성에 관한 문제이다. 다윗이 왕이 됨을 선포했던 헤브론은 족장들의 무덤인 말벨라 굴이 있는 지역이다. 갈렙이 세운 공로로 그에게 배분되었다. 지형적으로는 족장들과 연계가 되는 것 같지만 그리 유서깊은 지역은 아니다. 유다지파에 속한 한 지역으로 밖에 볼 수 없다. 다윗은 칠년 반 동안 남쪽 지파들을 다스렸다. 이에 다윗은 왕권에 대한 정통성을 의심받게 된다. 또한 사사와 왕이 다른 점은 사사는 혈통에 의해 세습되지 않으나 왕은 세습된다. 사울이 왕이 되었었다면 당연히 그의 아들 요나단이나 다른 아들이 왕위에 올라야 한다. 이러한 것을 어기고 다윗이 왕위에 오른 것이다.

이러한 상태에서 다윗은 자신이 왕위에 오른 것을 합법화시키려는 노력이 엿보인다. 특히 요나단과의 관계에서 요나단이 자기의 입었던 겉옷을 벗어 다윗에게 주었고 그 군복과 칼과 활과 띠도 그리하였더라(삼상18:4)라고 말한다. 이러한 행위 다음에 행하는 요나단의 말은 마치 자신의 왕위를 양보하는 것처럼 보인다. 요나단은 십 황무지에 있는 다윗을 찾아가서 두려워 말라 내 부친 사울의 손이 네게 미치지 못할 것이요 너는 이스라엘 왕이 되고 나는 네 다음이

될 것을 내 부친 사울도 안다고 말했다(삼상23:17). 다윗과 요나단은
절친한 관계였겠지만 현존하는 형태의 전승들 속에서 이 주제는 다
윗과 그의 후손들을 정당화하기 위하여 의도적으로 부풀려졌다고
볼 수 있다.

다윗이 왕이 된 것을 정당화시키는 또 하나의 단서는 그의 피신을
도와준 사람들에게서 나타난다. 다윗은 아무런 잘못이 없이 사울에
게 쫓기는 것은 억울한 일이며, 하나님이 도와서 왕이 될 것임을 나
타내는 것이다. 성경에 보면 실지로 사울의 딸인 미갈, 사울의 아들
인 요나단, 사무엘, 놉 땅의 제사장들이 그의 피신을 도왔다고 강조
하고 있다(삼상19:11-23.20,21:1-9).

그의 아내이며 사울왕의 딸인 미갈을 자신에게 돌려보낼 것을 요
구한 이유도 의심없이 그녀와의 사이에 사내아이를 얻으면 그의 가
문과 사울 가문의 주장을 화합시켜 줄 것이라고 기대했기 때문이지
만 헛된 희망이 되고 말았다. 또한 실로에 있는 언약궤를 다윗의 성
에 안치시킨 일도 그의 왕의 정통성을 굳히려는 심사였다. 무엇보다
도 그의 왕위 대관식이다. 다윗도 사울의 경우와 마찬가지로 하나님
에게 선정되어 백성들과 개인적인 쌍무계약과 백성들의 환호를 통
해 왕으로 옹립된 지도자였다. 그 역시 사울처럼 유서깊고 권위있는
제의 성소에서 왕으로 기름부음을 받았다.

이러한 정당성을 내세우면서 다윗은 왕위를 굳혀가기 시작한다.
그리고 통일 왕국을 위하여 힘쓴다. 성경을 보면 두 나라가 통일이
될 수 있는 것은 다윗이라는 인물 안에서만 될 수 있었던 것으로 보
인다. 다윗은 왕이 된 후 영토를 점점 확장시켜간다. 사울의 집과 다
윗의 집 사이에 전쟁이 오래매 다윗은 점점 강하여 가고 사울의 집
은 점전 약하여가니라(삼하3:1). 이제 다윗은 남북을 다스리는 절대
군주로 등장하게 되었다. 이스라엘 백성들을 보호할 책임이 있는 반

면 밖으로는 이방인들에게 적으로 간주되었다.

다윗의 큰 업적은 예루살렘을 정복하여 자신의 수도로 삼은 것이다. 예루살렘은 남북을 잇는 가교 역할을 한다. 남유다와 북이스라엘의 중간에 자리잡고 있다. 전쟁이 일어났을 때 요새로서도 중요한 역할을 한다. 이러한 성읍에 도읍을 정하면서 통일왕국과 대 제국의 꿈을 실현하게 된 것이다.

그와 반해서 세계역사를 보면 예루살렘이 남북왕조의 수도가 되고, 성전이 들어서면서 불행한 역사를 초래하였다. 이 성을 중심으로 기독교, 회교, 유대교 간에 끝없는 전쟁을 벌이게 된다. 이유는 아브라함이 이삭을 번제물로 드리려던 모리아산의 돌 제단이 있다는 것이다(창22:1-9). 예루살렘의 뜻은 평화의 도성이다. 그러나 평화는 고사하고 분쟁의 중심 성이 되었다. 아직도 이 성을 중심으로 회교와 기독교, 유대교가 일촉즉발의 전운이 감돌고 있다. 이러한 현상을 바라보면서 중동을 세계의 화약고라고 하고 있다. 이에 참 평화는 예수 그리스도의 복음인 원수를 사랑하며, 자신이 가진 것을 나눠주며, 양보하며, 희생하고 헌신하는 삶 밖에 없다.

그런데 다윗은 어땠는가? 다윗은 이 성을 중심으로 강력한 왕국 건설을 위하여 박차를 가하였다. 야훼의 수많은 전쟁과 피를 흘려야만 했다. 사울의 아들인 이스보셋과 전쟁을 한다. 그 날에 싸움이 심히 맹렬하더니 아브넬과 이스라엘 사람들이 다윗의 신복들 앞에서 패하니라(삼하2:17). 이 전쟁은 다윗이 왕위를 찬탈하기 위하여 마하나임으로 군대를 몰고 들어온 것이다. 이 외에도 외부적인 전쟁으로 블레셋(삼하5:17-25,21:18-22), 여부스(대상11:4-7), 모압(삼하8:2), 소바와 수리아(삼하8:3-6), 에돔(대상18:12), 암몬, 소바와 수리아(삼하10:1-19), 암몬(삼하12:26-31) 등이 있다. 내부적인 전쟁도 있었다. 그의 아들 압살롬의 반란이 있다. 그 반란에서 압살롬은 처참하게 처형이 된다(삼하18:1-16). 또한 세바의 반란이 있다(삼하20:1-22). 세바가 반란을 일으키자 북이스라엘에 속한 사람들이 그를 따랐다. 세바는 사울이 속한 베냐민 사람으로 다윗 왕조에 있어서 가장 위협적인 반란이었다. 반란 후 그를 따르는 사람이 많았지만 전세는 뒤집혀 그에게 불리하게 되었다. 나중에 벧마아가 아벨에서 포위된 그들은 세바를 살해하고 항복하였다. 다윗이 치룬 전쟁을 보면 내부적인 것은 왕권 찬탈과 유지하기 위한 것이었고, 외부적인 것은 외세의 침입과 대 유다왕국을 위한 전쟁이었다.

이러한 전쟁 후 다윗은 정치, 경제, 종교의 중심지로 예루살렘을 택한다. 예루살렘에 도읍을 정하자 정치, 경제적인 중심은 이루었지만 종교적인 중심은 못했다. 이를 위한 노력으로 실로에 있는 법궤를 예루살렘으로 옮긴다. 실로 제사장 가문의 아비아달과 혈통이 알려지지 않은 사독을 새 성소의 제관으로 임명하면서 무리하게 이 일을 추진한다. 하나님이 거하신다는 성전을 짓고 모든 종교의 중심지로 만들려고 했다. 그러나 하나님에 의해 저지를 당했다. 다윗은 솔로몬을 불러 전을 건축할 것을 부탁한다(대상22:8).

다윗 시대에 이스라엘 종교 현황은 어땠을까? 성경은 유일신을 말하지만 실상은 그렇지 못했다. 사사시대 이후 이스라엘은 언제나 산당에서 가나안 족속들이 섬기던 신을 섬겼다. 다윗 시대에도 마찬가지다. 다윗은 종교의 중심지 예루살렘을 만들려고 했지만 그것을 이루지 못하고 솔로몬에게 넘겨주게 된다.

3) 솔로몬과 왕국의 평화

솔로몬은 다윗의 뒤를 이어 왕이 된다. 솔로몬이 왕위에 오를 때에도 많은 혼란을 겪어야만 했다. 왕위 계승은 왕자 서열로 볼 때 만

아들은 암논이다. 그는 이복동생인 다말을 강제로 욕보였다가 압살
롬에게 살해된다. 둘째아들 길르압에 대해서는 잘 알려지지 않았으
나 젊어서 죽은 것으로 보인다. 셋째아들 압살롬은 맏형 암논을 죽
인 후 아버지 다윗과 사이가 좋지 않았다. 하지만 다윗이 가장 사랑
한 아들이다(삼하13:39). 이러한 사실을 안 요압의 주선으로 다윗과
사이가 좋아지는 듯 했으나 압살롬은 헤브론에서 반란을 일으켜 처
참한 죽음을 맞이한다. 다윗의 셋째 아들까지는 이렇게 형제에 의해
서, 병약하여, 반란으로 일찍 죽는다. 넷째 아들 아도니야가 왕위를
이어받을 첫 번째 서열이 된다. 아버지 다윗 왕이 나이 많아 왕으로
서의 치리를 하지 못하는 것을 알게 된 아도니야는 궁중의 실력자인
요압과 아비아달의 지지를 얻어 스스로 왕이 된다.

(1) 정권쟁취

아도니야가 궁중의 실력자들의 지지를 얻어 왕위에 오르지만 그
를 싫어하는 실력자들에 의해 저지를 당한다. 선지자 나단과 다윗의
일곱 번째 부인인 밧세바가 나이 많은 다윗을 설득하여 솔로몬을 왕
위에 앉힌다. 이러한 근거로 볼 때 솔로몬의 왕위는 막후에서 결정
된 것이다. 이 사실을 아도니야가 알고 성막에 들어가 뿔을 잡고 목
숨을 건진다. 그러나 아도니야는 밧세바에게 다윗이 나이 많았을 때
함께 지내게 했던 동정녀 아비삭과 결혼할 수 있도록 허락해 달라고
한다. 이는 정치적인 야심을 갖고 다윗의 뒤를 이어 왕권을 이어받
을 수 있는 자가 자기임을 입증하려는 것이었다. 이 뜻을 알아차린
솔로몬은 아도니야를 죽인다(왕상2:13-25). 이로서 솔로몬의 왕위를
탐내는 모든 사람들이 제거되었다. 다윗왕의 치세에서도 정치적으
로 평화롭지 못하였지만 왕위를 물려줄 때에도 평화롭지 못하였다.
그나마 다윗은 모든 사람과 화합하려고 노력했었다. 하지만 솔로몬

은 완전한 정권창출을 위하여 적이 될 만한 사람들을 모두 처단하고 자신의 입지를 넓히며, 권좌를 든든히 하는 일에 주력했다.

(2) 지존자가 된 솔로몬

솔로몬은 왕위에 오르면서 자신에게 동조하지 않는 사람은 가차 없이 제거해 나가기 시작했다. 다윗은 왕위에 오를 때 사울의 자리를 찬탈하였지만 이스라엘 왕으로서는 굉장히 유화정책을 폈으며, 화합과 융화를 위하여 힘쓴 왕이었다. 적대 세력을 물리치고 제거하기 보다는 그들과 함께 국정을 운영하고, 끌어안는 일에 힘을 썼다. 그런데 열왕기상 2장에 다윗은 솔로몬에게 자신이 끌어안았던 모든 사람을 제거하라는 유언을 한다. 이는 다윗의 융화정책은 자신의 권좌를 든든히 하려는 하나의 제스처일 뿐이었던 것이다.

솔로몬은 선왕 다윗의 유언을 따라 대적자들을 제거한 일부터 시작한다. 이에 눈에 띄는 것은 제사장 아비아달을 제거하는 일이다. 모세 오경의 역사 중에 제사장을 제거한 예가 없다. 모세도 아론이 하나님을 배반하고 금송아지를 만들었을 때에도 그냥 넘어갔다(출 32:1-35). 그리고 미리암과 아론이 모세를 대적하여 비방했을 때에도 그냥 넘어간다(민12:1-16). 제사장의 직분은 아론에게서부터 하나님께서 정해주신 대로 대를 이어 전수되었다. 다윗 시대의 아비아달까지 전수되었는데 솔로몬은 선왕 다윗의 유언이라는 명목아래 아비아달을 제거하고 사독을 제사장 자리에 앉힌다(삼하 20:26). 아비아달은 다윗 왕이 노년에도 후손을 정하지 않자, 아도니야를 지지하다가 참변을 당한다. 왕위가 세습이 된 것은 다윗과 솔로몬부터이다.

솔로몬은 왕권을 잡은 후 명실상부한 제정일치 국가나 다름이 없는 든든한 국가를 만들었다. 이때부터 솔로몬은 모든 것을 혼자 주관한다. 제사장만이 주관할 수 있는 제사를 주관하는데 먼저 일천번제를 주관한다(왕상3:4). 그리고 대제사장만이 할 수 있는 축복을 이스라엘 백성들에게 한다(왕상8:27-30).

이러한 모습들을 바라볼 때 솔로몬은 명실상부한 왕권과 제권을 장악한 대 군주로서 군림하게 된다. 절대권력은 절대부패라는 교훈을 남긴다. 그의 치적을 보면 알 수 있다.

(3) 솔로몬의 국정

솔로몬(שלמה, 쉘로모)은 동사 샬람(שלם, 평화조약을 체결하다, 화해하다, 평안하다)에서 유추된다.[56] 이 뜻은 평화, 평강의 뜻을 담고 있다. 사사시대와 사울, 그리고 다윗 시대를 걸친 이스라엘은 온갖 싸움으로 점철되어 있다. 이러한 상황에서 평화를 모색한다. 이방세계와 이스라엘 모든 백성이 평화롭고 풍부하게 살아가는 나라를 원했을 것이다. 그래서 왕의 이름을 솔로몬 즉 '평화의 사람'이라고 쓰고 있다. 이 시대를 대부분의 사람들은 안녕질서와 물질적 풍요를 누렸던 시대로 본다. 그러나 솔로몬이 치리했던 왕국은 평화로웠을까? 솔로몬이 왕위에 있을 때 이스라엘은 이방 세계와 전쟁을 일으키지 않았다. 내부적으로도 큰 소요나 갈등의 상태를 보이지 않았다. 단지 선왕 다윗이 이룩해 놓은 넓은 국토에서 동서남북으로 이어진 무역로를 따라 무역하며 부강한 나라를 이루었다. 육로는 해변길과 대로가 있었고, 해로로는 홍해를 통하여 무역하며 많은 이윤을 남겼다.[57] 경제적인 번영과 함께 국토방위에도 게을리 하지 않았다. 솔로몬이 병거와 마병을 모으매 병거가 일천사백이요 마병이 일만 이천이라 병거성에도 두고 예루살렘 왕에게도 두었으며(왕상10:26), 외부와의 전쟁을 일으키지는 않았지만 나라의 방어를 위하여 꾸준히 노력하였다. 솔로몬의 부와 명성, 그리고 부강한 나라로 인하여 주변 국가들은 그에게 머리를 숙일 수밖에 없었다. 외부적으로 평화를 유지하자 솔로몬은 내부적으로 눈을 돌렸다. 준비된 재물로 건축 사업에 뛰어들게 되었다. 그의 건축 사업은 유다에 있어서 전무후무한 사업이었다.

첫째가 성전 건축이다. 이 사업은 선왕 다윗이 유언으로 남긴 사업이었다. 다윗의 유언에서 볼 수 있듯이 성전건축은 평화를 위한 간절한 염원에서 이루어진 것이다. 여호와의 말씀이 내게 임하여 이르시되 너는 피를 심히 많이 흘렸고 크게 전쟁하였느니라 네가 내 앞에서 땅에 피를 많이 흘렸은즉 내 이름을 위하여 전을 건축하지 못할 것이라 한 아들이 네게서 나리니 저는 평강의 사람이라 내가 저로 사면 모든 대적에게서 평강하게 하리라 그 이름을 솔로몬이라 하리니 이는 내가 저의 생전에 평안과 안정을 이스라엘에게 줄 것임이니라 저가 내 이름을 위하여 전을 건축할지라(대상22:8-9).

성전을 건축해야 하는 많은 이유가 있었을 것이다. 하나는 신명기 사가들이 주장하는 대로 유일신을 섬기는 일이다. 또 다른 하나는 정치적인 목적이 있는 듯하다. 솔로몬이 다스리던 때에도 남북은 하나를 이루지 못하였다. 남유다는 다윗과 솔로몬을 적극적인 지지했으나 북쪽에 속한 지파들은 지지를 보내지 않았다. 북쪽 출신의 사울왕가를 폐위하고 남쪽 출신의 다윗왕가가 이어지는데 대한 불만이었다. 다윗가문의 왕위 세습도 그렇다. 여호와께서 내 일에 대하여 말씀하시기를 만일 네 자손이 그 길을 삼가 마음을 다하고 성품을 다하여 진실히 내 앞에서 행하면 이스라엘 왕위에 오를 사람이 네게서 끊어지지 아니하리라 하신 말씀을 확실히 이루게 하시리라(왕상2:4). 이는 다윗왕가가 율법을 잘 지키면 왕위계승이 끊어지지 않는다는 약속이었다.

솔로몬의 성전건축은 순조롭게 되었다. 성전뿐만 아니라 그의 아내 애굽 공주가 거할 왕궁까지 완성하게 된다. 무리하게 건설공사에 많은 백성들을 동원시킨 것이다. 백성들은 생각지 않고 자신의 정치와 자신의 평안만을 생각한 것이다. 이로 인하여 성전건축하려는 목적을 전혀 이루지 못한다. 백성들에게 평화를 전혀 주지 못하였으며, 종교로 남북을 하나로 묶지도 못하였다. 고된 노역으로 인하여 백성들은 아우성이었다.

건설 사업을 위한 솔로몬의 준비상황은 다음과 같이 기록하고 있다. 솔로몬 왕이 온 이스라엘에서 역군을 불러일으키니 그 역군의 수가 삼 만이라 솔로몬이 저희들을 한 달에 일만 인씩 번갈아 레바논으로 보내매 저희들이 한 달은 레바논에 있고 두 달은 집에 있으며 아도니람은 감독이 되었고 솔로몬에게 또 담군이 칠만 인이요 산에서 돌을 뜨는 자가 팔만 인이며 이 외에 그 역사를 동독하는 관리가 삼천삼백 인이라 저희가 일하는 백성을 거느렸더라(왕상5:13-16). 또한 무릇 이스라엘 자손이 아닌 아모리 사람과 헷 사람과 브리스 사람과 히위 사람과 여부스 사람의 남아있는 자 곧 이스라엘 자손이 다 멸하지 못하므로 그 땅에 남아 있는 그 자손들을 솔로몬이 노예를 삼지 아니하였으니 저희는 군사와 그 신복과 방백과 대장이며 병거와 마병의 장관이 됨이었더라(왕상9:20-22). 이 본문에 의하면 이스라엘 백성은 건축 노역에 동원되지 아니하였다.

그러나 솔로몬이 죽은 다음의 기사를 보면 이스라엘 백성들이 강제 노역에 동원되었음을 볼 수 있다. 왕의 부친이 우리의 멍에를 무겁게 하였으나 왕은 이제 왕의 부친이 우리에게 시킨 고역과 메운 무거운 멍에를 가볍게 하소서 그리하시면 우리가 왕을 섬기겠나이다(왕상12:4). 이 요청만 보더라도 솔로몬이 얼마나 백성들을 가혹하게 건축 일에 동원시켰는지 짐작할 수 있다. 솔로몬의 아들 르호보암은 단호히 거절한다. 내 부친은 너희의 멍에를 무겁게 하였으나 나는 너희의 멍에를 더욱 무겁게 할지라 내 부친은 채찍으로 너희를 징치하였으나 나는 전갈로 너희를 징치하리라 하니라(왕상12:14).
이 결과 이스라엘은 남북으로 나눠지게 되었다.

또한 솔로몬이 얼마나 지혜로웠는지 궁금하다. 솔로몬의 지혜는
당시 세계를 놀라게 했다. 스바 여왕이 그의 지혜를 보려고 이스라
엘을 다녀갈 정도였다. 저가 잠언 삼천을 말하였고 그 노래는 일천
다섯이며(왕상 4:32). 그러나 이러한 부와 지혜로 이스라엘을 평화
롭게 다스리지는 못하였다. 그의 치세로 다음에 나라가 둘로 갈리게
되었다. 밀러와 헤이즈는 "그러나 어쨌든 그의 영토 안에 살았던 백
성들은 그가 죽은 후에 계속해서 그가 편 정책들 아래에서 살기보다
는 반역하는 쪽을 선택하였던 것으로 보아 분명히 그가 지혜롭다고
생각하지 않았던 것 같다"[58]고 했다.

솔로몬은 지혜의 왕이며, 강대하고 부강한 이스라엘을 만들었지
만 그의 치세는 평화롭지 못했다. 외부적으로 전쟁을 하지 않았던
것은 그의 공적 중에 하나이다. 그러나 백성들은 언제나 불안한 생
활을 해야 했고, 불평과 불만이 가득 찬 가운데 살아야만 했다. 한마
디로 그의 이름에 걸맞지 않게 평화의 사람이 아니라 백성들에게 채
찍을 가하는 왕이었다.

이러한 솔로몬의 치하에서 백성들의 불만은 그의 아들 르호보암
때 나타난다. 르호보암이 왕위에 오르자 이스라엘 백성들은 자비로
운 통치를 원한다. 원로 정치인들도 백성들의 뜻을 반영해야 한다고
한다. 그러나 르호보암은 그의 동료들의 말을 듣고 전갈로 너희를
징치하리라고 했다. 불만이 고조된 백성들은 르호보암에게 모든 것
을 맡길 수 없음을 깨닫는다. 한 나라를 이루고 평화를 누리며 살아
가야 할 나라가 동족 간에 칼을 겨누는 사태가 벌어진다. 그러나 이
러한 불행 속에서도 평화의 길은 얼마든지 있었음을 알 수 있다.

예수 그리스도의 평화

5. 분열왕국 시대와 평화

분열된 남북왕조의 평화를 살펴보려면 먼저 지리적인 상황에서 살펴보아야 한다. 분열왕국은 남유다가 유다와 시므온 두 지파이고, 나머지 열 지파가 북이스라엘에 속한다. 이를 나눈 근거는 북이스라엘의 실로 출신 아히야가 여로보암을 만나 "너는 열 조각을 취하라 이스라엘 하나님 여호와의 말씀이 내가 이 나라를 솔로몬의 손에서 찢어 빼앗아 열 지파를 네게 주고 오직 내 종 다윗을 위하고 이스라엘 모든 지파 중에서 뺀 성 예루살렘을 위하여 한 지파를 솔로몬에게 주리니"(왕상11:31-32)라고 예언을 한다. 이러한 근거로 남북 왕조는 남쪽 유다와 한 지파로 그리고 북 왕조는 열 지파로 형성된다.

성경은 유다가 강국이었으며 이스라엘은 단지 떨어져나간 조각에 불과하다는 생각을 갖게 한다. 실제로는 그 정반대였다. 많은 점에서 이스라엘이 주도적인 역할을 하였다. 북 왕국이 열 지파의 영토를 차지하고 있다. 이 영토는 국제 간선도로망과 관련하여 전략적으로 더 중요한 위치에 있다. 넓은 땅에 동서와 남북으로 잇는 도로망을 갖고 있었고, 트랜스요르단을 장악하고 있었으며, 페니키아 및 다메섹과 교통하며 무역할 수 있는 모든 여건이 갖추어져 있었다.

이에 반해 유다는 볼품없는 산악지대를 점유하였다. 모든 상황으로 볼 때 이스라엘과 유다가 동맹관계를 맺게 된 주전 9세기와 8세기에 이스라엘은 분명히 이 관계를 주도하였다.[59] 이러한 관계를 존 브라이트도 언급했듯이 지형을 보면 유다는 영토가 작고 메말랐지만 비교적 동질적인 주민이 어울려 있었고, 지리적으로 어느 정도 격리된 지역이었다. 한편 이스라엘은 영토도 넓고 비옥했으며 옛 부족동맹의 중심에는 더 가까이 위치해 있었지만, 가나안족 주민이 많았고, 지리적으로는 외세의 영향을 받기 쉽게 노출되어 있었다. 더

욱이 유다는 확고한 왕조전통을 갖고 있었지만 이스라엘에는 그런 전통이 없었다. 그래서 국가에 관해 서로 다른 이론이 퍼지게 되었던 것이다. 실제로 남북 왕조의 역사는 많은 차이를 보이고 있다. 성경은 유다를 중심으로 쓰여지고 있기 때문에 유다가 모든 것을 유도하지만 실제적으로는 그렇지 않음을 알 수 있다. 땅이 넓고, 부족 동맹의 중심지이며 비옥한 땅을 차지하고 있었던 북이스라엘이 모든 것을 주도하고 있음을 알 수 있다. 고고학적인 증거나 당시 팔레스타인의 역사에서 더 자세히 증명하고 있다. 이러한 것들을 살펴보고자 한다.

이스라엘이 남북으로 나뉘어 졌을 때 통일왕국을 이루었던 다윗왕조는 아무런 조치도 취하지 못하였다. 이러한 처사는 하나의 민족적인 평화를 위한 것으로 보기에는 힘들다. 단지 이스라엘 군대에는 남유다에 속한 군인들 보다는 북이스라엘의 열 지파에 속한 군인들이 많았기 때문에 르호보암은 어떠한 조치도 취하지 못했다. 북이스라엘은 우리가 다윗과 무슨 관계가 있느뇨 이새의 아들에게서 업이 없도다 이스라엘아 너희의 장막으로 돌아가라 다윗이여 이제 너는 네 집이나 돌아보라(왕상12:16,삼하20:1)고 하면서 분열을 가속화시켰다.

분열된 두 나라는 서로 다른 길을 가게 된다. 정치, 경제, 종교 등으로 볼 때 많은 차이점이 나타난다. 왜냐하면 지리적인 위치 때문이다. 유다는 구릉지대를 중심으로 같은 동질성의 집단이 살았다. 경제적으로는 넉넉하지 못하였지만 외세의 침입이 거의 없어 평화로운 상태를 유지할 조건이었다. 이로 인해 왕위가 세습되고, 안정된 정치를 할 수 있었다. 이스라엘은 넓고 비옥한 땅에 여러 민족이 함께 섞여서 살았다. 부강한 나라를 이룩했지만 분쟁이 끊이지 않았다. 지리적으로는 동서와 남북을 잇는 위치에 있었기 때문에 외교적

예수 그리스도의 평화

으로는 유리한 위치에 있었지만 외세의 침입이 잦았다. 이러한 상황에서 남북왕조는 국가를 지키고, 발전시키려고 노력해야했다. 이러한 노력이 실천하는 방법에서 차이가 난다. 그 결과는 정치, 경제, 종교, 문화에서 큰 차이를 나타내고 있다. 이러한 차이 속에서도 같은 민족이기 때문에 서로 공존하며 평화를 유지한 때도 있다. 나라가 갈렸다고 해서 항상 나쁜 것만은 아니다. 서로 공존하며 장점들을 살리며 평화와 안정을 유지할 수 있었다. 그러나 왜 이 두 나라는 갈등 속에 있어야만 했을까? 성경은 여호와 하나님을 믿는 것과 믿지 않는 것에 잣대를 두고 평가를 하고 있다. 그러나 그 속 내면을 드려다 보면서 정확한 평가를 해야 할 때가 된 것 같다.

분열왕국의 역사를 기록하고 있는 열왕기 상하와 역대기 상하를 보면 남유다가 주도적인 역할을 한 것 같다. 그러나 고고학적인 자료들에 의하면 북이스라엘이 주도적인 역할을 했음이 틀림없다. 그들의 역사를 살펴보고자 한다.

1) 북 왕국의 여로보암과 남 왕국의 르호보암

솔로몬 이후 유다 왕은 솔로몬의 아들 르호보암과 이스라엘 왕은 여로보암이었다. 이 두 왕은 끊임없는 전쟁이 있었다는 말 외에는 그의 치세에 관한 별다른 내용이 나오지 않는다. 그의 뒤를 이은 아비암은 르호보암이 총애하는 부인인 마아가의 아들이었으므로 왕세자로 책봉하였다고 역대기 기자는 말하고 있다(대하11:20-22). 그의 뒤를 이은 아사는 다윗과 솔로몬을 좇은 극소수의 왕들 중의 한 사람으로서 열왕기와 역대기 편집자들은 그를 여호와 보시기에 정직하게 행하였다고 평가하였다(왕상15:11-15,대하14:2). 아사는 활발하게 제의를 개혁하였으나 마지막 6년 동안 악한 왕이 되었고, 그의 통치는 부패해졌다. 아사가 재위 36년경에 이스라엘을 치기 위하여 수리아의 벤하닷에게 도움을 요청한 사건이 있었다(왕상15:16-22,대하16:1-10). 이 사건은 분명히 야훼의 신앙을 저버린 행위이다.

한편 북 이스라엘의 초기 40년에 관한 기사는 거의 나오고 있지 않다. 이 기간 동안 이스라엘에서 일어난 일들을 유다의 편집자들은 매우 부정적으로 묘사하고 있다. 그 대부분은 종교 활동에 관한 이야기들이다. 이 기간에 북 이스라엘은 여로보암, 나답, 바아사, 엘라가 왕이 된다. 여로보암은 제의를 개혁한다. 벧엘과 단에 유서깊은 성소들이 있었다. 벧엘은 족장 이야기들에서 두드러진 역할을 하였고(창12:8,28:18-22,35:1-15), 단은 모세에게까지 소급되는 제사장 계열임을 자처하였다(삿18:30). 여로보암의 제의 개혁은 분명히 아론에 속한 제사장 계열, 전통, 성상을 중심으로 이루어졌다.[60] 아론과 여로보암은 사람들의 조언에 따라 황금 송아지를 세웠다(출32:4,왕상12:28).

분열왕국의 40년 동안은 양국 간에 적대행위가 있었는데 초기에는 소규모의 국지전이 있었다. 르호보암과 여로보암 사이에 항상 전쟁이 있으니라(왕상14:30). 그러나 아사와 바아사 간의 군사적 충돌은 다메섹 왕 벤하닷까지 가세한 국경 분쟁보다 규모가 더 큰 전쟁을 묘사한 것으로써 훨씬 더 역사적인 사실에 토대를 둔 것으로 보인다(왕상15:16-22,대하16:1-6).

2) 북 왕국

왕국이 분열된 후 40년 동안 양국 간에 적대행위를 일삼았지만 오므리가 이스라엘 왕으로 즉위함으로써 새로운 전기를 맞는다. 남북 왕조는 북왕국을 중심으로 긴밀한 동맹관계에 들어간다. 이로 인해

 예수 그리스도의 평화

남북왕조는 과거에 다윗과 솔로몬 시대에 누렸던 영화를 능가하는 번영의 시대를 맞이한다. 이 시대의 특징적인 정책들을 입안한 왕은 오므리였다. 오므리 왕조는 북 이스라엘에 있어서 최초로 왕위를 세습하였다. 오므리와 아합은 이스라엘과 유다 역사 속에서 고대 중동의 성경 외의 문헌들에 언급되고 있는 최초의 인물이다. 오므리 왕조가 기록된 비문들은 메사비문, 살만에셀의 비문, 검은 오벨리스크, 모놀리스 비문 등이 있다.[61] 이 시대에 수도를 사마리아로 옮기고 이스라엘은 전성기를 맞이한다. 건설공사도 왕성하여 마굿간, 공격무기, 급수터널, 요철식 성벽 등이 건설된다. 이 고고학적 자료들은 솔로몬시대에 건설되었던 것으로 알려지고 있었으나 고고학적으로 연구한 결과 9세기의 것으로 알려지고 있다.[62] 오므리 왕조는 막강한 군사력을 이용하여 모압을 격파하여 대 거국을 이룩한다(왕하3:4). 그리고 오므리는 자기의 아들 아합을 시돈 사람의 왕 엣바알의 딸 이세벨과 결혼시킴으로 바알과의 동맹을 스스로 확증하였다(왕상16:31). 북 이스라엘에 이세벨이 바알을 끌어들임으로 하나님을 멀리하게 된다. 이러한 면 때문에 성경은 오므리 왕조를 가장 타락한 왕조로 기록되고 있고, 왕성했던 국가에 대한 언급은 거의 찾아볼 수 없다.

이렇게 찬란했던 역사도 이세벨의 잘못된 종교정책으로 인해 국론은 분열되었다. 이러한 사회적인 현상을 깨달은 여호람은 아합이 세워놓은 바알의 주상과 아세라 목상을 철거하여 야훼신봉자들의 비위를 맞추려고 했지만(왕상16:33) 이미 때는 늦었다. 선지자들은 이세벨의 피를 요구하였다. 엘리사가 생도를 보내어 예후에게 기름을 붓고 그를 왕으로 세워 정변을 일으킨다(왕하9:-10). 이 정변으로 찬란한 역사와 평화를 구가하던 오므리 왕조의 막을 내리게 된다.

아합이 죽은 후, 예후 치하에서 급속도로 국력이 쇠약해졌다. 이

때 아람 왕 하사엘이 이스라엘과 유다를 침공하여 예루살렘 성전의 곳간을 약탈하였다(왕하12:17-18). 이것은 남북왕조의 동맹이 파괴되면서 국가와 사회질서가 혼란하게 되는 시작에 불과했다.

여로보암2세는 국가를 든든한 반석 위에 세우고 이스라엘의 국경들을 넓힐 수 있었고, 같은 시대에 유다를 다스렸던 웃시야를 압도하였다(왕하14:25). 이 영토는 솔로몬의 시대의 영토와 같은 선상에서 보아야 한다. 하맛과 다메섹 군주들은 여로보암과 맞서 싸우기보다는 약간의 형식적인 조공을 그에게 바치고 그들의 성읍들에서 이스라엘의 상업적인 이권을 허용하는 쪽을 택하였다.[60]

북 이스라엘은 오므리 왕조에 와서 남 유다와 동맹을 맺으면서 잠시 평화를 누렸다. 그러나 예후 왕조에 와서는 그 동맹관계가 깨지고 평화의 관계도 깨어지고 만다. 북 이스라엘의 예후 왕조는 이때를 기점으로 중동에서 강력한 국가로 부상을 하였지만 주변 국가들과는 평화하지 못하였다. 강력한 국가가 된 만큼 주변 국가들을 지배하려 하였고, 주변 국가들에게 인정을 받지 못하였기 때문이다. 그 결과 새롭게 대두되는 앗수르와 국경을 맞대고 전쟁을 벌였다.

3) 남 왕국

북 이스라엘에 오므리 왕조가 들어서면서 전성기를 누리는 동안 남 유다는 여호사밧이 왕이 된다. 그의 정치적 자세를 볼 수 있는 기록이 있다. 나는 당신과 일반이요 내 백성은 당신의 백성과 일반이요 내 말들도 당신의 말들과 일반이니이다(왕상22:4). 이는 유다왕 여호사밧이 이스라엘 왕 아합에게 이르는 말이다. 여호사밧은 자기의 아들 여호람과 아합의 누이 아달랴와 결혼시킴으로써 이스라엘과 정식으로 동맹을 맺었다(왕하8:18). 오므리 왕조의 번창과 시돈과의 동맹 그리고 이스라엘의 아합과 유다의 여호사밧이 동맹을 맺음으로 남북왕조는 평화의 시기를 맞이하였다. 남북왕조가 공존하며 싸움을 멈춘 시기는 이 시기 외에 찾아 볼 수 없다. 남북왕조가 전쟁이 없이 협력하여 주변 국가들을 물리치며, 공존하여 평화를 이룬 시기였다.

그러나 유다는 북 이스라엘의 예후 왕조시대에 들어서면서 오므리 왕조와의 동맹이 파괴된다. 이때부터 독자적으로 길을 가야 하는데 유다는 적잖은 국난이 있었다. 아달랴의 난이 있었는데 아달랴는 북이스라엘 야합의 딸인데 여호사밧의 아들 여호람의 신부로 유다에 왔다. 그 뒤를 이어 요아스가 왕이 되었는데 당시 일곱 살이었다. 이 때 상당한 영향력을 갖고 있는 제사장 여호야다가 성전수리사업을 착수한다. 요아스의 뒤를 이어 아마샤가 왕이 되는데 그는 이스라엘의 군대를 얕잡아 보았다. 이스라엘 왕 요아스는 아마샤의 도전을 비웃으며 유다 군을 쳐부수고 예루살렘을 점령하였다. 그리고 유다를 속국으로 만들어 버렸다. 유다를 지배하는 강한 이스라엘이라는 오므리 왕조시대 초기를 방불케 하는 이러한 상황은 요아스와 아마샤의 후계자들인 여로보암 2세와 웃시야 시대까지 계속되었다.

오므리 왕조 때 동맹관계를 맺었던 이스라엘과 유다는 각자 제 길을 가면서 국력이 강해지는 것 같았지만 외세의 침략을 물리칠 수 없었고, 국내적으로는 종교적인 문제에 얽혀 질서를 유지할 수 없었다. 국내적으로나 국외적으로 평화를 찾아볼 수 없었다.

4) 북 이스라엘의 멸망

여로보암 2세가 죽고 나서 정치적 상황이 급속히 악화되었다. 멸망 직전에 있었던 여섯 왕들 가운데 네 명은 살해되었고, 한 명은 폭력 이외의 원인으로 죽었으며, 다른 한 명은 앗시리아로 끌려가 거기서 죽었다. 스가랴는 왕위를 계승하여 수개월 다스리다가 살해당했고, 이후 이스라엘은 왕위 세습이 한 번도 이루어지지 못했다. 살룸은 역모를 꾸며 합법적인 예후 왕가를 모두 살해했다. 수개월 후 므나헴이 살룸을 살해하여 왕위에 오른다(왕하16:8-22). 므나헴은 천수를 다해 그 열조와 함께 자고(왕하15:22)라는 말을 들은 이스라엘 최후의 왕이었다. 므나헴, 브가히야의 뒤를 이어 베가가 왕이 된다. 이 때 호세아가 반란을 일으켜 왕위에 오른다(왕하15:30). 호세아는 지금까지 앗수르에 바치던 조공을 금하고 애굽의 도움을 얻어내려고 협상을 진행했다. 살람에셀은 이스라엘의 반란을 진압하기 위하여 사마리아를 3년 동안 포위하여 함락시켰다(왕하17:5,18:9-10). 이로써 북 이스라엘 왕조는 막을 내린다. 북 이스라엘을 정복한 앗수루는 다른 민족을 사마리아로 이주시켜 혼혈정책을 써서 다시는 반란을 일으키지 못하게 하였다.

북 이스라엘은 예후 왕조부터 평화를 몰랐다. 힘이 강해지면서 유다와의 동맹을 파기했고, 다른 국가들과도 평화를 이루지 않고 영토를 넓혔다. 솔로몬 시대에 버금가는 땅을 넓혔지만 주변 국가들과 원수를 맺음으로 강력한 나라가 되어 남하하는 앗수르를 막지는 못했다. 이것이 북 이스라엘이 망하게 된 원인이 된다.

5) 남 유다의 요시야 왕

성경에 이스라엘의 역사는 유다에 의해 이루어 진 것처럼 쓰여 졌지만 실상은 북 이스라엘에 의해 주도되었다. 그런데 남 유다에도 걸출한 왕들이 있었다. 그 중에 가장 두각을 나타낸 왕이 요시야 왕이다. 요시야는 암몬의 아들이며, 여덟 살 때 왕위에 오른다. 그의 치적은 전무후무한 종교개혁은 했으나 이외에 대외적인 문제와 국제적인 문제는 침묵하고 있다. 요시야 시대에 유다는 앗시리아의 속국이었으나 점차적으로 애굽으로 넘어가고 있었다(대하35:20-27).

　요시야가 종교개혁을 단행하게 된 계기는 왕위에 오르고 18년째 되던 기원전 622년 예루살렘 성전을 중수할 때 율법책을 발견함으로 시작이 되었다. 이 율법책은 대다수 학자들이 신명기의 원본 형태와 같다고 보고 있다. 이 책은 이스라엘의 종교의식 혁명과 이스라엘의 정체성을 완전히 변형시키는 도화선이 되었다. 이 책에는 성경의 핵심 요소가 유일신교이다. 즉 하나님 숭배의식을 한 장소에서 독자적으로 거행하며 유대 달력의 여러 축제일 유월절, 유대 조상들이 광야를 방황한 것을 기념하는 가을의 성전절 등을 중앙 정권의 지도아래 거국적 행사로 지키는 것, 사회복지와 정의, 개인의 윤리를 규정한 일련의 입법조치가 이 책에 들어 있다.[60] 현존하는 신명기서가 당시 성전에서 발견된 그 율법 책이었을 가능성은 희박하다. 반대로 신명기는 여러 차례에 걸쳐 편집과정을 거쳤고, 현존하는 신명기는 후대의 바벨론 포로 이후에 편집이 된 것이다(신28:36-37,29:-30:).

　그러나 이 율법책이 발견됨으로써 요시야 왕 때부터 유다의 율법체제가 구축되기 시작했다.

> 대제사장 힐기야가 서기관 사반에게 이르되 내가 여호와의 전에서 율법책을 발견하였노라 하고 그 책을 사반에게 주니 사반이 읽으니라 …또 왕에게 고하여 가로되 제사장 힐기야가 내게 책을 주더이다 하고 왕의 앞에서 읽으매 왕이 율법책의 말을 듣자 곧 그 옷을 찢으니라 왕이…가로되 너희는 가서 나와 백성과 온 유다를 위하여 이 발견한 책의 말씀에 대하여 여호와께 물으라 우리 열조가 이 책의 말씀을 듣지 아니하며 이 책에 우리를 위하여 기록된 모든 것을 준행치 아니하

였으므로 여호와께서 우리에게 발하신 진노가 크도다(왕하22:8-13).
왕이 뭇 백성에게 명하여 가로되 이 언약책에 기록된 대로 너희의
하나님 여호와를 위하여 유월절을 지키라 하매 사사가 이스라엘을
다스리던 시대부터 이스라엘 열왕의 시대에든지 유다 열왕의 시대
에든지 이렇게 유월절을 지킨 일이 없었더니 요시야 왕 십팔 년에
예루살렘에서 여호와 앞에 이 유월절을 지켰더라(왕하23:21-23).

요시야 왕은 율법책의 발견을 듣고 옷을 찢을 정도로 놀라움과 두
려움과 후회하는 모습을 보이고 있다. 그렇다면 이 율법책이 전수해
내려오다가 잊어버린 것일까? 그럴 가능성은 거의 희박하다. 이것을
증명하는 것은 유월절이다. 본문에 의하면 유월절은 사사 이후 열왕
기에도 지킨 적이 없었다. 유월절이 없는 한 다른 출애굽의 명절이
나 율법책도 불가능하다. 요시야 왕 때 율법책을 발견하였고 비로소
처음으로 유월절을 지키기 시작한 것이다. 시문서나 예언서에서도
유월절 언급이 없다. 유월절은 출애굽기나 민수기나 신명기에서 언
급이 되고는 있지만 숱한 예언자들을 건너뛰어서 바로 요시야 때 처
음 언급된 것은 출애굽 사건이 있은 지 약 8백여 년이 지난 다음이
다. 율법책은 사사시대 이후로 보아도 4백여 년만에 처음 언급된 것
이다. 이때서야 성문화를 하였고, 출애굽기도 쓰이고, 유월절까지
처음 지켜지는 것을 말한다.[65]
요시야는 대제사장과 서기관의 종교적인 지도를 잘 받아들인 왕
이었다. 8살 때 왕위에 올라 대제사장 힐기야와 서기관 사반으로부
터 어느 왕 보다도 하나님의 말씀이나 율법을 존중하고 즐겨한 왕이
었고, 그들의 섭정과 신탁을 제대로 받아 유다 왕국의 정신적이며,
물질적이며, 종교적인 전성기를 이룬 왕이었다. 이에 신명기 사가는
요시야와 같이 마음을 다하며 성품을 다하며 힘을 다하여 여호와를
향하여 모세의 모든 율법을 온전히 준행한 임금은 요시야 전에도 없

었고 후에도 그와 같은 자가 없었더라(왕하23:25)고 하였다.

이처럼 극찬을 받은 왕이었지만 그의 운명은 비참하다. 국제 정세가 앗수르에서 애굽으로 넘어가는 과도기에 있었기 때문에 요시야 왕은 애굽을 막을 수밖에 없었다. 앗수르는 국력이 약해져가고 있었고, 애굽은 유다를 지나 앗수르를 넘보는 상황이었다. 이 때 애굽을 대적하러 므깃도에 갔다가 활에 맞아 죽는다(대하35:20-27).

이 시기에 바로 느고가 요시야에게 화친을 요구한다. 느고가 사자를 보낼 때 애굽과 이스라엘이 평화를 이룰 수 있는 좋은 기회였다. 이 기회를 요시야가 놓친 것이다. 요시야는 느고의 말에 귀를 기울이지 않고 앗수르와의 관계를 생각하며 의리를 지켰다. 그리고 요시야는 하나님의 음성을 듣지 않음으로 처참한 죽음을 맞이한 것이다.

6) 유다의 멸망

유다가 국력이 쇠해지고 위기에 처해 있을 때의 세계정세를 보면, 앗수르 바니팔이 주전 630년에 왕자에게 왕위를 물려주거나 공동으로 통치를 한다. 그리고 B.C.E.627년에 앗수르 바니팔이 죽자 바빌로니아인들은 독립을 선언하고 앗시리아 왕위를 둘러싼 투쟁에 휩쓸리게 된다. 이러한 국제적인 상황 속에서 유다는 애굽에 복속이 되었다(2:16-18,36-37). 이 시기에 요시야가 왕위에 오른다. 요시야 왕은 종교개혁을 일으키며 유다의 힘을 모으려 하였다. 그러나 종교는 개혁되고, 신정체제를 어느 정도 구축을 했지만 강한 나라의 기반을 갖추지는 못했다. 이에 요시야가 애굽과 대항을 하다가 므깃도 전투에서 전사한다. 요시야가 죽자 유다 국민들은 여호아하스를 왕위에 앉혔다(왕하35:20-27). 바로 느고는 여호아하스의 형 엘리아김을 유다 왕으로 삼아 황호를 여호야김이라 하였다(왕하23:34). 유다의 정치가 애굽에 의해 좌지우지되는 가운데 바벨론의 국력은 막강해져갔다. B.C.E.606년에 애굽 군은 갈그미스 근방의 키무후(Kimuhu)에 주둔해 있던 바빌로니아 수비대를 격파했으나(B.C.E.98) 애굽과 바빌로니아 간의 전쟁은 이미 바벨론의 승리로 기울어져 있었다. B.C.E.604년에 바빌로니아가 아스글론을 정복한 후에 여호야김은 바빌로니아인들에게 항복하지 않으려던 끈질긴 고집을 버리고 느부갓네살의 봉신이 되었다.[66] 그러나 느브갓네살은 예루살렘을 정복하고 여호야김을 족쇄에 채워 바벨론으로 끌고 갔다(대하36:6). 그리고 그의 숙부였던 시드기야를 왕위에 앉혔다. 주전 590년대 말이나 580년대 초에 조공을 바치지 않음으로써 바벨론에 반기를 들었다(왕하24:20). 시드기야가 바벨론에 반기를 든 것은 이집트와의 협상때문이었다(겔17:13-21). 이에 바벨론이 예루살렘을 에워쌌을 때 애굽이 군대를 보냄으로 바벨론은 그 포위를 풀게 되었다(렘37:1-10). 예레미야는 예루살렘의 처지가 점점 더 절망적이고 도성이 가망이 없어보이자 백성들에게 먼 장래에 대한 소망의 메시지를 선포하기 시작했다.

예루살렘은 바벨론에 2년간 포위되어 식량은 바닥이 났고, 시드기야는 도망가다가 붙잡힌다. 그의 아들들은 그의 눈앞에서 처형당하고, 시드기야는 두 눈을 뺀 후 사슬로 결박되어 바벨론으로 끌려간다(왕하25:3-7,렘52:5-11,39:1-7). 이것으로 유다는 대단원의 막을 내린다.

남북왕조의 이러한 역사를 보면 안타까운 일이 한두 가지가 아니다. 남북왕조는 분명히 평화를 누릴 수 있었다. 그리고 주변 국가들과도 평화를 누릴 수 있었다. 그러지 못한 이유는 이해와 양보와 용납과 사랑이 없었기 때문이다. 남 유다는 자신들을 따르지 않은 북 이스라엘이 망하는 것을 보고 당연한 것으로 여겼다. 그리고 남 유다는 자신들이 행하는 모든 것만 옳고 북 왕조가 행하는 모든 것은 잘못되었다는 것이다. 이러한 생각에 자신을 돌아보지 못했고, 형제애를 행하지 못한 것이다.

그리고 주변 국가들인 애굽, 앗수르, 바벨론, 암몬 등과의 관계도 개선될 수 있었다. 이러한 관계는 파사와의 관계에서 알 수 있으므로 포로시대와 포로 이후 시대를 살펴보고자 한다.

6. 바벨론 포로와 귀환시대의 평화

가나안에 정착한 이스라엘 백성들은 지파 중심의 생활을 하다가 외세의 침입을 받았을 때 사사들을 중심으로 지파동맹을 결성하여 땅과 재산과 가족들을 보호하였다. 이러한 동맹체제와 불안함을 느낀 백성들은 왕국을 결성할 것을 강력하게 주장하였다. 백성들의 뜻을 받아들여 마지막 사사였던 사무엘은 사울에게 기름을 붓고 통일왕국을 결성한다. 그러나 다윗이 등장함과 동시에 통일왕국은 국내적으로나 국제적으로 잠잠할 날이 없었다. 그의 아들 솔로몬의 치세에서는 제의와 권력이 중앙집권화되었기 때문에 백성들이 불만이 있어도 그 불만을 토로할 수 없었다. 솔로몬이 죽자 불만세력인 북열 지파가 결성하여 두 나라로 갈라지게 되었다. 분열왕국인 남북왕조의 대립으로 서로 물고 물리는 전쟁이 계속되었다. 오므리 왕조에 와서는 남북과 그리고 시돈과 동맹을 맺고 서로 협력하며 잠시 평화를 누릴 수 있었다. 그러나 이 동맹도 오므리 왕조가 막을 내리면서 끝을 맺었고, 남북왕조의 국력은 극도로 쇠하여졌다.

북 이스라엘의 수도 사마리아가 B.C.E.722년에 멸망하여 앗수르의 속국이 되었다. 북 이스라엘이 멸망당할 때 북 이스라엘에 있던 제사장들은 자기들이 갖고 있던 성경을 가지고 남 유다로 도피하게

되었다. 그리고 히스기야가 이스라엘과 유다 또는 에브라임과 므낫
세에 편지를 보내고 예루살렘에서 유월절을 지킬 것을 제의하였다
(대하30:1). 이때 유다는 자신들이 옳았다는 생각을 하게 되었고 북
이스라엘 제사장들은 아무런 말을 할 수 없게 되었다.

유다는 이 시기 동안 국가로서의 면모를 유지하기는 하였지만 거
의 앗수르의 지배를 받았다. 유다는 독립국가를 이루기 위하여 히스
기야 왕 때 종교개혁을 단행하여(대하29:3-31:21) 앗수르에 도전을
하지만 실패로 끝난다. 그후 요시야가 다시 나라를 일으키려고 하다
가 전사하자 유다는 극도로 국력이 기울어 바벨론에게 멸망을 당한
다.

1) 바벨론 포로와 귀환

북 이스라엘은 B.C.E.722년 앗수르에, 남 유다는 B.C.E.586년에
바벨론에 멸망을 당함으로 남북왕조는 완전히 막을 내렸다. 구약 성
경에는 유다가 바벨론에 포로로 잡혀갔다는 기사가 두 군데 있다(왕
하24:18-25:21,렘52:1-30). 남은 자들의 경우 북 이스라엘은 앗수르
의 정책에 따라 다른 민족을 사마리아로 이주시켜 혼혈이 되었다.
그러나 남 유다는 바벨론으로 잡혀가거나 애굽과 그 이외의 지역으
로 도망하여 디아스포라를 형성하게 된다.

유다는 멸망했어도 제의 생활은 계속했을 것이다. 그 이유는 예루
살렘이 멸망당할 때 성전파괴 기사가 없다(왕하25:9). 또한 파사제
국은 성전 기물들을 예루살렘으로 되돌려 주었다. 이는 제의 활동이
계속되었음을 말한다.

바벨론은 네 강대국들 중에서 가장 강했지만 근동을 완전히 장악
하지 못했다. 앗수르를 정복하는데 바빌로니아를 도왔던 메대인들

은 메소포타미아 평원의 북쪽과 동쪽의 고원지대를 장악하였다. 바 벨론은 앗수르에 필적할 수는 없지만 느브갓네살 시대에 꽤 번영하 였다. 그러나 느부갓네살이 죽자 단명한 왕들이 연속적으로 교체되 면서 군관들이 반란을 일으켰다. 이때 나보디두스(B.C.E.555-539) 는 자신의 고향에서 귀족인 아버지와 달의 신(god) 신(Sin)의 대 여 사제인 어머니 사이에서 난 아들이었다. 그가 반란을 일으켜 정권을 잡아 종교를 개혁하고 신(Sin)을 숭배하며 제국을 결집시켰다. 바빌 로니아의 태양신 마르독과는 달리 달의 신은 아라비아인들과 아람 인들을 비롯하여 제국의 많은 사람들이 섬기고 있었다. 나보니두스 의 관심은 대부분 서쪽 지역에 집중되었고, 아라비아 사막에서 십년 이 넘게 머물렀다. 나보니두스가 아라비아 사막에 머무는 동안 주전 6세기 중엽 근동에는 새로운 강대국이 발흥하였다. 제국들 가운데 가장 광대한 제국을 단시일 내에 건설하였다. 새로운 제국을 건설한 인물은 고레스 2세였다. 고레스는 남부 페르시아에 있는 부왕의 적 은 속주를 다스리는 총독으로 정계에 입문하였다. 고레스는 메대의 세력을 경계하였던 바빌로니아 왕 니보니두스의 덕택으로 메대의 군주이자 조부인 아스티야게스의 영토를 잠식하면서 세력을 키워나 갔다.[67]

　고레스는 세력을 점진적으로 키워나가다가 B.C.E.539년에 승리 자로 바빌론에 입성하였다. 고레스는 앗수르나 바벨론과는 유화정 책을 폈다. 이에 포로된 민족들이 이전에 살던 곳에 돌아가 살도록 하였다. 그리고 그들이 믿는 신들과 제단의 기구들을 돌려보내 주 고, 그들의 성전과 도시들을 재건하도록 하였다. 이러한 고레스의 정책에 의하여 유대인들을 고국으로 돌아오게 되었다. 구약에서는 이러한 고레스를 야훼의 택함받은 자 또는 기름받은 고레스로 표현 되고 있다(사45:1). 다윗왕조의 왕들이 지닌 직함을 수여하기까지

하였다.

바벨론에서의 귀환은 제2의 출애굽과도 같은 사건이었다. 이 사건을 통하여 많은 깨달음이 있었지만 자신들과 인류를 위한 평화로운 삶을 계획하지 않았다. 바벨론 또는 흩어져 살면서 많은 문화와 종교들을 접하며 살았지만 모든 것을 포용하지 못했다. 오히려 많은 부분에서 폐쇄적인 현상이 나타났다.

2) 성전재건, 성곽개축과 갈등

바벨론의 식민정책은 비교적 온건하였다. 이 정책은 강제 이송된 유대인들의 포로 생활에도 영향을 끼쳤다. 그들은 주로 황폐한 농업 지역에 정착하여 조밀한 포로수용소 같은 집단을 건설하여 살았다 (겔3:15,스8:17,시137). 새로운 환경에서 그들은 전통적인 유대의 신앙과 전통을 재정립할 필요가 있었다. 이러한 요구는 포로로 잡혀갔던 예레미야와 에스겔에 의해 준비되었다. 이들은 이스라엘의 멸망이 하나님의 심판으로 받아들이는 동시에 새로운 미래를 준비시키는 과정으로 받아들였다. 특히 귀환의 희망을 포기하지 않았다. 귀환 후 하나님의 섭리 아래 유토피아적인 나라를 이룰 꿈은 강력하게 형상화 하였다(겔40-48장). 이러한 꿈은 자신들만이 하나님의 선택된 백성이라는 의식을 싹트게 했으며, 이것은 곧 이방 제의나 문화와의 단호한 격리주의로 이어지면서 배타주의적 성격을 띠게 되었다.[68]

이러한 경향이 이 세계를 선과 악의 대결구도로 이해하게 하면서, 하나님의 공의와 악의 문제에 관하여 관심을 가지게 되었다. 바로 이 시기에 쓰인 작품들에서 천사, 사탄, 악마, 귀신들의 주제가 자주 등장하기 시작하며 아울러 하나님의 사후 심판과 상급에 관한 신앙으로 퍼지기 시작하였다. 특히, 예정된 하나님의 날에 있을 임박한 심판과 미래에 대한 완성의 희망은 차츰 일관된 체계를 갖춘 종말론적인 역사의식으로 발전해 나가면서 무기문학과 묵시문학적 사상의 태동을 가져다주는 기회가 되었다.[69]

이러한 배경 아래 포로민들은 새로운 공동체의 재건이란 목표를 세웠다. 그 목표를 달성하기 위해서는 오직 율법을 통하여 이룰 수 있다고 믿었다. 이러한 믿음 아래 성문화된 토라가 바로 이 시기에 정리되어 편집된 사실은 결코 우연이 아니다.

한편 팔레스타인에 남아있던 유대인들을 가나안 땅의 백성들(Am Ha-aretz. 왕하24:14,25:12)이라 불렸는데, 이들의 경제적 조건은 매우 열악했다. 고고학적 발굴에 의하면 당시 팔레스틴의 도시와 농경지는 황폐했다. 이는 과다한 세금과 소작으로 인한 영세성이 주원인이었다. 종교적인 면으로는 예루살렘의 중앙집권화로 인하여 뒤로 물러났던 지방 제단들이 복구되면서 이스라엘 종교의 혼합주의적 현상이 드러났다(렘44:16-17). 이러한 상황으로 포로민들과 남은 자들 사이에는 서로 다른 종교와 정치관이 정립되었다. 그리고 서로 자신들만이 역사성과 정통성과 순수성을 이어갈 선민임을 내세우게 되었다.

바사왕 고레스의 등장은 역사를 급속도로 바꿔 놓았다. B.C.E.538년, 신년축하식에서 '고레스 칙령'(The Edict of Cyrus)을 발표했는데, 예루살렘 성전의 재건에 관해 언급했다.[70] 이 칙령의 일부가 에스라에서 아람어로 기록된 것 같으며, 성전과 성전 제기들과 관계된 부분이다(스6:3-5). 이 칙령은 이스라엘 백성들에게 하나의 꿈과 같은 현실이었다. 오랜 준비 끝에 B.C.E.537년에 팔레스타인으로 향하는 귀국의 대열(대략 사만 이천 명으로 추산)이 있었다(스2장,느7장). 귀국하지 않은 많은 사람들은 디아스포라를 형성하였다. 이때 유다 총독은 다윗왕가에 속한 세스바살이었다. 첫 번째 임무였던 예루살렘에 귀환대열이 도착한 후에, 총독은 그의 두 번째 임무를 시작하였다. 주전 537년 가을 축제 때 새 성전의 정초석을 놓고 귀환자들은 해산되었다. 왜냐하면 세스바살에게는 세 번째 임무가 있었기 때문이다. 그것은 거주문제였다. 남은 자들(포로로 잡혀가지 않고 유다에 거주하던 사람들)과 귀환민들 사이에 거주지와 성전 건축에 대한 갈등이 생기기 시작했다. 토착민들이 귀환민들에게 조상들이 소유했던 삶의 터전들과 농경지들을 그들에게 돌려주는 것은 어느 누구도 생각할 수 없었던 일들이었다. 남은 자들과 귀환자들 사이에 충돌이 시작되었다. 생활의 터전뿐만 아니라 제의에 대해서도 마찰이 생기기 시작했다. 바벨론에서 이미 야훼 신앙을 확고하게 붙잡았던 귀환자들은 고국에서 토착민들을 만났을 때 그들을 부정한 사람들이라 하여 함께 일하려고 하지 않았다. 성전 재건도 마찬가지여서 성전건축은 정초석을 놓은 후에 그대로 방치상태에 있었다. 고레스의 뒤를 이은 캄비세스(B.C.E.520-522)의 통치기간에 유다는 성전 건축이나 삶의 터전 문제 때문에 갈등과 대립의 상황에 있었다. 그 뒤를 이은 다리우스 I 세(B.C.E.522-485)[71]가 계승하면서 마침내 성전 건축을 착수하였다. 이때 유다 총독은 세스바살의 조카요, 여호야긴의 손자인 스룹바벨이었다(스3:2,학1:1). 그는 포로로 귀환했던 제사장 여호수아와 예언자 학개와 스가랴를 협력자로 삼았다. 토착민들은 여러 가지 이유로 이주자들의 유입과 성전 건축을 원하지 않았다. 그러나 예루살렘 성전은 다리우스 왕 6년 아달월 3일에 필역하였다(스6:15). 이 해가 바로 기원전 516년인데 예레미야의 예언(25:11)과 다니엘의 예언(9:2), 그리고 스가랴의 예고(7:5)가 이루어진 셈이다.

그렇다면 무엇이 성전재건에 가장 큰 장애가 되었는가? 이는 유

예수 그리스도의 평화

다에 남아있던 사람들이 귀향한 사람들에게 성전건축을 함께 하자고 제안하였으나 스룹바벨이 이를 거절한 데서 비롯된 갈등이다(슥4:1-6). 거절당한 사람들이 성전 건축을 심하게 방해했다. 그 무리들은 페르시아가 파견한 사마리아의 총독 닷드네와 스달보스네였다(슥5:3). 이들은 예루살렘이 행정적, 종교적 중심지로 부흥하는 것을 반대하였다. 그리고 고레스의 칙령이 실천하는 방식에 있어서 위험한 요소들을 지적하면서 강력하게 저지하였다(슥4:12-16). 또한 유다와 베냐민의 대적(슥4:1)이라 불리는 무리가 있었다. 이들은 북 이스라엘이 앗시리아에 멸망당한 후에 팔레스타인에 머물렀던 사마리아인들이었다.

귀환민들과 남은 자들은 정통성과 순수성을 따져 서로 공존을 허락하지 않았다. 토착민은 이스라엘의 멸망 후에 포로로 잡혀가지도 않았고, 유다에서 바벨론과 여러 나라에 동조하였다는 것이다. 그리고 포로로 잡혀간 자들은 포로지에서 모세의 율법과 종교적인 체계를 갖추고 그들이 주장하는 것이 정통이라는 주장이다. 이러한 첨예한 대립이 그들의 공존과 평화를 깨는 원인이 되었다. 그렇다면 왜 이러한 결과가 나왔는지 살펴보아야 할 것이다.

3) 화해와 공존이 없는 민족 종교로의 환원

북이스라엘이 앗수르에 망하고 이스라엘 백성들은 여러 곳으로 흩어졌다. 남 유다에서는 형제나라가 망하는 것을 보고 야훼가 자신들의 하나님이라고 더 좋아하는 경향이 있었다. 이에 히스기야가 이스라엘과 유다, 에브라임과 므낫세에 편지를 보내고 예루살렘에서 유월절을 지킬 것을 권하였다(대하30:1). 이때 북이스라엘의 경전을 제사장들이 남 유다로 가져왔다. 그러나 남 유다도 바벨론에게 멸망당하여 처참하게 포로로 잡혀가는 신세가 되었다.

북 이스라엘은 앗수르의 정책에 의해 많은 이방민족들이 이주되었다. 이로 인해 북 이스라엘은 이방민족과 결혼하며 혈연적으로는 혼혈이 되었고, 종교적으로는 많은 이방종교가 정착하거나 이스라엘 종교와 혼합이 되었다.

바벨론으로 잡혀간 남 유다 백성들은 바벨론의 종교와 혼합이 되었다. 그러나 그들이 당한 처지는 야훼 하나님께서 그들을 사랑하여 내린 심판으로 받아들이고 더 철저한 민족종교를 구축시켜 나갔다. 바벨론에는 성전이 없어서 제사를 지낼 수 없었기 때문에 나름대로 종교교육의 산실로 회당제도가 등장하였다. 회당에서는 기도, 찬송, 강연을 개최하는 예배적인 모임이 있었다.[72] 이와 관련해서 율법 교사들의 위치가 전면으로 드러났고, 안식일의 비중이 높아졌다. 또한 할례, 금식, 음식에 관한 규정, 정결의 규정 등을 중요하게 여기기 시작했다. 제의적인 대용형태로서 포로민들의 핵심을 야훼신앙에 밀접하게 묶어 확고하게 굳혀나갔다. 이 시대에 결정적인 역할을 감당한 사람이 느헤미야와 에스라다. 이들은 서로 다른 시대에 활동을 했으나 유대교의 결정에 중대한 역할을 담당하였다.

느헤미야의 개혁은 정치적이며 사회적인 영역이었다. 그는 예루살렘의 축성과 더불어 유다 인구의 1/10을 추첨하여 예루살렘으로 이주시켰다(느11:1). 이 조처는 성벽 재건을 강력히 반대하고 나선 사마리아의 산발랏(느4:1), 암몬의 도비야(느4:3), 아랍의 게셈(느2:19), 그리고 아스돗(느4:7)인에게 상당한 힘으로 작용하였다. 이 외에도 안식일 준수를 강행하였으며(느10:31,13:15-22), 외국여인과의 결혼반대(느10:30,13:23-31), 모국어인 히브리어를 잃어버린 사실을 책망(느13:24)하였다. 그는 새로운 종교적인 사상을 만들지 않고 현상유지만을 하였다. 그는 외적인 안전들을 위한 조건을 갖추었으며, 유다와 예루살렘 예배 공동체의 견고함을 이룩하였다. 이제 유대인들에게는 느헤미야가 수행하지 않았던 종교적인 개혁을 절실히 필요로 하였다.

이때 학사 에스라가 등장한다. 에스라는 아닥사스다 왕 제 7년에 예루살렘으로 올라왔다(스7:7-8). 그는 이스라엘 하나님 야훼께서 주신바 모세의 율법에 익숙한 학사였으며, 제사장 가문의 고급관리였다(스7:1-6). 또 그는 바빌로니아로부터 백성들, 제사장들, 레위인들, 노래하는 자들, 문지기들, 도합 약 1,500여 명과 그 밖에 많은 재물을 가지고 귀향하였다(스8장).

에스라가 귀향할 때는 이미 유대교의 기초가 되는 율법이 완성된 상태였다. 이 율법책을 갖고 귀향하여 율법에 의한 유토피아를 건설하고자 하였다. 그렇다면 그의 율법은 어떤 내용으로 구성이 되었을까? 포러의 글을 인용하고자 한다.

> 오경 안에는 더구나 포로기 이전의 자료층들이 편집되었지만, 그것은 제사문서 안으로 들어간 포괄적인 율법 수집록들과 함께 새롭게 요약, 정리되었으며, 전체를 지배하고 있는 통일된 기본사상은 새 것이었다. 아론 계열에서 나온, 실제로 통치자의 지위에 있는 최고 제사장을 우두머리로 한 배타적인 제사장적인 교권제도의 구성(조직)은 특징적이다.[73)]

에스라가 예루살렘으로 오기 전에 이미 완성된 율법을 토대로 유대교의 예배활동이 시작된다. 그의 첫 번째 활동이 이 율법을 백성들 앞에서 낭독한 것이다(느8:1-12). 그들로 하여금 율법책의 규정에 따라 초막절을 지키도록 하였으며(느8:13-18), 율법을 준수하겠다는 언약을 백성들로부터 받아내었다(느9:38).

에스라의 두 번째 활동은 율법을 강력하게 적용시키는 일이었다.

느헤미야는 단지 이방인들과의 통혼을 금하는데 그쳤는데 에스라는 기존의 혼인한 사람들을 강제로 해소시켜 버리려고 하였다. 이 뜻을 이루기 위하여 통혼의 정도를 조사할 위원들이 임명되었다. 세달 후에 이 위원회는 일부 제사장과 레위인들이 포함된 범법자들의 명단 작성을 완료하였다(에10:16-43). 불행히도 강제로 이방 여인들과 이혼시키고 거룩한 종족으로 정화하려던 에스라의 시책과 노력이 결과에 대해서는 침묵을 지키며 아무런 언급도 없다. 모든 상황으로 보아 에스라의 이 시책은 중단되었고 결코 완결되지 못하였던 것 같다.

이러한 정황으로 볼 때 바벨론 포로후기의 상황은 굉장히 혼란되고, 복잡한 사회였음을 알 수 있다. 그 모든 것은 앗수르와 바벨론의 멸망당한 이스라엘 백성들은 아직도 자신들만 옳고, 상대방은 무조건 잘못됐다는 생각때문에 그들의 앞길은 온전할 수 없었다.

필자가 연구한 정황으로 볼 때, 포로 후 이스라엘이 공존할 수 없었던 것은 배타적인 성격의 율법을 완성시켜 적용시키려 한 데서 온 부작용이라고 본다. 이미 정착해서 70여 년을 살았던 본토인을 강제로 내보내서는 안 된다. 이는 출애굽한 이스라엘 백성들이 강제로 가나안 원주민을 내보내려고 한 것이다.

또한 포로민들이 자신들의 입맛에 맞게 작성한 율법을 적용시켜 자기들은 거룩한 백성이고 다른 사람들은 악한 사람으로 내모는 것은 절대 다수였을 본토인들이 이해할 수 없었을 것이다. 이러한 이유 때문에 이스라엘은 하나가 될 수 없었고, 또한 독립할 수도 없었을 뿐만 아니라 그들이 바라던 평화는 이루어지지 않았다.

예수 그리스도의 평화

7. 중간시대의 평화

남북왕조의 멸망과 바벨론 포로생활의 고통으로 유다민족은 야
훼신앙으로 결집하게 된다. 그 결집의 결과 학사 에스라를 통하여
율법을 완성하게 된다. 이 율법은 강력한 민족주의의 부활을 지향하
며, 타민족과 문화 모든 면에서 배타적인 자세를 취한 것이다. 그 결
과 귀환 했지만 자신들만이 유다의 남은 자들이라 생각하고, 동족들
과 공존과 공생과 공영하며 평화를 누리려고 하지 않았다. 이러한
사상 때문에 성전재건이 늦어졌고, 토착민들의 강력한 반발 때문에
그들이 바라는 율법으로 인한 유토피아는 이루어지지 않았다. 이러
한 갈등 속에 유대민족은 중간시대를 맞이한다.

1) 중간시대의 팔레스타인

페르시아 왕 다리우스 I 세의 재위 후기에 중요한 사건은 헬라와
페르시아 간의 적대관계가 시작되었다. 헬라 도시들과 키프로스가
아테네인들의 부추김과 지원 하에 주전 499년에 페르시아에 반기를
들었다. 다리우스는 헬라를 침공하였으나 마라톤 전투에서 결정적
으로 패하였다(B.C.E.490). B.C.E.486년 초에 애굽에서 반란이 일어
났다. 그해에 다리우스가 죽음으로써 애굽을 복속시키고 헬라를 침
공하는 일은 후계자인 크세르크세스의 헬라 대원정이 페르시아의
대 실수임이 판명되었다. 헬라 동맹군은 소아시아와 키프로스까지
쳐들어갔다. 이때 크세르크세스는 그의 고관 아르타바누수에게 살
해되었고, 그의 뒤를 이어 막내아들인 아닥사스다 I 세(B.C.E.465-
424)가 승리한다. 왕위쟁탈전을 벌이는 동안 이집트는 반란을 일으
킨다. 그러나 애굽은 B.C.E.455년에 다시 페르시아의 통치하에 들
어간다.

이집트의 반란에 이어 페르시아와 아테네는 칼리아스 평화조약
(B.C.E.449년)을 통해 아테네는 이집트와 키츠로스 문제에 간섭하지
않고 페르시아 왕은 소아시아의 남쪽 해안을 따라 잇는 헬라 도시들
에서 손을 떼기로 합의하였다. 아닥사스다가 죽자 형제간의 권력투
쟁이 일어난다. 그의 세 아들의 재위기간은 합해서 1년도 채우지 못
했다. 네 황제의 해에 크세르크세스 II 세, 디아노스, 다리우스 II 세
(B.C.E.424-405)는 각각 전임자를 죽이고 왕위에 올랐다. 이 시기에
이집트에서는 불만이 확산되고, 엘레판틴의 유대인 군사 식민지에
있던 야훼성전이 파괴되었다. 아닥사스다 II 세(B.C.E.405-359)가 자
기 동생 고레스와 싸우고 있는 동안 파라오 아미르테우스(B.C.E.404-
399)가 이끄는 애굽은 독립을 얻었다. 60년(B.C.E.404-343)과 세 왕
에 걸친 시대(제28왕조에서 제30왕조)에 애굽은 독립을 유지하면서
수리아—팔레스타인을 침공하는 등 페르시아에 대한 반격을 개시하
였다. 이집트는 지중해에서 페르시아에 대적하는 나라들과 우호관계
를 맺으며 팔레스타인의 해안평지를 따라 세력을 확장하여 페니키아
까지 이르렀다. 한동안 이집트는 에라보라스의 도움으로 두로와 시
돈을 장악하였다. 이 사이에 아닥사스다 II 세가 죽자, 야망있고 무자
비한 그의 아들 오코스(아닥사스다 III 세, B.C.E.359-338)가 즉위하였
다. 이때 페르시아는 이집트를 침공하여 B.C.E.342년에 정복한다. 그
후 가끔 소요가 있기는 하지만 B.C.E.332년에 알렉산더 대왕에 의해
해방될 때까지 페르시아의 통치하에 있었다.[74]

아리스토텔레스의 가르침을 받은 마케도니아의 빌립의 아들 알
렉산더(주전336-323년)는 희랍의 도시국가들을 통합한 후,
B.C.E.334/3년에 역사의 무대에 오른다. 이때 시리아—팔레스타인
은 거의 저항 없이 항복하였다. 알렉산더의 동방원정은 바빌로니아
와 수사, 페르세폴리스 및 인더스강에 이르기까지 계속되었다. 이로

예수 그리스도의 평화

써 약 1500여 년 동안이나 팔레스타인에 거의 절대적인 영향력을 끼쳐왔던 이집트, 바빌로니아, 페르시아 등은 기원전 4세기 이후 그 세력이 약화되면서 팔레스타인의 역사의 무대로부터 물러나게 되었다.[75]

알렉산더의 등장은 근동의 정치사와 문화사에 새로운 장을 열었다. 그의 꿈은 동서 세계의 통합(Cosmopolitanism)이었다. 그의 사상은 희랍의 스토아 철학에 기초한 것으로서, 하나의 세계, 하나의 시민권을 꿈꾸는 통합을 주요한 개념으로 이해하였다. 하나의 문명이 다른 문명과 문화를 통합시켜 나가는 과정에서 자연히 발생하게 되는 혼합주의(Syncretism)현상을 그 바탕으로 삼고 있다. 이 사상체계를 헬레니즘(Hellenism)이라 부른다.[76]

알렉산더는 단시일 내에 인도까지 점령한 중동지역의 군주로 유명하다. 이에 중동은 헬레니즘 문화에 싸이다. 헬레니즘이란 말은 알렉산더대왕 이후 약 3세기 동안의 문명을 표현하는 말이다. 지역적으로 동방과 서방을 잇는 길목에 위치해 있기 때문에 팔레스타인은 헬라문화를 전파하는 가교역할을 하였다. 지엽적인 위치 때문에 아주 초기부터 디아스포라 유대인(흩어져있는 유대인 공동체)과 본토의 유대인들은 그들의 일상생활과 종교영역에 헬레니즘 문화의 영향을 강하게 받았다. 유대인 공동체는 시리아, 안디옥, 다마스커스, 소아시아, 마케도니아, 그리스, 사이프러스, 키레네, 로마 등지에 설립이 되었다. 이들은 어떤 시대이든 종교의 자유를 누렸다. 상당히 일찍부터 이집트에도 유대인들의 정착해 살고 있었다. 그 정착지 이름이 알렉산드리아이다. 이곳은 구약성서를 그리스어로 번역하는데 그 번역본 이름이 '70인역' 이다. 이 역본은 애굽의 프톨레미2세가 왕명으로 72명의 장로들에게 성서번역을 위촉한 결과로 나왔다는 전설이 있다.[77] 이로써 유대인들은 그들의 히브리어와 아람어를 잊게 되며, 헬레니즘화되어 삶 속에 깊숙이 들어온 것은 이방인의 문화였다. 이에 이방 문화가 종교에까지 침투하게 된다.

알렉산더가 죽자 세 장군들의 권력 싸움이 시작된다. 이들은 알렉산더의 고향 마케도니아를 차지한 안티고누스와 이집트 및 리비아를 차지한 프톨레미, 그리고 시리아 팔레스타인과 페르시아를 장악한 셀루커스이다.[78] 프톨레미와 셀루커스의 신교(信敎) 자유 정책으로 인하여 유대교와 헬레니즘이 공존할 수 있었다.[79]

두 세력 간의 공존은 많은 갈등을 불러 일으켰다. 특히 토비아스(Tobias)와 오니아스(Onias) 사이에 심한 경쟁이 있어 특히 대제사장직에 영향을 미쳤다. 이 싸움은 안티오쿠스IV세(B.C.E.175-163) 때 절정에 이른다. 헬라주의자들이 안티오쿠스에게 뇌물을 주고 여호수아를 대제사장에 임명하였다. 예루살렘을 헬라적인 양식에 따라 재정비하도록 명령을 내렸다. 그리하여 예루살렘에는 경기장이 세워지고 많은 유대인들은 그리스풍의 의복을 입게 되었으며 경기를 하기 위해서는 할례를 받지 않는 사람들도 있었다. 정통파 유대인들, 특히 핫시딤(Hasidim)이나 경건주의자들(바리새파의 전신)은 이러한 사실에 몹시 분노했다. 그래도 대제사장 야손(Jason)이 정통파의 일원이라는 사실로 위로를 얻고 있었다. 그러나 대제사장 가문 출신이 아닌 메넬라우스(Menelaus)가 토비아스 가문의 도움과 상대방보다 더 많은 뇌물을 왕에게 바쳐 야손을 몰아내고 대제사장이 되었다.[80] 이로 두 파의 적대감정은 더욱 심화되어 헬라파와 비헬라파의 싸움이 예루살렘으로 벌어지게 되었다. 이는 유대인과 시리아인의 싸움이 아니라 헬라주의 유대인과 정통파 유대인들의 싸움이다.

이러한 면을 볼 때 유대인들은 이방민족의 속국으로 있으면서도 단합과 단결을 이루지 못하고, 공존과 공생을 이루지 못하였다. 왕국시대는 남북이 하나가 되지 못하였고, 중간시대에는 사상과 문화

 | 예수 그리스도의 평화

에 의해 하나를 이루지 못한 것이다.

2) 중간시대의 네 분파의 갈등과 대립

예루살렘이 이처럼 혼란된 상황에 있을 때, 안티오쿠스는 헬라문화와 종교를 통하여 그의 왕국을 통일시키는 정책을 전개해 나갔다. 유대인들이 자신의 신복 메넬라우스를 대제사장직에서 몰아내려 한 것을 자신의 왕권을 모독한 행위로 간주하고 야손을 추방하고 메넬라우스를 복직시켰다. 그리고 유대인들을 대량 학살토록 했다. 헬라 정책은 대부분 유대인들의 강한 반발을 샀다. 특히 그들은 메넬라우스를 대제사장으로 인정하기를 거부하였다. 드디어 그는 유대교를 소탕하기로 작정하였다(B.C.E168).[81]

이때 나온 정책이 '유대인들은 이교도들의 관습을 따를 것, 성소 안에서는 제사 행위를 하지 말 것, 안식일과 기타 축제일을 지키지 말 것, 성소와 성직자들을 모독할 것, 이교의 제단과 성전과 신당을 세울 것, 돼지와 부정한 짐승을 희생제물로 잡아 바칠 것, 사내아이에게 할례를 주지 말 것, 음란과 더러운 일로 스스로 몸을 더럽힐 것, 율법서를 저버리고 모든 규정을 바꿀 것, 이상과 같은 명령을 따르지 않는 자는 사형에 처한다'[82]는 것이다. 이러한 정책에 당시 제사장 가문 출신의 마타디아스가 다섯 아들을 데리고 광야로 들어가 저항운동을 시작했다. 그들의 목표는 어디까지나 종교의 자유와 예루살렘에서 성전 제의의 회복이었다. 이때 율법에 열심인 하시딤도 합세하였다. B.C.E.166년에 마타디아스가 죽은 후 마카비의 저항운동이 시작된다. 마카비는 마타디아스의 세 아들, 유다(B.C.E.166-160), 요나단(B.C.E.160-143), 그리고 시몬(B.C.E.142-134)에게 주어진 별명이다.[83]

마타디아스가 죽자 그의 셋째 아들 유다가 지휘관이 된다. 그는
종교적인 인품보다는 군사적이고 정치적인 역량을 가진 유다민족의
영웅이었다. 몇몇 전투에서 승리하고 예루살렘의 제우스 제의를 제
거하였다. B.C.E.164년 12월 25일에 레위인의 희생 제사를 부활시켰
다. 이를 기념하여 하누카(Hanukkah), 즉 성전 봉헌일을 제정했
다.[84] 이후 얼마동안 유대인들은 평화를 유지하나 B.C.E.160년 베레
아 전투에서 이스라엘의 영웅 유다가 전사하자 그 평화는 곧 깨어지
고 말았다. 그의 후계자는 막내 요나단이었다. 그는 비상한 외교술로
국제정치의 변화에 매우 적절히 대처하였다. B.C.E.150년에 왕으로
자색 옷을 입고 당당히 나서게 되었다. 이로써 왕과 대제사장의 역할
을 담당하였다. 이것은 하스몬 일가가 유다의 공식적인 통치권을 가
지게 되었다는 점에서 큰 의의를 가지게 된다. 동시에 예루살렘에 성
전이 세워진 후 계속되어 오던 사독 가문의 제사장의 전통은 무너지
게 된 셈이다.[85] B.C.E.143년에 스키토폴리스(Scythopolis) 전투에서
요나단은 포로로 잡혀가 처형당한다. 시몬이 그의 뒤를 이어 많은 공
을 세운다. 시몬은 데메드리오 II 세(B.C.E.145-138)와 동맹을 맺으면
서 세금을 면제받는 특권을 얻게 되었다. 무엇보다도 시몬은
B.C.E.140년에 유대인의 대사제이며, 사령관이며 지도자로 불리게
된다. 이것은 이스라엘의 독립을 의미하는 것이었다. 이로써 모디인
에서 반란 이후 25년 간의 전쟁이 끝나고 B.C.E.586년 예루살렘이
멸망한 이후 약 444년 만에 처음으로 독립 국가를 세우게 된 것이
다.[86] 종교의 자유를 위한 이들의 노력은 정치적 자유를 얻는 데까지
이른 것이다.

　시몬은 욥바, 게셀, 예루살렘을 점령하고 요새를 짓는다. 그리고
로마와 스파르타와 동맹을 갱신하여 그의 지위를 굳혀갔다. 그러나
B.C.E.134년에 프톨레미의 아브보스에 의해 시몬이 암살됨으로 마

카비의 다섯 형제가 영웅적이며 헌신적으로 싸웠던 30년간의 전쟁은 끝난다. 이후 주변 국가들에 의해 영토는 다시 위협을 받게 된다. 프톨레미의 음모에 살아남은 시몬의 아들 히르카누스는 즉각 예루살렘에서 통치자에 취임한 후 3년에 걸친 전쟁을 치르면서 영토를 확장시켜 나갔다. 이로써 하스몬 왕조가 등장한다.

B.C.E.128년에 세겜과 그리심산에 사는 사마리아인들을 공격하여 알렉산더 대왕이래 유지되어 오던 사마리아인의 성전을 파괴하고, 그곳에서 오랫동안 행해오던 이단적인 유대교 제의를 금지시켰으며, 이에 요단 동편의 마다바, 사모가, 이두메 지방의 아도라, 마리사 등지를 점령하여 결정적으로 유다의 영토와 인구를 늘려갔다. 그의 통치기간은 매우 평화로웠으나 바리새파 사람들이 하르카누스에게 대제사장직을 포기할 것을 요구하였다. 이에 분노한 하루카누스는 사두개파 친구인 요나단과 사두개파 사람들을 등용하고 바리새파 사람들을 제거하고 쫓아내어 버렸다. 일반적으로 알려진 바로는 여기서 쫓겨난 사람들이 사해의 에세네파의 기원이 된다.

기억할 것은 마카비 저항 때부터 이스라엘은 평화로운 나라를 이룩할 수 있는 기회를 또 다시 놓쳤다. 그 이유는 서로 간의 권력다툼과 율법해석으로 인해 생겨난 파벌 때문이다. 중간시대에 있어서 바리새파, 사두개파, 에세네파, 젤롯당은 신약시대에 공존할 수 없는 폐쇄적인 율법해석과 사고방식을 가진 당파이다. 이러한 당파들의 출현으로 하스몬 왕가는 평안할 날이 없었다.

하스몬 왕조 시대에 대제사장직 다툼으로 바리새파, 사두개파, 에세네파가 형성되었다. 이 당파들의 형성은 정치적인 것 같지만 엄밀히 말하면 헬레니즘의 수용과 거절 때문에 형성된 것이다. 이때부터 유대교는 팔레스타인 유대교와 헬라적 유대교로 엄격히 나누어졌다. 그 분파의 성격을 살펴보고자 한다.

(1) 사두개파(Sadducees)

사두개파란 이름은 솔로몬 시대의 대사제 사독으로부터 유래된 것으로 본다(삼하8:17,겔15:24,왕상1:34). 사독의 자손들은 포로시기에 세습적으로 제사장직을 맡았다(대하31:10,겔40:46,48:11). 사두개파는 제사장 가문에 속한 자들을 이르는 명칭으로 사용되었다. 이들의 숫자는 극히 소수였으나 학식을 겸비한 자들로서 특히 그 나라의 계급사회에 영향력을 행사하였다. 아리스토불루스II세(B.C.E.67-63년)가 통치하에 다시 막강한 세력을 장악하였으나 헤롯에 의하여 박해를 받고 그 수효가 감소되었다.[87] 그들 가운데 돈 많은 상인들, 정부 관리들, 그리고 기타 특수층이 많았다. 종교단체라기보다는 사회적으로 고위층에 있는 사람들끼리 모인 단체로서 현 위치를 그대로 고수해 보자는 뜻에서 형성된 단체라고 볼 수 있다.

이들은 토라의 최고 권위를 믿으며, 구전 율법은 인정하였으나 바리새파의 유전은 용납하지 않았다. 육체의 부활은 동의하지 않았으며(눅20:27-40,행23:8), 사후의 심판을 부정했다. 천사와 영들의 존재를 반박하였으며 메시야의 출현을 대망하지 않았다. 바리새파는 토라가 신앙의 중심이었다면 사두개파는 토라가 신앙의 외곽이었다.[88]

이러한 차이 때문에 두 파는 항상 대립의 관계에 있었다. 종교와 정치에서 자리다툼과 권력다툼을 일삼았다. 서로 협력한 것이 있다면 예수 그리스도를 십자가에 못 박는 일 밖에 없었다.

(2) 바리새파(Pharisees)

바리새란 명칭은 해설자(구전 율법의 일로 성서를 해설하는 사람). 혹은 분리주의자(부정한 일들로부터 혹은 산헤드린에서 '추방당했다' 는 의미에서) 등으로 해석한다. 그러나 어원학적으로 분리

예수 그리스도의 평화

하다 는 히브리어와 관련시켜 분리주의자라고 알려지게 되었다.[89]

　바리새주의의 발전에 기여했던 요인들 중의 하나는 율법주의, 즉 바벨론에서 시작된 토라종교였다. 바벨론에서의 귀환 이후 성전제사의 확장으로 회당에서의 율법공부가 강조되었기 때문이다. 두 번째는 국가주의의 정신이다. 박해와 고립이 이 정신을 조장시켰는데 유대인들이 소수였던 바벨론 포로시기에 발전하였고, 또한 귀환 후에도 정세들이 그들로 하여금 다시 그들의 동질성과 국가의 구현을 강조하게 하였다. 세 번째는 하시딤의 발현이다. 종교가 세속화되어 가는 것을 보고 경악하며 모든 수단을 동원하여 헬라화시키려는 자들의 노력을 배격하는 특수한 계급이 되었다.[90]

　이들은 전 재산의 십일조를 준행하였고, 불결한 사람과 접촉을 피하였으며, 이방인과의 통혼을 엄격히 구분하였다. 복장은 다른 파와 구분하였으며, 경문[91]을 넓게 하여 옷 술을 크게 하였다. 바리새파에 서기관이었다. 율법에 대한 헌신과 종교적 열심으로 하층 계급의 사랑을 받았으며 그들이 지닌 민중에 대한 영향력 때문에 상류 계급자들은 그들을 두려워하였다. 사두개파는 그들의 적수였다.

　이들은 알레고리칼(Allegorical)한 성서 해석법을 사용하였으며, 죽은 자의 부활 교리를 강조하였고, 모든 섭리를 하나님께 돌렸다. 이들의 성향은 안식일 준수, 길게 기도함, 불필요한 십일조를 바치며, 자주 금식하고, 경문을 넓히며, 여러 가지 많은 의식상의 결례를 행하였다. 그들은 자만하여 탐욕스럽고, 시장에서 인사받으며, 랍비라 불리는 것을 좋아하며, 회당과 연회에서 스스로 상석에 앉으며, 다른 사람들을 무시하였다.[92] 그들이 예수님과 적개심을 갖은 원인은 안식일을 지키지 않았고, 세리와 죄인들과 어울리며, 구약에서 예언한 메시아임을 자처하였기 때문이다.

(3) 에세네파(Essenes)

에세네파가 처음 나타난 것은 하스모니아 왕가의 말기이다. 에세네란 말은 아람어 하센(Hasen)에서 나온 말로, 마카비나 마타티안이 독립운동을 벌일 때 이들을 도운 무리들인 핫시딘으로서, 이들은 가난과 청빈과 경건한 신앙생활을 한 에비온파와도 연관이 되었다.[93]

이들은 모세의 율법과 바리새와 사두개의 율법적인 종교를 싫어하여, 여리고 남방 16Km 사해 쪽 쿰란에 그들만의 공동체를 형성하였으며, 모든 것을 자급자족하였고, 율법서를 제외한 선지서와 시문서등을 애독하며 청빈과 겸손과 신령한 공동체를 이루었다.[94] 이들을 쿰란 공동체라 한다.

쿰란에서 발견된 사본들은 이사야서를 비롯하여 약 1백 70여 종이나 되었는데, 이중에서 에세네 복음(The Gospel of Essenes)을 비롯하여, 주후 70년 로마에 의하여 예루살렘 성전과 유다 지역이 불타고 마사다가 함락되기 이전까지의 에세네파 유대인들의 역사와 사상이 잘 보관된 귀중한 자료들이 있었다.[95]

사회와 분리된 생활을 하였기에 1947년 사해사본이 발견되기 전까지는 잘 알려지지 않았던 공동체였다. 이들은 나름대로 성경을 해석하며 종말사상에 입각하여 메시야를 기다렸다.

(4) 열심당(Zealots)

예수의 열두 제자 중에 아주 특이한 언급을 하는 이가 있다. 가나안인 시몬이다. 마가와 마태복음에서는 가나안인 시몬(마10:4,막3:18) 이라고 되어있지만 누가복음에서는 셀롯이라 하는 시몬(눅6:15)이라고 되어 있다. 이는 아람어로 된 가나안인 시몬이다. 그러나 누가복음에서 이를 셀롯(Zealt,열심당,애국당이라는 시몬)으로 바뀐 것이다.[96] 이는 마가복음을 낼 당시는 셀롯을 밝힐 수 없는 처지였다. 이들은 비밀리 나라의 독립을 위하여 로마에 항거하며 지내었기 때문이다.

이들을 단순히 토라에 대한 열심있는 자로 보는 견해가 대부분이다. 그러나 그들의 행동을 추적해 보면, 토라에 의지한 민족주의적인 열심이었다. 그들은 예루살렘이 멸망당한 후 근거지를 맛사다로 옮겨 완전히 멸망당할 때까지 로마에 항거하였다. 이들은 토라의 말씀에 의지하여 이방인과 가까이 하지 않고, 자신들만을 위한 하나님으로 굳게 믿고, 어느 민족과도 동화하지 않으려고 하였다.

이상에서 살펴본 대로 중간시대를 이끌었던 네 분파는 자신들의 생각과 자기파만이 옳다는 생각으로 다른 어느 누구와도 타협을 하지 않았다. 서로에게 적이 되어 자신들의 생각과 주장을 위하여 목숨까지도 기꺼이 버리는 어리석은 일들을 저질렀다. 이러한 생각 때문에 그들은 한 민족이 서로 사랑하지 않으며, 공존과 공생을 하지 않았기 때문에 독립된 나라는 물론 평화를 이루지 못하였다. 이러는 사이에 헬라문화는 팔레스타인뿐만 아니라 동서양을 잠식하여 사회와 종교, 그리고 문화 전반에 걸쳐 지배하게 되었다.

8. 예루살렘의 멸망

이스라엘 백성들은 남북 왕조가 멸망당하는 뼈아픈 경험을 하였다. 바벨론 포로에서 같은 민족임을 확인했고, 서로 돕고 의지하며 공생하는 방법을 배워 평화롭게 지낼 수 있었다. 이스라엘의 역사에 있어서 이때가 가장 평화로운 시대였음을 공감할 것이다. 그러나 귀환 후 다시 민족종교로 환원이 되는 것을 살펴보았다. 귀환한 그들은 어떤 누구와도 타협을 하지 않고 자신들의 주장이 옳다고만 생각했다. 율법 해석을 중심으로 네 분파와 그 외의 많은 분파를 형성하여 싸움을 일삼든지 아니면 유대 사회를 떠나 분리된 공동체를 형성하여 메시야를 기다렸다. 같은 민족끼리도 타협하지 않고, 모든 생각과 의견들을 공유하지 않는 것은 멸망의 길을 자초하는 것이다. 그들이 멸망의 길을 가고 있다는 것은 과거사를 보면 알 수 있었을 것이다. 북 이스라엘이 앗수르에 멸망을 당하고, 남 유다도 바벨론에게 멸망을 당했다. 바벨론 포로에서는 큰 교훈을 얻었다. 서로 의견을 나누고, 공감대를 형성하고, 공존하는 방법을 배웠지만 자신들의 삶의 터전을 잡았을 때에는 모든 것을 잊어버렸다. 이스라엘 백성들이 평화를 누릴 수 있는 방법은 서로 사랑하는 것인데 서로 사랑하는 것을 잊어버렸다. 그 결과는 처참했다.

1) 예루살렘의 멸망

예루살렘은 멜기세덱에서부터 언급이 된다. 이스라엘 백성이 가나안을 정복할 때 여부스 족속들이 살았지만 다윗에 의해 정복당하고, 솔로몬이 성전을 세움으로 이스라엘의 종교와 정치의 중심지가 되었다. 솔로몬은 이스라엘의 평화를 위하여 성전을 세웠지만 오히려 예루살렘은 분쟁의 중심지가 되어버렸다. 성전이 들어서면서 이스라엘 백성들에게 고통과 부담을 안겨주는 장소가 되어버렸다. 솔로몬 이후 남북으로 갈리면서 모든 명목은 사라지고 분쟁의 씨앗이 되어버렸다. 멜기세덱부터 평화의 도성이었으며, 평화를 위하여 성전을 세운 예루살렘이 왜 이렇게 되어버렸을까?

너도 오늘날 평화에 관한 일을 알았더면 좋을 뻔하였거니와 지금 네 눈에 숨기웠도다. 날이 이를지라 네 원수들이 토성을 쌓고 너를 둘러 사면으로 가두고 또 너와 및 그 가운데 있는 네 자식들을 땅에 메어치며 돌 하나도 돌 위에 남기지 아니하리니 이는 권고받는 날을 네가 알

예수 그리스도의 평화

지 못함을 인함이니라(눅19:42-44).

　예루살렘이 분쟁의 중심지가 된 것은 본래의 목적을 상실하고, 평화에 관한 일을 알지 못하였기 때문이다. 예루살렘은 평화에 관한 일을 실천하는 것 보다는 율법을 갖다놓고 자기들끼리 분쟁하는 장소가 되어버렸다. 올바른 말을 하고, 율법을 바로 해석하는 선지자들에게는 무덤과 같은 곳이 되어버렸다. 이러한 예루살렘의 말로를 이야기해 주고 있다. 네 자식들을 땅에 메어치며 돌 하나도 돌 위에 남기지 아니하리니……예루살렘의 모든 자녀들이 처참하게 죽임을 당할 뿐만 아니라 견고한 성 자체도 남기지 않을 것을 이야기하고 있다.

　멸망당할 때 예루살렘의 처참한 상황은 원복음인 마가복음에 더 자세히 나오고 있다. 이는 그 날들은 환난의 날이 되겠음이라 하나님의 창조하신 창조부터 지금까지 이런 환난이 없었고 후에도 없으리라(막13:19). 예루살렘이 멸망의 처참한 상황을 그대로 전해주고 있다. 성경에서 창조 후 가장 처참하게 멸망당한 때가 노아홍수라고 할 수 있다. 이때는 살아있는 모든 생명이 죽임을 당했다. 마가복음에 의하면 예루살렘의 멸망은 이에 상당한 것이었다.

　마태복음에서도 마가복음과 같이 증언을 하고 있다. 그런데 마태복음에서는 더 자세히 그리고 확신에 찬 증언을 하고 있다. 이는 그때에 큰 환난이 있겠음이라 창세로부터 지금까지 이런 환난이 없었고 후에도 없으리라(마24:21). 내가 진실로 너희에게 말하노니 이 세대가 지나가기 전에 이 일이 다 이루리라 천지는 없어지겠으나 내 말은 없어지지 아니하리라(마24:34-35). 예루살렘의 멸망을 확신하며 과거형으로 쓰고 있다. 이는 예루살렘의 멸망을 지켜본 저자가 이루어진 후에 복음서를 썼기 때문에 과거형으로 기록했을 수도 있다. 하지만 분명한 것은 예루살렘의 멸망이 처참한 멸망이었음을 강조하는 것이다. 이러한 말씀의 신빙성은 천지를 걸고 맹세하고 있다. 천지는 없어지지만 예수께서 하신 말씀은 없어지지 않고 이루어진다는 것이다.

2) 유대 민족의 멸망

예루살렘의 멸망과 함께 열성당원들은 마사다로 옮겨 끝까지 항거하였다. 마사다는 암벽은 우뚝 솟은 원주의 형태로 사방이 깊은 계곡의 급경사이며, 계곡의 절벽은 눈으로 볼 수 없을 정도로 깊이가 상당히 깊고 가파랐기 때문에 두 곳을 제외하고는 사람이든 동물이든 걸어 올라갈 수 없었다. 한 통로는 동쪽으로 아스팔티티스 호수까지 이르렀으며, 또 하나는 오르기가 좀 쉬운 통로로 서쪽으로 이어졌다. 이 위에 대제사장 요나단이 최초로 요새를 건축하였으며 그것을 마사다라 불렀다. 요나단 다음으로 헤롯왕이 심혈을 기울여 건축하였다.[97] 외부에서 식량의 부족 현상이 발생했을 때에 요새 안에 있는 자들은 경작지를 통해 기근을 겪지 않도록 만들어졌다. 비축한 식량은 잘 보존되도록 되어 있으며, 100년 동안 저장해도 변질되지 않도록 되어 있다. 당시 헤롯이 비축한 식량으로 만 명이 사용하기에도 충분했다.

이러한 요새에 로마의 지휘관 실바가 포위하고 공격하기 시작했다. 토성을 쌓고 아무도 도망을 가지 못하게 한 다음 공격을 단행했다. 로마 군인들이 공격해 오고, 견고했던 마사다가 위기에 처하게 되자 엘르아살은 유대인들이 당할 것들, 특히 부녀자들과 아이들이 당하게 될 것을 눈앞에 그려보면서 자살할 것을 권고했다. 자살은 유대인들이 생각하는 가장 큰 죄를 저지르는 것이다. 자신들이 짊어질 죄를 생각했는지 처음에는 자살을 하려 하지 않았다. 그러나 엘르아살의 권고에 자살을 단행하게 된다. 이 때의 상황을 요세프스는 다음과 같이 전하고 있다.

> 10명을 뽑아 그들 각자 자기들의 처자식 옆에 누워서 주위에 무기를 내려놓고 10명의 뽑힌 집행자에게 목을 내밀었다. 이에 10명의 집행 자들은 두려움없이 모든 사람들의 목을 잘라냈으며, 이들도 제비뽑기 를 통해 제비뽑힌 한 명이 먼저 9명을 살해하고서 제일 나중에 자살 하였다.[98]

이 때 학식이 뛰어나고 여인들 가운데 단련이 잘된 나이 많은 한 여인과 엘르아살의 친척인 한 여인은 대학살이 저질러지고 있을 때, 지하 동굴 안으로 5명의 아이들을 데리고 몸을 숨기러 도망쳤다. 이 렇게 해서 부녀자와 어린 아이들을 포함하여 960명의 희생자가 생 겼다. 이 비극적인 사건은 크산티쿠스월 15일에 발생했다(주후 73년 5월 2일경).[99]

이것으로 유대교와 유대인의 역사는 막을 내렸다. 열국의 아비, 평화의 아버지로 부름을 받은 아브라함의 자손인 유대교의 역사는 처참하게 막을 내렸다. 이와같이 결과는 예수께서 지적했듯이 평화 에 관한 일을 몰랐기 때문이다. 그들이 평화에 관한 일을 알았다면 양보와 이해와 관용과 용서와 사랑이 있었을 것이다. 그런데 그들에 게는 이러한 면이 없었다. 오직 배타적인 마음으로 한 치의 양보도 없이 독선만이 있었다. 이러한 면을 볼 때 예루살렘과 유대인의 멸 망은 당연한 결과였다.

제2장_각주

1) 최창모, 이스라엘사, 대한교과서주식회사, 1995, p.5.

2) 문희석, 성서와 고고학, 보이스사, 1997, p.175.

3) Coi Hunburger, The Guid to Art, Culture, Tradition and Leisure in Jerusalem, 1993/94, Keterpress. p.10.

4) 아가페 성경사전, 아가페 출판사, 1991, p.1057.

5) Ibid.,

6) 손병호, 복음과 구약, 한국복음신학연구원. 2003. p.299.

7) Ludwig Koehler and Walter Baumgarter, The Hebrew and Aramaic Lexicon of The Old Testament, E. J. Brill, Leiden. New York. K?ln. 1994, p.282.

8) Roland de Vaux, Das Alte Testament und seine Lebensordnungen, ? Verlag Herder KG Freiburg im Breisgau, 1964). 이양구 역, 구약시대의 생활풍속, 대한기독교 출판사, 1991. p. 78.

9) Georg Fohrer, Geschichte Israels, Von d. Anf?ngen bis zur Gegenwart/Georg Fohrer,-검열,증보된 3판-Heidelberg:Quelle und Meyer, 1982. 방석종 옮김, 이스라엘 역사, 성광문화사, 1999. p.47.

10) William L. Coleman, Christian Families, 성경시대의 상황과 풍습, 서울 말씀사, 2000, p.115.

11) Ibid., p.116.

12) J.A.Sanford, The Man Who Wrestled With God, 엄성옥 역, 하나님과 겨룬 자, 은성, 1988. p.50.

13) J. Bright, A History of Israel-Secound Edition, Whe Westminster Press, Philadelphia, 1971. 김윤주 역, 이스라엘의 역사 상권, 분도출판사, 1989. p.111.

14) Georg Fohrer, Ibid., p.45. 신21:17. 왕하 2:9.

15) William L. Coleman, Ibid., p.30.

16) 손병호, 구약과 복음, p.303.

17) John A. Sanford, Ibid., 16.

18) 오픈성경, 아가페출판사, 1987. p.35.

19) Friedman Richard, Who Wrote the Bible? , 손병호, 복음과 구약, p.68에서 재인용.

20) Ibid., p.305.

예수 그리스도의 평화

21) Georg Fohrer, Ibid., p.47.

22) John A. Sanford, Ibid., 20.

23) Ibid, p.23.

24) 손병호, 복음과 구약, p.307

25) 손병호 박사는 선민사상과 택민사상을 분류해서 사용했다. 선민사상은 보든 민족 중에서
    이스라엘의 열두 지파를 택했다는 이야기이며, 택민사상은 이스라엘 열두 지파 중에서
    유다 지파를 다시 택했다는 사상으로 사용하고 있다.

26) Israel Finkelstein and Neil Asher Silberman, The Bible Unearthed, 오성환 옮김, 성경 : 고
    고학이가 전설인가, 까치글방, 2002. p.61.

27) 손병호, 복음과 구약, p.310.

28) Claus Westermann, Tausend Jahre und ein Tag, 김윤옥, 손규태 공역, 구약성서의 맥, 한
    국신학연구소, 1992, p.58.

29) Ibid., p.52.

30) John A. Sanford, Ibid., p.103.

31) 손병호, 구약과 복음, p.315

32) 윤용진, 여호와의 전쟁신학, 도서출판 그리심, 1998. p.34.

33) 윤용진, Ibid., p. 64

34) Ibid., p. 59.

35) Ibid., p.69.

36) John Bright, Ibid., p.210.

37) 최창모, 이스라엘사, 대한교과서 주식회자, 1995. p.25.

38) Israel Finkelstein and Asher Silberman, The Bible Unearthed, p.105.

39) Ibid., p.111-121.

40) 최창모, Ibid., p. 27-31.

41) John Bright, Ibid., p. 212.

42) 최창모, Ibid., p.31. 이병렬 저, 에레쯔 이스라엘-히브리민족, 땅의 역사와 그 의미, 요단
    출판사, 1994, p.121.

43) Georg Fohrer, Ibid., p.26.

44) 손병호, 복음과 구약, p.337.

45) John Bright, Ibid., p.245.

46) J. Maxwell Miller and John H. Hayes, A History of Ancient Israel and Judah, 박문재 옮김, 고대 이스라엘 역사, 크리스천 다이제스트, p.99.

47) John Bright, Ibid., p.250.

48) John Bright, Ibid., p.271.

49) John Bright, Ibid., p.270.

50) John Bright, Ibid., p. 230.

51) Georg Fohrer, Ibid., p.89.

52) John Bright, Ibid., p. 290.

53) J. Maxwell Miller and John H. Hayes, Ibid., p. 163.

54) John Bright, Ibid., p.294.

55) J. Maxwell Miller and John H. Hayes, Ibid., p.144.

56) Ludwig Koehler and Walter Baumgartner, The Hebrew and Aramaic Lexicon of The Old Testament, Brill Leiden · Boston · Koln. 1999. p.1540.

57) J. Maxwell Miller and John H. Hayes, Ibid., p. 255.

58) J. Maxwell Miller and John H. Hayes, Ibid., p. 240.

59) Ibid., p. 284

60) J. Maxweller and John H. Hayes, Ibid., p.295.

61) J. Maxweller and John H. Hayes, Ibid., p.312-320.

62) Israel Finkelstein and Neil Asher Silberman, Ibid., p.216. John Bright, Ibid., p.386.

63) J. Maxwell Miller and John H. Hayes, Ibid., p. 381.

64) Israel Finkelstein and Neil Asher Silberman, Ibid., p.322.

65) 손병호, 복음과 구약, p.247.

66) J. Maxwell Miller and John H. Hayes, Ibid., p. 511.

67) Ibid., p. 541.

68) 최창모, 이스라엘사. p. 83.

69) Ibid.,

70) 최창모, Ibid., p85.

71) Georg Fohere. Ibid., p. 267-269.

72) Georg Fohere. Ibid., p 258.

73) Ibid., p258.

74) J. Maxwell Miller and John H, Hayes. Ibid,, p587-592.

75) 최창모, Ibid., p96

76) Ibid.,

77) D. S Russell, Between The Testments,임태수 옮김, 신구약 중간시대, 컨콜디아사 1997. p16.

78) 최창모, Ibid., p98

79) D S Russell Ibid., p28

80) Ibid.. p30

81) Ibid., p31

82) 최창모 Ibid., p106

83) D,S, Russell, Ibid., p33. 마카비는 엄격히 말하자면 유다에게만 사용되어야 하겠지만 일반적으로 그의 형제들에게도 사용되었다.

84) 최창모. Ibid., p107

85) Ibid., p108

86) Ibid., p109

87) Raymond.F. Surburg, Introduction to the intertestamental Period. 김의한 역, 신구약 중간사, 기독교 문서 선교회. 1984. p 83.

88) D.S Russell. Ibid., p 61.

89) Ibid., p58

90) Raymond F. Surburg. Ibid., p78.

91) 송아지 가죽으로 만든 경문은 신명기 6:6-8,11절과 출애굽기 13:1-16절에서처럼 이마와 손목에 매었다. 이는 바리새인을 손쉽게 식별하는 표식으로 쓰였다.

92) Ibid., p82.

93) 손병호, 예수의 복음, 393.

94) William Gentz, p.863. 손병호, 예수의 복음, p.392 재인용.

95) Ibid.,

96) Peter Connolly, Living in The Time of Jesus of Nazareth, Steimatzky, 1993, p.94.

97) Josephus, The Jewish War, Book IV-VII, 성서자료 연구원, 1991, p.365.
98) Ibid., p.382.
99) Ibid., p.383.

제3장
신약성서시대의 평화

앞장에서 구약시대의 평화를 살펴보았다. 이스라엘의 조상인 아브라함부터 중간시대까지 평화를 누렸던 시기는 아주 짧고, 이를 위하여 힘쓴 사람도 몇 안 된다. 사람들은 평화를 외쳤지만 평화를 이루는 방법이 너무 달랐다. 물리적인 힘으로는 진정한 평화를 이루지 못한다. 오히려 복수에 복수라는 악순환만 계속될 뿐이었다. 그럼에도 불구하고 평화를 이룬 사람들의 삶을 보면 그들은 양보와 용서와 이해와 관용과 사랑을 베푼 사람들이었다.

이삭의 경우를 볼 때 생명을 양보한 사람이다. 우물을 팠을 때 그랄 목자들과 다투어 여러 번 우물을 양보함으로 아비멜렉과 친구들과 화해하고 공존하며 더불어 평화를 이루었다. 요셉의 경우도 형들에 의해 애굽으로 팔려가는 억울함을 당했지만 형들을 용서하고 관용을 베풀었으므로 열국을 구원하는 업적을 남겼다. 분열왕국시대에는 오므리 왕조 때 남북왕조가 공존함으로 잠시나마 평화를 누린다. 바벨론 포로시대와 중간시대에도 서로를 이해하지 못하며 용서하지 못하고 서로 율법을 중심으로 한 해석상의 문제와 정통성을 주장하며 대립하였다. 그 결과 이스라엘은 완전한 멸망의 길을 갈 수밖에 없었다. 헬라의 알렉산더 대왕은 젊었을 때 병사하지만 헬라의

찬란한 문화를 세우고 세계를 정복한다. 그러나 이탈리아 반도에서
B.C.E. 500년 경에 로마시를 중심으로 라틴족의 도시국가 로마가 세
워진다. 이 국가가 지중해의 새로운 강자로 부상하게 된다.

1. 로마의 평화(Pax Romana)

로마의 정치, 경제, 종교의 역사는 예수 그리스도의 평화의 복음
이 확립되고, 전파되는데 지대한 역할을 감당하였다. 마치 화초와
식물을 배양하는 배양실과 같은 역할을 하였다.

1) 팍스 로마나의 형성

팍스 로마나는 다른 민족을 정복하고, 지배하고, 다스림에 의해
이루어진 평화이다. 그들이 로마의 평화를 이루기 위하여 얼마나 많
은 전쟁과 정복과 지배와 철권통치가 있었는지에 대해서는 역사가
잘 말해주고 있다. 로마가 대제국의 될 수 있었던 것은 지형적인 것,
외교술, 정치, 경제, 종교 등을 적절히 활용하였기 때문이다. 로마의
지형에 대해서는 하이켈라임은 다음과 같이 전하고 있다.

로마는 테베레 강의 한 복판에 섬을 두고 있어서 강 위에 매우 수월하
게 다리를 놓을 수 있었다. 로마는 이탈리아 중앙에 자리잡고 있는 지
리적 위치 때문에 반도를 동서남북으로 잇는 주요 교통로들의 요충지
가 되었고, 이런 유리한 교통 여건에 힘입어 로마 군대는 최소한의 노
력으로도 어느 방향으로든 마음대로 공격할 수 있었다. 일곱 언덕은
적군의 이동을 관측할 수 있게 해주었고, 언덕들이 서로 근접해 있음
으로써 여러 촌락공동체들이 단일 국가로 융합하고 결국에는 이탈리
아에서 가장 넓고 인구가 많은 국가가 되기에 용이했다. 포구로서, 가

교 도시로서, 교통요지로서, 교역과 인구를 끌어들이는 자석으로서 로마는 천혜적인 이탈리아의 수도가 되고, 이탈리아에서 중심적인 위치와 대 인구를 거느리고, 지중해 제국의 장소가 될 만한 여건을 갖고 있었다.[1]

이러한 지리적인 요소를 갖춘 로마는 신석기 시대와 청동기 시대인 B.C.E.3000년부터 아드리아 해를 건너 남동부 해안에 정착했고, B.C.E.1800년 경에는 중앙 유럽에서 온 사람들이 포강 계곡에 토착하여 구리와 주석을 융해하여 청동을 만드는 기술을 보급함으로써 이탈리아에 청동기시대를 열었다. B.C.E.1700년 경에는 헝가리에 속한 땅에서 이탈리아 북부로 이주한 이들을 테라마리클리인(Terramaricoli)이라 불렀다. 초기 철기시대인 1000년에서 750년에는 빌라노바인(the Villanovans)이 이탈리아가 청동기시대에서 철기시대로 이행하도록 해주었다. 수전 500년 경의 자료에 의해서만 알려진 다양한 선사시대 집단들이 그리스인들같은 새로운 정착민들의 이주에 의해서 로마사의 기록 자료들에 신원이 나타나는 여러 부족으로 발전내지 변모했다. 그 부족은 리구리아인(Ligures), 베네티인(Veneti), 라이티인(Raeti), 에트루리아인(Etruscans), 피케니인(Picentes), 라틴인(Latins), 움브로-시벨리인(Umbro-Sabellians), 오스카인(Uscans)과 이아피기아인(Lapygians), 그리스인(Greeks) 등이다.[2]

B.C.E.500년경의 이탈리아는 여러 종족들로 구성되어 여러 나라로 존재해 있었다. 다양한 문화를 가진 여러 종족이었지만 그들의 후손들은 평화로운 동맹관계를 맺든지 아니면 전쟁을 통해 정복하며 지배하는 방법으로 로마에 병합되므로 로마인들로 융합이 되었다. 이 시기(B.C.E.750-500년 경)는 종종 일인정 혹은 왕정시기라 불린다[3]. 왕정체제에서는 원로원이 있었는데 초기 로마 정부의 두 번

째 기관으로서 왕에게 조언을 하는 지도급 원로들의 회의체였다.[4]

공화정으로 알려진 로마사의 시기는 B.C.E.500년 경(전승에 따르면 509년)부터 로마 제정의 효시가 된 아우구스투스의 원수정(Principate)이 시작된 시점인 B.C.E.27년까지 전개되었다. 공화정(respublica)이라는 용어는 반드시 민주적은 아니되 본질상 왕이나 황제체제와는 다른 정치 형태이다. 왕정에서 공화정으로 이행은 로마사에서 가장 쟁점이 되는 문제 중 하나이다. 왕정 몰락의 원인을 몇 차례에 걸친 군사적 패배로 절정에 달한 사회적, 경제적, 정치적 쇠퇴로 본다. 그리고 공화정으로 순조롭게 이행된 것은 왕들을 대체할 정도로 충분히 발달된 행정 체제의 갑작스런 출현이다.[5]

이러한 공화제는 거대한 제국을 다스리는데 부적합하게 여겼다. 영토 확장과 더불어 신흥 계급이 출현하였는데 그들이 평민이다. 이들은 원로원의 귀족계급과 항상 대립하였다. 이러한 대립으로 공화정의 토대가 흔들리게 된다.

귀족과 평민간의 투쟁, 그리고 공화정 정체의 발달에 얽힌 사건들은 로마인들과 이탈리아 반도에 살고 있던 다른 종족들 사이에 거의 끊임없이 전쟁이 벌어지고 있는 동안에 발생했다. 이런 전쟁에는 평민들의 협력이 절실히 필요했기 때문에 인구의 소수를 구성하고 있던 귀족들은 더디게, 대개 마지못해서 평민 지도자들의 요구를 들어줄 수밖에 없었고, 적군들의 면전에서 대결해야 했기 때문에 양진영이 내전이라는 극한으로 치닫지 않을 수 있었다.[6] 그러나 귀족과 평민간의 권력다툼은 계속 이어졌다. 이러한 과정은 마침내 B.C.E.31년, 악티움 해전에서 벌어진 안토니우스(Antonius)와의 전투에서 평민파의 장군 옥타비아누스(Octavianus)에 의해 끝났다. 그가 기원전 29년 늦은 여름에 로마로 돌아왔을 때 개선장군으로서의 각종 영예를 한 몸에 받았다. 옥타비아누스를 기념하고 환영하는 일련의 조치

예수 그리스도의 평화

들 중에서 옥타비아누스 자신이 가장 기쁘게 받아들인 것은 기원전 29년에 야누스 신전 문을 닫도록 하였다. 야누스 신전의 문의 폐쇄는 로마인들에게는 평화의 상징이었고 그 뒤로 '아우구스투스의 평화'(Pax Augusta)를 선전할 수 있는 좋은 근거가 되었다.[7] 그는 B.C.E.27년 아우구스투스라는 칭호로 황제에 즉위하면서 공화정이 끝나고 제정이 시작되면서 로마 제국이 탄생하였다.[8] 황제의 자리에 오르면서 200년 동안 지중해 세계는 로마의 평화로 불리는 시대가 열리게 되었다.

2) 팍스 로마나의 정치, 경제, 종교정책

로마가 지중해를 지배할 수 있었던 것은 정치, 경제, 종교정책에서 맞았기 때문이다. 전쟁을 통하여 한 민족을 지배하기도 했지만 로마의 번영과 평화에 맞는 정치, 경제, 종교정책들을 과감하게 채택하는 면을 볼 수 있다.

카루스(B.C.E.282-283)황제 시절인 B.C.E.283년에 디오클레티아누스는 본격적으로 역사무대에 등장한다. 그는 친위 대장이었고, 콘술직을 받았다.[9] 카루트 황제가 죽자 B.C.E.285년에 동방을 통치하던 카루스 황제의 큰아들 카리누스(B.C.E.283-284)와 전쟁에서 최종승리를 거둠으로 로마 제국의 유일한 통치자가 되었다.

집권 후 제국의 질서와 구조를 근본적으로 바꾸는 대개혁을 착수하였다. 도미나투스(Dominatus)라는 통치체제를 만들었는데, 이것이 신분체제이다. 이 제도로 황제권을 강화하여 신격화시키는 작업을 진행하였다. 프린키파투스(Principatus)[10]기에 황제는 제1시민(Princeps)이었지만, 이후에 황제는 모든 제국 신민들의 주인(Dominus)이 되었다. 주인이라는 말은 아우렐리우스시기에 최초로 황제를 지칭하는 공식적인 단어로 화폐에 사용되었고, 디오클레티아누스 이후에는 황제를 지칭하는 말로 사용되었다. 이렇듯 황제와 신민을 명확히 구분하는 새로운 체제를 '전제 군주제'라 파악했다.[11] 그는 황제의 자리에 오르기 위해서는 원로원의 승인을 받아야 했었으나 원로원에 통고만 했다. 기존의 정치질서로서는 당시의 위기를 극복할 수 없기 때문에 새로운 질서를 창출해야 한다는 생각을 집권 초기부터 밝힌 것이다. 그는 로마의 전통질서를 인정하지 않았으며, 황제가 있는 곳이 제국의 수도라는 생각했다. 원로원의 입법권을 박탈하고 황제가 단독으로 입법권을 보유하였다. 황제는 단독으로 제국의 모든 정책을 입안하고 수행하였으며. 군대와 재정을 장악했고, 모든 관리를 임명하고, 법을 제정하고 해석하였다. 이렇게 황제권을 강화한 디오클레티아누스는 또한 황제를 신격화시켰다.[12]

그러나 이를 전제 군주제라고 파악하기는 어렵다. 로마의 지도자들은 장군, 독재관 혹은 황제이기 전에 본질적으로 행정장관이었다. 그리고 황제를 포함한 누구도 법 위에 있지 않았다. 명분적이지만 황제의 주권은 인민으로부터 나왔고, 세습되지 않고 선거를 통해서 선출하였다. C.E.1453년 동로마제국의 멸망할 때까지도 군대와 원로원이 황제를 선출하였다. 시민들은 황제를 선출하고 모든 주권을 양도하였기 때문에 시민들의 주권은 황제를 선출할 때만 주어졌다.[13] 그러나 시민들이 황제를 선출하는 것이 형식적이라지만 당시 세계 정세와 로마의 사회를 볼 때 이 권리를 과소평가할 수는 없다.

로마의 영토가 워낙 넓기 때문에 황제 한 사람이 통치한다는 것은 무리였다. 그래서 디오클레티아누스는 그 대안으로 사분체제를 고안했다. 네 명의 황제가 공동으로 로마를 다스리는 것이다. 황제권의 강화와 사분체제의 확립을 통해서 디오클레티아누스는 20년이 넘게 통치할 수 있었고, 군인황제 시대의 극렬했던 제위 찬탈전을

예수 그리스도의 평화

중단시킬 수 있었다. 그의 정치개혁을 통하여 전제국이 단일한 정치, 행정 체계 위에서 통치되는 단일제국이 이루어졌다.[14]

경제면을 보면, 로마시민은 직접세를 면제받았고, 국가의 재정은 주로 속주민들의 조세로 충족되었다. 조세제도에 큰 변화와 문제를 야기한 것은 3세기의 위기와 인플레이션 현상이다. 왜냐하면 3세기 위기와 인플레이션 현상으로 조세 징수량이 증가되어야 했고, 그 징수 수단이 화폐중심에서 현물중심으로 바뀌어야 했기 때문이다. 조세 징수량이 증가함으로 지역별로 조세부담의 편차가 커져서 조세 행정의 생명인 형평성이 크게 훼손되고 있는 가운데 각 지역 내부에서 개개 주민들의 부담의 편차도 커져갔다. 이를 계기로 그동안 직접세를 면제받는 특권을 누리던 이탈리아를 과세지역에 편입하였다. 제국의 다른 지역과 이탈리아의 차별을 없앤 것은 제국 성립 이래 속주민을 통치민으로 보고, 정복자와 피정복자의 차이를 줄이려는 정책의 최정점이라 볼 수 있다.[15] 이제 차별이 사라진 명실상부한 보편제국으로 성장한 것이다. 이로써 다민족과 다문화로 이루어진 로마제국은 하나의 로마문화로 세계를 통합하게 된 것이다.

종교는 개인생활과 정치에 중요한 역할을 했다. 이러한 종교는 현실을 중요시 했다. 로마의 형성과정에서 계층 갈등, 정부의 변화, 대외 전쟁 등에도 불구하고, 로마의 종교는 부자와 빈민, 귀족과 평민, 농민과 도시 거주자를 하나로 묶는 띠를 제공했고, 로마 국가로 하여금 통일과 힘을 지닌 세계에 대처할 수 있게 해주었다.[16]

다양한 민족으로 구성된 로마이기 때문에 로마의 종교는 다양한 신과 종교들이 있었다. 알려진 모든 종교는 경험의 요소들을 포함하고 있었다. 예를 들면 토템숭배, 마술, 터부, 동력론, 물활론, 다신교, 신인동형론이 그런 것들이다. 이러한 기반 아래 국가가 세워졌기 때문에 국가 자체가 본질상 종교적 기관이었다.[17] 여러 종교에 여러 신들을 인정함으로 여러 민족을 하나로 묶을 수 있었다. 이러한 사상 때문에 정복한 민족의 신들도 로마 제국의 신들로 받아들였다. 이런 면에서 종교는 정치 투쟁의 중요한 한 요소였다.

로마인들에게 종교행위의 목적은 신을 불러내어 자신에게 유리한 방향으로 활동하게 하는 것이다. 종교의식은 복잡하고 정교했지만 도덕률을 내포하지는 않았다. 신을 달래고 신에게 희생의식을 바칠 필요는 있었으나 믿음이 로마인들의 행동에 어떤 영향을 미치지는 않았다. 의례적 행위와 도덕률 혹은 철학을 결합하여 체계적으로 제시한 최초의 종교는 기독교였는데, 이러한 견해는 4세기 때의 교부 성 아우구스티누스도 이미 피력한 바 있었다.[18]

종교의 다양성과 모든 신들을 인정하면서도 이교도들에 대한 비판이 심했다. 이교주의란 라틴어로 파가누스(Paganus)에서 연유된 것이며, 어의적으로는 그리스어인 헬렌 혹은 헬레네스(Hellenes)라는 단어와 관련이 깊다. 원래 그리스인, 그리스적인 것, 그 문화를 신봉하는 자를 의미하던 헬레니스는 용어가 기원후 4세기 경부터 원래의 의미대신 서서히 고대 종교의 보유자란 의미로 (그러나 부정적인 의미없이) 쓰이기 시작하였다. 율리우스 황제가 헬레니스라는 용어를 자랑스럽게, 야만적인 기독교에 대항하는 의미로 쓴 것이 그 예이다. 즉, 그리스인 혹은 그리스문화의 신봉자라는 원래의 헬레네스의 의미가 율리아누스 황제시기에 와서 기독교문화에 적대적인 사람들을 가리키는 말이 되었다.[19] 헬레네스는 로마 제국의 정통적 계승자인 로마누스(Romanus)가 아니라는 경멸적인 의미로 쓰이게 된다. 이교주의란 바로 로마누스와 대조되는 헬레네스의 의미를 계승한 말이 된다. 당시 그리스 문화 혹은 헬레니즘 문화가 기독교의 가장 큰 대립세력으로 존재하였기 때문에 이교주의를 헬레네스라 부르게 되었다.

예수 그리스도의 평화

로마의 종교는 국가의 종교로 발전하였다. 초기의 신과 인간 사이의 계약이 국가의 법률체계 속에 구현되고, 신법(Ius Divinum)은 시민법(Ius Civile)의 일부가 되었다. 로마 초기 왕들은 제사장직을 겸하였다. 예컨대 황제가 대사제(Pontifex Maximus)를 겸임하고, 공화정기와 달리 모든 사제 집단의 성원들을 재가하기 시작하였다. 공식적인 종교는 제정의 수립과 더불어 황제 중심으로 전환하게 되었다. 이제 공공의 안녕이 황제의 안녕과 직결됨으로써 그와 그의 가족의 번영을 비는 것이 국가를 위한 기도와 직결된 것으로 인식되었다. 이러한 종교의 변화와 함께 로마인들에게 경건하다는 것은 국가의 신들을 믿는 것을 의미하였고, 개인의 국가를 향한 종교적 의무가 중요시 되었다.[20] 이때 많은 기독교인들이 무신론자로 매도되었는데 그 이유는 기독교인들이 로마의 국가신을 거부하였기 때문이다.

그러나 로마의 종교가 지닌 특성은 관용성과 보수성이다. 전쟁 시에는 적국의 수호신의 도움을 받지 않고는 적국을 함락시키기가 어렵기 때문에 점령에 앞서서 그들 수호신의 동의를 얻는 것이 필수적이었다. 어떤 도시를 포위할 경우 일정한 의식과 예의를 갖추어 적국의 신을 불러내는 'Evocatio' 라는 의식을 행하였던 것으로 보이다. 그 방법으로는 신들에게 이전의 국가에서 받는 것보다 더 나은 대우를 보장해 주고, 신전 등을 새로이 건립해 줄 것을 약속하는 등 여러 가지 회유책이 포함되어 있었다. 이전에 수호하던 국가를 버리고 로마 편으로 와 달라는 요청이었다. 주전 396년 에트루리아인의 도시 베이이의 수호신 Juno Regina가 로마 장군 카밀루스에 의해 Evocatio된 것은 그 좋은 예이다.[21]

로마가 오리엔트 지역을 점령하자, 오리엔트 전 지역의 신들이 전래되면서 종교 박람회장과 같이 되었다. 처음 오리엔트에서 들어온 종교로서 소아시아 출신의 키벨레 여신 숭배를 들 수 있다. 이후로 여러 민족과 다양한 문화를 접하면서 정복당한 민족의 신들 중에서도 다양한 등급이 생기게 되었다. 이시스, 오시리스, 호루스, 세라피스 등의 이집트 신들, 페르시아와 시리아의 태양신(미트라 및 헬리오 가발 등), 그리고 무엇보다도 기독교가 전래되고 전파되기에 이르렀다. 후반기로 갈수록 로마인들은 전통적인 신들보다 이러한 오리엔트 출신의 신들에게로 쏠렸다. 그러나 옥타비아누스의 종교정책에 의해 전통의 신들을 더욱 우대하였다. 그는 로마의 전통 종교를 더 우대하면서 이집트 태양신의 상징인 오벨리스크 등을 로마의 전통적 태양신 앞에 바침으로써 경멸감을 표시하기도 하였다.[22]

다양한 이교주의는 특히 로마제정 후기에 와서 두드러지게 통합주의(Synchretism)의 양상을 보인다. 통합의 구심점에 있었던 태양신 숭배를 중심으로 알아보도록 하겠다. 원래 그리스의 태양신 헬리오스(Helios)와 로마의 태양 솔(Sol) 그리고 전통적으로 태양신으로 분류되던 아폴로, 바알, 미트라 같은 신들은 물론이고 신들의 왕 제우스 혹은 유피테르를 비롯하여, 그 당시 민간에 가장 인기있던 디오니소스나 헤라클레스, 아티스 등의 당시의 거의 모든 신들이 태양신 자체 혹은 그의 분신 혹은 아들로 간주되었다.[23]

태양신으로 통합되는 배경을 알기 위해서는 기독교와의 관계를 알아야 한다. 기독교와 이교는 원래 다른 배경에서 성장하였지만 끊임없이 상호영향을 주며 성장하였다. 그런데 이교주의는 신플라톤주의를 중심으로 모든 신앙들이 통합되면서 이성적인 설명보다는 신비적 믿음을 더욱 중시하는 경향이 나타났다. 그런데 일신교인 기독교에 대항하기 위해서 이교도 일신교적 경향을 추구하지 않을 수 없었는데 그 역할을 태양신이 담당하였다. 즉, 태양신은 기독교의 유일신 하나님에 대신하여 제정후기의 허다한 신들을 아우르는 일종의 유일신적인 성격을 띤 최고신으로서 떠오르게 되었다.[24] 황제

들은 자신들의 Comes, 즉 파트너로 신들의 왕 유피테르를 택한 것
은 당연하지만 제2인자로 수많은 신들 중 헤라클레스를 선택한 이유
는 많은 호기심과 흥미를 자아낸다. 그 이유는 기독교의 영향에서
찾고 있다. 성부 하나님과 성자 그리스도라는 기독교 구도에 대항하
기 위해 신들의 왕 유피테르와 그의 아들 헤라클레스라는 이교내의
복사판을 찾아내어 기독교에 대항하려한 것이다. 이 때문에 헬라클
레스는 당시 많은 그리스도교도들의 분노의 대상이 되었다.[25]

로마에 태양신이 자리를 잡아가면서 황제들은 자신의 권력을 태
양의 이미지와 일치시킴으로써 자신의 신성한 권력의 사상적 토대
로 삼기 시작하였다. 이를 계기로 황제권의 강화와 제국민의 심성적
통일이라는 목적을 어느 정도 달성하였다.

3) 유대교와 팍스 로마나

마카비의 저항으로 잠시 정치와 종교적인 독립을 이루었지만 오
래가지 않았다. 헬라의 뒤를 이어 로마가 유대를 점령하게 되었다.

품페이우스는 지금까지의 하스모네어 왕국의 영역을 축소시켰으며,
그 지역을 자기가 다시 임명한 최고 제사장 히르칸에게 넘겨주었다.
유약한 하르칸 대제사장은 비유대적인 이두메어 사람 안티파터
(Antipater)를 신뢰하게 되었다. 그는 품페니우스의 총애를 의식적으
로 지니게 되었으며 케사르(Caesar)의 총애를 얻었다. 주전 48년에
케사르는 동방의 주인이 되었다. 그는 유대인들을 그 자체로 결성된
민족으로 보았으며, 독자적인 통치자를 갖고 로마에게는 다만 조공을
바치는 국민으로 생각하였다. 케사르가 죽은 뒤 팔레스타인은 약간
의 정치적인 혼란이 있었으나 주전 40년에 헤롯이 로마에 의해 왕으
로 임명되었다. 그는 3년 후에 로마의 원조로 예루살렘을 정복하여

안티고누스(Antigonus)를 제거하고 그의 통치를 시작할 수 있었다.[26]

헤롯(B.C.E.37-4)의 통치는 그리 성공적이지 않았다. 성전을 건축했음에도 유대인들에게 환영받지 못하였다. 헤롯은 비유대적인 계통이었지만 로마의 지지를 받은 통치자였다. 철권통치로 유대인들을 잡으려고 하면 할수록 유대인들의 상류층과 괴리 현상이 일어났다. 그가 죽고 그의 아들들이 뒤를 이었으나 팔레스타인 지방을 안정시키지 못하였다. 헤롯의 손자가 왕위에 올라 헤롯이 다스렸던 영토를 받아 다스리다가 B.C.E.44년에 죽음으로 팔레스타인은 로마 지방의 체제 안에 병합되었다. 내부적으로는 도시들, 식민지역, 왕령, 로마군대의 주둔지로 분류되었다.[27]

로마의 직접적인 통치는 긴장을 고조시켜 폭동으로 치닫게 되었다. 지금까지 바벨론, 페르시아, 헬라, 로마가 유다를 지배하면서 그들의 종교적인 특성 때문에 다른 민족과는 다르게 통치를 하였다. 그러나 로마는 팔레스타인을 직접 통치하면서는 많이 달라졌다.

유대인들은 매년 한 사람이 두 드라크마씩 인두세를 내었다. 이 세금은 예루살렘의 성전으로 들어갔는데 성전금고 간섭이 유대전쟁의 핵심이 된다. 로마에서는 한 가지, 즉 최고주권의 인정만을 요구했는데 이는 황제숭배에 참예하는 것이었다. 로마에서는 그들이 충성을 맹세하고 매일 성전에서 황제를 위하여 희생 제사를 드리는 것만으로 만족하였다. C.E.66년에 이 희생 제사를 중지한 것은 전쟁의 선포와 같았다.[28]

로마인들이 직접 유대인들을 지배하면서 유대인들을 멸시하였다. 수많은 법률을 자랑하며 지배민족답게 자기들의 우월성을 자랑하며 사법권을 행사하였다. 이러한 경향 때문에 로마는 유대백성들의 특수성을 인정하지 않았다. 유대인들은 선택된 백성이라는 자부심때문에 항상 자유를 누려야 한다는 생각했다. 이러한 생각 때문에

 예수 그리스도의 평화

로마와 유대인들 사이에 충돌이 생겼다. 유대인들은 하나님의 명령에 대한 침해가 조금이라도 나타나기만 하면 죽도록 투쟁할 정도였다.

유대인들은 정복당한 나라에 세금을 바쳐왔다. 그러나 중간시대에 와서 새로운 논리가 생겼다. 세금을 바치는 것은 십계명 중 제1계명을 어기는 것이라는 해석이다. 열심당원들은 세금을 내지 않기 위하여 숨어 지내며 지하운동을 시작하였다. 그들은 마카비 일가의 해방운동을 모범적인 사례로 받아들였다.

유대인들의 저항운동은 본디오 빌라도의 통치 때 많이 나타났다. 로마인들은 유대인들의 감정을 존중하는 의미에서 가이사의 초상이 그려져 있는 로마군대의 군기를 거룩한 도성인 예루살렘으로 가지고 들어오는 일을 피하였다. 빌라도가 이러한 금기를 깨뜨리고 군기를 들여왔다. 유대민중들은 밤낮 5일 동안을 그 조치를 폐지하라고 요구하면서 가이사랴에 있는 그를 포위했다. 빌라도는 무력으로 그들을 물리치려하자 죽을 각오로 이를 저지했다. 이때 빌라도가 마음을 달리하여 유대인들에게 굴복했다. 빌라도는 예루살렘 수로를 건설하기 위하여 성전의 금고를 침입하였을 때, 다시 함성을 지르는 군중에게 예루살렘에서 포위를 당하였다.

가이오 갈라굴라 황제(C.E.37-41)는 자기가 신처럼 숭배받기를 원하였다. 유대인들은 자신들의 신앙때문에 이 황제 숭배의 대상에서 제외되었다. 유대인들이 사는 해안 도성인 얌니아에 황제숭배를 하는 제단을 건립하였으나 유대인들이 파괴하였다. 가리굴라는 이 소식을 듣고 시라야의 총독 페트로니우스에게 명령하여 예루살렘의 성전에 황제의 동상을 설치하도록 하였다. 그러나 이것도 유대인들의 민중봉기로 실패하였다.[20]

이 후에도 유대인들의 저항은 끊임없이 계속되었다. 열심당원은 사카리이(Sacarii), 곧 단도를 가지고 다니는 사람들로 변했다. 그리고 어려운 상황 속에서 메시아에 대한 대망은 변질되었다. 플로추스의 재직 기간 중에 유대전쟁이 터져서 예루살렘이 멸망되고 성전이 무너지게 되었다.[30] 이로써 아브라함에게서부터 시작된 이스라엘의 역사와 유대교의 역사가 막을 내리게 되었다.

2. 바울 서신에 나타난 평화

로마 시대의 평화를 살펴보았다. 로마의 종교정책은 정복한 나라의 신들을 인정하였으며, 그 신들은 자신들의 신으로 편승하여 섬겼다. 주목할만한 것은 유대인들에게는 특별한 혜택을 준 것이다. 종교적인 면에서는 자유를 허락한 것이나 다름이 없다. 세금을 잘 내고, 로마에 대한 반역행위만 하지 않으면 종교적인 자유와 어느 정도의 정치적인 자치권도 허락해 줬다. 로마가 황제를 신격화하여 황제숭배를 할 때에도 예루살렘만큼은 황제의 동상을 세우지 않을 정도였다. 이러한 상황에서 기독교가 등장을 한다.

그 최전방에 바울이 나서게 된다. 바울은 헬라 철학자임과 동시에 율법을 잘아는 바리새인이었다. 자신의 학문과 신분을 통하여 율법을 꿰뚫고 기독교를 정립하였다. 그의 사상과 학문, 그리고 율법의 넓은 식견을 통하여 짧은 시간에 기독교를 세계에 전한 인물이다. 그러나 그의 사상과 학문을 분석해 볼 때, 바울은 예수 그리스도의 복음을 전파하지 못한 종교인이었다. 그는 영지주의에서 벗어나지 못했으며, 신비주의롤 통한 은혜만을 사모하게 만들었다. 만일 기독교가 참된 진리의 종교라면 이러한 것을 뛰어넘을 수 있어야 했다.

 예수 그리스도의 평화

1) 종교인 바울

바울은 서신에 자신의 사도성을 강조하는 곳이 많다. 또한 자신의 신학을 여러 곳에서 소개하고 있는데 특별히 그는 '나의 복음'(My Gospel)이란 말을 서슴없이 사용하였다. 그의 복음이 어디에서 왔는지 살펴보고자 한다.

(1) 바리새파 바울

바울은 많은 부분에서 자신의 학문에 대해서 소개한다.

> 나는 유대인으로 길리기라 다소에서 났고 이 성에서 자라 가말리엘의 문하에서 우리 조상들의 율법의 엄한 교육을 받았고 오늘 너희 모든 사람처럼 하나님께 대하여 열심이 있는 자라(행22:3).
> 내가 팔일 만에 할례를 받고 이스라엘의 족속이요 베냐민 지파요 히브리인 중의 히브리인이요 율법으로는 바리새인이요(빌3:5).

바울은 자신이 바리새인임을 강조하고 있다. 앞서 중간시대를 다루면서 바리새인이 어떻게 나타났는지 살펴보았다. 바리새파는 하스모네어에 대한 증오로 알렉산더 얀노이오스(얀네우스)에 대항하는 수년 간에 걸친 폭동을 유발시키며[31] 세력이 커져갔다. 이들 세력이 커진 주요 요인은 첫째 율법주의, 둘째 국가주의의 정신, 셋째 하시딤의 발현이다.[32]

바리새파 중에 요하난 벤 자카이(Jochanan ben Zakkai)는 유명한 학자이다. 그는 C.E.70년 예루살렘이 로마에 포위되었을 때 폭동가담에 주저했던 바리새인들의 중도파가 점차 도망가기 시작할 때, 예루살렘을 빠져나가 로마인들에게 피신하였으며 유대인의 생활을 로마의 통치 아래에 두려고 모색하였다. 로마인들은 유대인의 저항만을 깨뜨리려고 했기 때문에 요하난은 해안 평원의 얌니아(Jamnia)에

학당을 열 수 있었다.[33] 그의 권위는 점차 지역을 초월하였고, 새로운 중앙 재판소의 기본토대를 형성하였다. 그가 퇴임한 후, 그 집의 장(長)은 폭동 중에 주도적인 역할을 했던 힐렐(Hillel)이 넘겨받았다. 얌니아의 주도권은 가말리엘(Rabban Gamaliel)이 잡았다.[34] 이 가말리엘이 바울의 스승이 된다. 이러한 배경을 설명하며 자신이 바리새파인임과 자신의 학문이 유대 정통학문임을 강조한다.

(2) 영지주의자 바울

바리새파는 에세네파와도 연결이 된다. 하스몬 왕조 시대에 요한 하르카누스(B.C.E.134-104)가 통치할 때의 일이다. 이때 하르카누스는 왕과 제사장 직을 겸하였다. 외부적으로는 사마리아를 공격하고, 마다바, 사모가, 이두메 지방의 아도라, 마리사 등을 점령하여 결정적으로 유다의 영토와 인구를 늘렸다. 그런데 하르카누스에게 대제사장직을 포기할 것을 요구하는 사람들이 있었는데 그들이 바로 바리새파사람들이었다. 이때 하르카누스의 친구 가운데 사두개파 요나단이 있었다. 화가 난 하르카누스는 사두개파 사람들을 등용하였고, 바리새파 사람들을 제거하였다. 이때 쫓겨난 바리새파 사람들이 바로 사해의 에세네파의 기원이 된다.[35]

바울은 바리새파의 신앙과 가말리엘의 학문을 전수받고 기독교도들을 핍박하는 데 앞장선다. 그러나 기독교를 핍박하러 다메섹으로 가다가 도상에서 예수 그리스도의 환상을 보게 된다. 이 환상을 계기로 바울은 예수 그리스도를 만났고. 그의 부름을 받은 하나님의 사도라고 자칭한다. 그런데 여기서 문제는 사도행전에 다메섹 도상의 사건에 대해 세 번 기록(행9:3-7,22:7-11;26:14-18)되어 있는데 서로 다르게 기록되어 있다. 이 현상을 손병호 박사는 바울이 내적으로 영적으로 주의 음성을 들었을 뿐[36]이라고 했다.

그렇다면 바울이 언제 영지주의의 영향을 받았을까? 다메섹에서 예수를 만난 바울은 예수가 활동했던 갈릴리로 가지 않고 아라비아로 가서 17년이라는 긴 세월을 보냈다(갈1:18,2:1). 이 기간 동안 바울은 자기의 신학을 정립한다. 아라비아는 메소포타미아와 시리아와 파사의 제국을 이룬 신비주의로 이름난 곳이었다. 예수를 직접 대할 수 없었던 바울은 아라비아로 가서 유대주의와 영지주의와 신비주의로 그의 교리신학을 정립하였다.[37]

바울이 영지주의자임은 그의 신관에서 뚜렷이 나타난다. 영지주의란 지식(Gnosis)에 근거하나 그 지식은 보통 지식이 아니고, 신비적, 초자연적 지혜로 우주를 이해하며 물질 세계에서 구원을 얻는다. 그 구원론의 견지에서 영지주의는 신비교와 비슷하나 두드러진 특색은 그때 유행한 여러 가지 신비, 마술, 철학의 혼합주의였다. 바벨론 종교에 소급되는 점성술, 파사의 이원론적 우주관, 애굽의 신의 유출(방사)론 등을 포함했다. 구원의 길은 현실계와 신들을 포함한 모든 지배력에서 해탈함이요 그 방법은 신비적, 정신적 지식으로 영계의 실재와 교통함이다.[38] 하지만 구원의 지식은 육적인 것, 즉 물질적 질서에 전혀 영향을 줄 수 없었다. 따라서 영지주의적 사랑은 가현설에 빠지기 쉬웠다. 즉 주께서 육신의 영역에서 전혀 활동하지 않으시고 오직 몸이라는 현상을 가지고 있었다는 확신에 빠지기 쉬웠다.[39] 그들은 바울을 수석사도라 불렀다.[40] 바울 서신 중에 영육의 대조 그리스도의 주권과 권위 …암흑 세력의…개선(롬8:22-25,고전15:50) 하늘에서 오신 사람 그리스도(고전15:47) 등에 나타나는 그들의 주장과 같기 때문이다.

바울의 영지주의의 가장 기본이 되는 말은 빌립보서에 있다.

너희 안에 이 마음을 품으라 곧 그리스도 예수의 마음이니 그는 근본

하나님의 본체시나 하나님과 동등됨을 취할 것으로 여기지 아니하시
고 오히려 자기를 비어 종의 형체를 가져 사람들과 같이 되었고 사람
의 모양으로 나타나셨으매 자기를 낮추시고 죽기까지 복종하셨으니
곧 십자가의 죽으심이라 이러므로 하나님이 그를 지극히 높여 모든
이름 위에 뛰어난 이름을 주사 하늘에 있는 자들과 땅에 있는 자들과
땅 아래 있는 자들로 모든 무릎을 예수의 이름에 꿇게 하시고 모든 입
으로 예수 그리스도를 주라 시인하여 하나님 아버지께 영광을 돌리게
하셨느니라(빌2:5-11).

이 말은 영지주의의 기본사상을 바탕으로 쓰인 구절이다. 여기서
하나님과 동등됨이라 했는데, 예수가 하나님과 본체라면 동등이 아
닌 동일한 존재이다. 이를 동등으로 말하고 2분법적인 별체가 되는
모순을 안고 들어온 바울이었다. 동일한 존재는 주인이나 종의 형체
를 따로 입을 수 없으며, 그럴 필요도 없다.[41]

그는 근본 하나님의 본체시나. 이는 오역이다. 헬라어에서는 우
리말의 본체라는 말이 아니라 본체($\mu o \rho \phi \eta$)는 이미지나 형상이나 영
상이나 그림자나 형체의 모습을 말한다. 영어권에서는 Form of God
이라(K.J.V)한 것을 우리말 번역자가 이를 본체로 한 것이다. 바울은
하나님의 실체가 아닌 그림자나 형상이나 이미지나 형체가 나타난
것을 말한 것이다. 표준새번역에서는 이를 '그 분은 하나님의 모습
을 지녔으나' 로 번역하였다.[42]

데오도투스는 빌립보서 2장 7절부터 Pleroma의 천사가 되신 예
수 우리의 빛이 자신을 비워(비움의 장소에 있는: Kenoma) Pleroma
의 한계 밖 존재가 되어 오셨다. 그가 세계로 오셨을 때 위대한 겸손
을 통해서 천사가 아닌 인간으로 나타나셨다. 영지주의의 해석에 따
르면 구주께서 '나는 네가 나를 믿으면 나의 겸손을 통하여 너를 나
의 지고함까지 올리려 매우 작게 되었다. 네가 보는 이런 형태로 너

를 높이 올릴 자는 나이다'라고 말씀하셨다. 왜냐하면 그는 영적인 그리스도가 되었으며 궁극적으로 심지어는 예수의 육체적인 형상(종의 형체를 취하여, 인간의 형상이 됨으로 2:7)이 되었다. 눈에 보이는 인간이 되고자 예수의 육체적인 형상이 되었다. 발렌티누스파 학자들은 이런 형상이 인간 같은 형상이었다는 가르침을 뒷받침하기 위해 이 문단(로마서 8:3에 따르면, 하나님은 그의 아들을 죄된 육체의 형상으로 보내셨다)을 인용하였다. 이런 형상으로 그는 죄에 복종하였다. 즉 십자가를 통하여(2:8) 그의 압권하는 능력을 분명하게 보여주고자 현재 세계를 주장하는 능력, 죽음에 복종하셨다. 그러므로 하나님은 그를 지극히 높이셨고 하늘에 있는 것이나 땅에 있는 것이나, 모든 우주의 권세와 천사들과 사람이 입으로 예수를 주로 고백하여 영광이 궁극적으로 하나님 아버지께 돌려지도록 하기 위하여 그에게 모든 이름 위에 뛰어난 이름을 주셨다(2:10). 그리스도처럼 선택된 자들이 하나님과 함께 동일한 본성에 참여한다고 주장하는 발렌티누스파 주석가는 그리스도와 함께 선택된 자들을 하나님의 형상에 참여한 자들로 포함시킨다. 왜냐하면 하나님과 동등한 사람들은 힘이 미치지 않기 때문이다(2:6). 따라서 그는 영적인 사람들을 위하여 겸손하며 자신을 비워 그리스도의 모본을 따르도록 선택된 자들을 권면한 바울을 빌립보서에서 읽을 수 있다. 바울 자신은 계속해서 어떻게 그가 달리고, 일하고, 종이 되고 자신을 그들을 위하여 쏟았는지 관련시킨다. 그러나 그들의 고뇌를 통틀어 그들의 시민권이 하늘에 있음을 안다(3:20). 왜냐하면 한 발렌티누스파 주석가가 설명하듯, 이것은 그들이 하나님의 본성에 따라 영적으로 성장하였음을 의미한다.[43]

    이러한 면을 볼 때 바울은 영지주의자임이 틀림없다. 그의 모든 서신에도 이러한 사상이 나타난다. 많은 이들은 영지주의자는 이단

이라고 하면서 바울에게 나타난 사상은 다르게 본다. 그러나 그의
모든 서신에는 영지주의 사상이 깔려있다.

2) 신비주의자 바울

바울의 서신서나 전도행적을 볼 때 신비적인 요소가 많이 나타남
에도 불구하고 참된 복음전도자로 알려져 있다. 신비주의자들은 만
물에 있는 참 실재는 신이시오 사람의 영혼에는 신의 불꽃이 들어
있다. 그것이 사람들 안에 있는 참 실재이다. 가장 중요한 것은 영혼
이 신과 연합하여 그 특권을 충분히 누림이라고 말한다.[44]

바울은 하나님의 특권을 많이 누리는 것으로 나타난다. 그에게 있
어서 은혜와 은사의 체험은 대부분 신비적인 경험이었다. 사람들은
환상이나 계시나 영적 체험이라 하면 대단한 것으로 아는 사람들이
많다. 그러나 아무리 환상이나 계시나 신비나 영적 체험일지라도 사
람들의 계시는 자기 잠재 그 이상이 되지 못한다.[45]

바울의 신비적인 경험은 사도행전에 다메섹 도상에서의 사건부
터 시작된다. 그런데 이 다메섹 도상의 이야기는 바울 서신서에 전
혀 나타나지 않는다. 그래서 바울이 죽은 후에 사도행전 기사가 보
강된 것으로 본다. 사도생전에 이 기사가 세 번 나오는데 그 모든 기
사가 다르다. 그 기사의 전체를 손병호 박사는 이렇게 비교하고 있
다.

사도행전 9:7에서는…"같이 가던 사람들이 소리만 듣고 아무도 보지
못하였더라" 하였으나, 사도행전 22:9에서는 "나와 함께 있는 사람들
이 빛은 보면서도 나더러 말하시는 이의 소리는 듣지 못하였더라" 하
였다. 앞에서는 "소리만 들었고", 뒤에서는 "빛만 보았다"는 것이다.
사도행전 26:13-14에서는 또 다시 바울은 "해보다 더 밝은 빛이 나와

내 동행들을 둘러 비취는지라 우리가 다 땅에 엎드려지매 내가 소리를 들으니라" 하였다. 여기서 빛도 보고, 소리도 들은 것을 말하여 앞의 두 본문과는 또 다시 상반된 언급을 한 것이다.[46]

신비적인 체험과 은혜, 은사에 관한 것은 어쩌면 신과 혼자만 느끼는 것이다. 바울은 애써 다른 사람들과 같이 체험을 했다고 말하지만 세 부분 모두 다르게 나타나고 있다. 이것은 혼자만 느꼈던 체험임과 동시에 바울의 믿음이라고 할 수밖에 없다.

바울에게 있어서 신비적인 요소는 삼층천 사건이다. 내가 그리스도 안에 있는 한 사람을 아노니 십사 년 전에 그가 셋째 하늘에 이끌려 간지라 (그가 몸 안에 있었는지 몸 밖에 있었는지 나는 모르거니와 하나님은 아시느니라) 내가 이런 사람을 아노니 (그가 몸 안에 있었는지 몸 밖에 있었는지 나는 모르거니와 하나님은 아시느니라) 그가 낙원으로 이끌려 가서 말할 수 없는 말을 들었으니 사람이 가히 이르지 못할 말이로다(고후12:2-4).

이 사건을 제3자의 경험로 말하지만 바울의 개인적 신비체험이다. 그가 아라비아에 가서 구도를 한 것이다(갈2:10-14). 아라비아는 고대에서부터 내려오는 신비주의의 본고장이었고, 후에 이슬람의 신비주의가 크게 부각된 본산지가 아라비아였다.[47]

바울이 말한 셋째 하늘이라는 말은 바울 당시의 우주관을 말하는데, 지상은 사람들의 세상으로, 공중은 마귀의 처소로(엡2:2), 그리고 맨 위 3층천에는 하나님이 보좌에 계시는 하늘로 믿는 3층천을 말한다. 그런데 우주는 3층으로 되어 있지 않다. 당시 사람들은 3층에 있는 하늘을 낙원으로 생각하고 그곳을 동경한 것이다. 그가 14년 전에 자기가 상상해 온 신앙적인 잠재의식의 한 낙원의 세계로 비몽사몽간에 올라간 것이다.[48] 바울은 이와같은 신비주의적인 천국관을 형성한다. 그래서 공중에서 주를 만나는 것이다.

예수께서는 하나님의 나라가 지상에서 이루어지는 나라임을 말씀하셨다. 그리고 하나님의 나라는 '너희 안에 있느니라' 고 했다. 우리 안에 있는 하나님의 나라에 들어가는 것이다.

3) 바울의 평화관

바울은 그의 서신에 따르면 대단한 평화주의자이다. 평화라는 단어가 신약성경에 모두 99번(명사 91번, 동사와 형용사 8번) 쓰였다.[49] 바울서신(로마서, 고린도전후서, 갈라디아서, 에베소서, 골로새서, 빌립보서, 빌레몬서, 데살로니가전후서, 디모데전후서, 디도서)에는 47회나 언급되었다. 바울은 평화를 이렇게 많이 사용하면서 종교적인 평안과 평강을 이야기하고 있다. 그 일례들을 살펴보고자 한다.

(1) 인사법: 은혜와 평강

바울 서신서은 반드시 '은혜와 평강' 의 인사말로 시작된다. 이 인사법은 바울이 특별히 고안해냈다고 한다.[50] 평강은 히브리인들이 사용하는 샬롬으로 일반적인 인사말이었다. 그러나 은혜는 바울서신의 특징이다. 기독교에서는 이 은혜를 하나님께서 무상으로 무조건적으로 주는 선물이라고 사용한다. 바울만의 특징이지만 복음서에서 예수는 은혜라는 말을 사용한 적이 한 번도 없다.

또 하나의 특징이 '평강의 하나님' 이다.[51] 히브리인들은 평화는 하나님께서 주시는 것으로 알았다. 바울은 서신서를 쓸 때 은혜와 평강이라는 말과 평강의 하나님이라는 말을 자주 쓴 것은 당시 핍박당하는 초대교회 기독교인들을 위로하기 위하여 사용하였던 것 같다. 특히 바울 신학의 특성으로 하나님께서 무조건적으로 어떤 가치와 대가도 바라지 않는 은혜와 평강을 강조하였다. 이러한 용어는 사람들로 하여금 위로부터 떨어지는 것만 기다리게 만들어 버렸다.

(2) 화목케 하는 직책

바울은 화목을 강조했다. 바울서신에는 하나님께서 화목하게 하는 직책을 주셨기 때문에 화목하라고 한다. 모든 것이 하나님께로 났나니 저가 그리스도로 말미암아 우리를 자기와 화목하게 하시고 또 우리에게 화목하게 하는 직책을 주셨으니 이는 하나님께서 그리스도 안에 계시사 세상을 자기와 화목하게 하시며 저희의 죄를 저희에게 돌리지 아니하시고 화목하게 하는 말씀을 우리에게 부탁하셨느니라(고후5:18-19).

바울의 서신서에는 화목이란 말이 모두 13번 나온다.[52] 화목할 때 평화가 있다. 기독교인들이 하나님이 주시는 평화를 누리기 위해서는 서로 화목해야 하며, 모두가 화목케 하는 직책을 감당해야 한다. 그러나 화목하는 것은 너무 수동적이다. 화목은 불화에 있거나 싸운 자들이 하는 것이다.[53]

화해나 화목은 인류가 해야 하는 최대의 과제다. 부모와 자식 간, 부부지간, 형제와 자매지간, 일가친척지간, 동료와 동료지간이나 이웃과 이웃지간, 서로 싸우고, 빼앗고, 짓밟고 죽이는 세상에서 화해와 화목이 없으면 멸망과 도태뿐이다. 이러한 것을 이루기 위해서는 능동적인 자세가 필요하다. 화목케 하는 직책보다는 평화를 만드는 사람이 되어야 한다. 평화를 만들 때 모든 사람과 화목하게 되며, 서로 사랑하게 된다. 서로 사랑만이 평화를 이룰 수 있는 길이며, 구원의 길이며, 영생의 길이다.

(3) 이방인과 화해와 평화

바울은 이방인과 디아스포라 유대인들을 중점적으로 전도한 사람으로서 이방인들을 언급하는 것을 잊지 않았다.

> 이제는 전에 멀리 있던 너희가 그리스도 예수 안에서 그리스도의 피로 가까워졌느니라 그는 우리의 화평이신지라 둘로 하나를 만드사 중간에 막힌 담을 허시고 원수된 것 곧 의문에 속한 계명의 율법을 자기 육체로 폐하셨으니 이는 이 둘로 자기의 안에서 한 새 사람을 지어 화평하게 하시고 또 십자가로 이 둘을 한 몸으로 하나님과 화목하게 하려 하심이라 원수된 것을 십자가로 소멸하시고 또 오셔서 먼 데 있는 너희에게 평안을 전하고 가까운 데 있는 자들에게 평안을 전하셨으니 이는 저로 말미암아 우리 둘이 한 성령 안에서 아버지께 나아감을 얻게 하심이라(엡2:13-18).

여기서 이스라엘과 이방의 구원을 말하며, 예수의 피가 이 둘을 하나로 만드는 화목과 평안을 말한다. 그러나 지금까지 이스라엘과 이방은 한 몸이 되지 못하고 있고, 화목하지도 못하고 있다. 예수 그리스도와 이스라엘은 한 번도 하나가 된 적이 없고, 화평과 화목과 평안을 이룬 적이 없다. 그리고 모든 교회와 온갖 교회들이 그리스도의 피를 말하나 예수의 피 때문에 서로 하나되는 일은 없었다. 십자가로 소멸되는 것은 아무것도 없었다.[54]

바울은 화목케 하시는 직분을 통하여 화해하고, 화목하며, 평강의 하나님께서 주시는 평화를 누린다면 이 땅은 기독교인들로 말미암아 평화가 와야 했다. 서신서에 보면 바울은 평화주의자며, 평강을 선포하는 전도자였다. 그러나 그는 바벨론에서 형성된 율법을 고수하였기 때문에 세상과 분리될 수밖에 없었다. 바울은 예수 그리스도의 복음을 전파한 것이 아니라 다시 원점인 구약을 기독론으로 정비하고, 영지주의적으로 체계화시켜 신비주의적인 성령론으로 교리화시킨 사람이다. 구약과 신비주의와 영지주의적인 사고로는 예수 그리스도의 참된 복음과 참된 평화를 이 땅에 실천할 수 없다.

4) 재림과 심판으로 오는 신국의 평화

평화를 추구하는 모든 사람들은 이 땅에서 이루어지는 평화의 나라를 목표로 한다. 예수는 평화운동을 하지 않았지만 이 땅에 평화의 나라가 건설되는 것을 목표로 평화의 복음을 전했다. 그런데 바울은 예수의 복음과 다를 뿐만 아니라 세례요한의 견해와도 많은 차이가 있다. 세례요한은 초림을 이야기하지만 바울은 재림과 재림할 때 심판과 평화의 나라인 신국이 형성될 것을 말한다. 이러한 것으로 볼 때, 바울이 말하는 평화의 나라는 예수의 재림 시에 심판과 함께 이루어지며, 공중에서 주를 맞이하며 이루어 질 것이다. 사람들이 초능력과 초자연적으로 오는 구원을 믿는 것은 원한을 풀고자 하는 신앙이며, 신앙인들의 적개심의 발로가 아닐 수 없다.[55] 이러한 사상은 구약과도 연결이 된다.

바울이 말하는 신국의 평화를 살펴보자.

우리가 주의 말씀으로 너희에게 이것을 말하노니 주 강림하실 때까지 우리 살아남아 있는 자도 자는 자보다 결단코 앞서지 못하리라 주께서 호령과 천사장의 소리와 하나님의 나팔로 친히 하늘로 좇아 강림하시리니 그리스도 안에서 죽은 자들이 먼저 일어나고 그 후에 우리 살아남은 자도 저희와 함께 구름 속으로 끌어 올려 공중에서 주를 영접하게 하시리니 그리하여 우리가 항상 주와 함께 있으리라(살전 4:13-17).

바울이 예수의 재림을 구체적으로 언급한 곳으로 하나님의 나라나 평화의 나라는 현재성보다는 미래성을 띠고 있으며, 그 시기와 기한은 아무도 모르고, 도적같이 이를 것이라고 했다(살전5:1-2). 그러나 여기서는 구체적으로 종말을 표현하고 있다. 즉, 마지막 나팔에, 순식간에 홀연히, 변화하리니, 첫 아담, 마지막 아담, 비밀을 말하노니(고전15:45,51-52)와 같은 것과 앞서 인용한 본문들은 모두 영지주의의 종말론과 같다. 그리고 종말에 나타날 모든 현상인 하늘에 있는 영원한 집, 하늘로부터 오는 처소, 덧입기를 사모함, 벗은 자, 몸을 떠나 주와 함께 거함, 셋째 하늘에 이끌려감, 낙원에 이끌려감, 사람이 가히 이르지 못할 말을 들음, 두 사이에 끼였음(고후5:1-8,12:14,빌1:21-23) 등은 영지주의의 이론에 입각한 말들이다.

공중에서 주를 영접하시리니 그리하여 우리가 항상 주와 함께 있으리라. 즉, 공중에서 마지막 하나님의 나라가 이루어지며, 공중에서 하나님의 나라인 평화의 나라가 이루어진다는 말이다. 이것은 전적으로 예수 그리스도의 말씀과는 대치되는 말이다. 예수는 '뜻이 하늘에서 이루어 진 것 같이 땅에서도 이루어지이다' (마6:10)라고 기도하라고 했다. 그리고 하나님의 나라는 볼 수 있게 임하는 것이 아니요 또 여기 있다 저기 있다고도 못하리니 하나님의 나라는 너희 안에 있느니라(눅17:20-21)고 대답했다. 여기서 말하는 너희 안 (With in You, Among You)에 있는 하나님의 나라에는 재림이나 심판이 필요없는 하나님의 나라이다. 누가는 바울과 끝까지 함께 한 선교 동역자였음에도 불구하고 바울과는 정반대로 기록하였다. 복음서에는 바울과 같은 재림이나 심판의 하나님의 나라가 전혀 없다. 예수 그리스도가 언급한 너희 안에는 하나님의 나라 앞에는 구약이나 신약의 언급들은 아무런 소용도 없다.[56]

이 모든 것을 종합해 볼 때, 예수 그리스도의 복음에 입각한 하나님의 나라와 평화의 나라는 이 땅에 이루어지길 기원해야 한다. 그리고 참된 평화는 누가 주는 것이 아니다. 예수 그리스도의 복음을 통하여 위로받으며, 자신이 느끼는 가운데 이루는 참된 평화이며, 스스로 들어가는 것을 말한다.

제3장_각주

1) Fritz M, Heichelheim, A History of The Roman People.Cedric A Yeo. Allen M, Ward 개정, 김덕수 역, 로마사. 현대지성사. 1999. p 27.

2) Ibid.. p28-33.

3) Ibid., p67.

4) Ibid., p70.

5) Ibid., p103-108.

6) Ibid., p138.

7) 허승일 외, 로마 제정사 연구, 김덕수, 공화정에서 프린키파투스 제체로의 이행:프린켑스 아우수스투스의 권력과 권위의 독점,서울대학교 출판부,2001, p45.

8) 최창모. Ibid., p121.

9) 집정관으로 로마 공화정 시대의 최고행정관이다. 원로원과 민회를 소집하여 그 결의를 수행하였다. 전시에는 군대를 지휘하며, 정원은 2명이었고, 임기는 1년이었다. 학원세계백과대사전, 학원 출판사. 1985. 제 18권 p8.

10) B.C.1세기 말 옥타비아누스대에 시작되어 3세기말 디오클레티아누스(G.A.V.Diocletianus)의 전제정치 성립에 이르기까지의 정치 형태. 학원세계백과대사전, 제18권, p 416.

11) 허승일, Ibid., 정기문, 디오클레티아누스 황제의 정치, 경제, 개혁, p148.

12) Ibid., p149-150.

13) Ibid., p151.

14) Ibid., p158.

15) Ibid., p158-163.

16) Fritz M, Heichelheim, Ibid., p 87.

17) Ibid., p98.

18) A,D.Nock.Coversion, London,1965.p.16. 103. R.A. Marcus. Christianity in the Roman World.. London1974. p.27-40. Augst. DE Vera Religione. 5.8.허승일.Ibid., 최혜경, 로마의 종교: 이교 혹은 비기독교를 중심으로, p 323. 재인용.

19) Jul.. Epist.. 5: Id.. Misop.. 367c: id.. Contra Gal.. 229a: A Cameron, :Julian and Hellenism, :" Ancient World 24 (1993). pp25-29: G. Bowersock. Hellenism in late Antiquity, Cambridge. 1990. pp10ff; G. Downey. "Themistius and the Defence of Hellenism in the Fourth century.:" HThR. 50(1957). pp259-274. P.A Fowden. "The Idea

of Hellenism" Philosophia 7 (1977). pp323-358 Ibid. p325. 재인용.

20) Ibid., p. 3334-337.

21) Ibid., p, 339.

22) Ibid., p. 340.

23) Ibid., p 346.

24) Ibid., p 348.

25) Ibid., p. 349.

26) Geschichte Israels, Ibid., p. 303.

27) Ibid., p. 304.

28) Werner Forster. From the Exile To Christ. (A Historical Introduction to Palestinian Judaism). 문희석 옮김, 신구약 중간사. 포로시대부터 그리스도까지, 컨콜다아사 1989. p. 142.

29) Ibid.. p. 144- 149.

30) Ibid., p. 153.

31) Georg Foherer. Ibid., p. 301.

32) Raymond F. Surburg. Ibid., p. 78.

33) Georg Fohrer. Ibid.. p. 304. D. S. Russell. Ibid.. p 45.

34) Georg Fohrer. Ibid.. p. 305.

35) 최창모 Ibid., p 111-113.

36) 손병호. 복음과 신약,2004. p 40.

37) Ibid. p. 52.

38) 류형기 역편, 기독교회사, 한국 기독교문화원. 1988. p 50.

39) Williston Walker, A History of The Christian Church, 송인설 옮김, 기독교회사, 크리스챤 다이제스트 2002. p 80.

40) Ibid.,

41) 손병호, Ibid., p. 432.

42) Ibid.,

43) Elaine.The Gnostic Paul, Trinity Press International, Philadelphia,1975. p.135-136

44) 류형기, Ibid., p.293.

45) 손병호, 복음과 신약, p.335.
46) 손병호, 예수의 복음, p.447.
47) Gentz, p.270. 손병호, 복음과 신약, p.335에서 재인용.
48) 손병호, Ibid., p.336.
49) 현대사회와 평화. 그리스도교 철학연구소 편. 정양모, 신약성서의 평화관, 서광사, 1991, p. 34.
50) 현대사회와 평화, Ibid. p. 78.
51) 롬15:33,16:20, 고후13:11, 빌4:9, 살전5:23, 히13: 20.
52) 롬5:10,11;11:15, 고후5:18,19,20, 엡2:16, 골1:20,22, 살전5:13.
53) 손병호. Ibid., p, 318.
54) 손병호. Ibid. p. 106. 107.
55) 손병호, 복음과 신약, p.61.
56) Ibid., p.63.

제4장
예수 그리스도의 복음과 평화

　　구약시대와 신약시대의 평화를 살펴보았다. 구약시대는 양보의 사람 이삭이 부분적인 평화를 이루었고, 요셉에 와서는 열국이 구원을 얻고 평화를 누리는 모습을 살펴보았다. 그러나 출애굽 이후, 사사시대와 왕국시대에도 평화란 찾아 볼 수 없었다. 단지 오므리 왕조 시대에는 남북이 동맹을 맺어 서로 협력했기 때문에 남북 왕조가 평화를 이루었다. 그런데 그 동맹관계가 깨어지면서 다시 냉전시대에 접어들었다가 두 왕조는 모두 망한다. 바벨론 포로시대에는 자신들의 잘못을 뉘우치며, 서로 협력하며, 공생하는 것이 평화를 이룰 수 있는 방법임을 깨달았다. 이러한 희망을 안고 포로에서 귀향을 하였지만 다시 기반이 갖춰져 가자 평화에 대한 기대감이 떨어지며 강력한 민족주의로 환원되고 말았다. 이러한 사고전환이 평화에 관한 일을 모르는 예루살렘과 유다민족을 만들고 말았다. 유대인들은 율법을 놓고 해석을 하면서 서로 다투며, 양보하지 않았다. 이러한 유대 사회상이 영원한 멸망의 길을 가게 만든 것이다.

　　이러한 면을 볼 때 평화는 약자들의 부르짖음 같다. 연약한 상황에서는 평화를 부르짖다가 상황이 바뀌면 그 생각을 잊고, 다른 이를 지배하고, 착취하고, 정복하려 드는 것이 인간이다. 이러한 행동

은 평화에 관한 일을 모르는 자의 소치이다. 그래서 예수께서는 이
땅에 평화에 관한 일을 말씀하신 것이다.

1. 예수 그리스도의 복음과 평화(막1:1)

마가복음은 하나님의 아들 예수 그리스도의 복음의 시작이라는
말로 시작한다. 그러나 원래의 마가복음서에는 하나님의 아들이라
는 말이 없다. 예수 그리스도의 복음의 시작이라 고만 되어 있다. 후
에 초기교회가 하나님의 아들을 삽입한 것이다. 이는 예수를 하나님
으로 보다는 하나님의 아들로 신앙을 하고자 하는 사람들 믿음에 도
움이 될 것 같은 신앙 때문이다.[1] 마가는 그의 공동체에 예수 그리스
도의 복음으로 새로운 시작을 선포하고 있다.

1) 예수 그리스도의 복음

예수 그리스도의 복음은 구체적이며, 현실적이며, 모든 사람들에
게 현실적으로 필요한 것이다. 이 땅을 사는 사람들에게 필요한 것
이며, 현재부터 이루어지는 현재적인 것이다. 유대인들은 과거에 얽
매여 있었다. 그리고 이상적인 미래의 유토피아만을 바라보았다. 그
러나 예수 그리스도는 현재, 지금, 이 시간을 말한다. 이것이 복음이
며, 구약과 신약과의 차이점이다.

바울 서신이 기독교의 기초를 놓고, 주류를 이루었던 시대에 예수
그리스도의 복음의 시작을 알리는 마가복음이 나온 것은 가히 혁명
적이었다. 이는 구약도 아니요, 바울 서신도 아닌 예수 그리스도의
복음으로만이 세상에 평화를 이룰 수 있다.

예수 그리스도의 복음이란 무엇인가? 복음은 헬라어로 유앙겔리

 예수 그리스도의 평화

온으로 유(좋은,good)와 앙겔리온(소식,뉴스,tidings, news, Messages)의 합성어이다.[2] 한마디로 복음은 좋은 소식을 말한다. 지금까지의 신학인 성서신학, 조직신학, 역사신학, 실천신학에서는 인간의 육신을 입고 이 땅에 오신 메시야이신 하나님이 인간의 죄를 대속해서 십자가에 죽으신 것을 믿는 자들이 구원을 얻는다는 소식으로 해석하였다. 이러한 사상은 기독교가 출범하면서 현재에 이르기까지 모든 신조와 신학에 뿌리를 내려 20세기까지 오게 되었다.

그러나 이제 이 해석을 달리하지 않으면 안 된다. 예수 그리스도의 복음을 이와같이 해석한다면 지엽적이고, 독단적이며, 폐쇄적이되어서 현재의 상황을 벗어날 수 없다. 2천년 동안의 기독교는 하나님의 나라와 평화의 나라를 외치면서도 역행하는 일만 일삼아 왔다.

이러한 상황을 파악한 손병호 박사는 복음신학을 펴면서 복음의 개념을 완전히 바꿨다. 그에 따르면 복음신학은 복음주의와 구별되고 전통적인 여러 신학과 범주를 달리하며 급진적인 신학과도 개념을 달리하는 예수 그리스도와 그의 복음을 신학적으로 언급한 것을 말한다.[3] 그리고 예수 그리스도의 복음을 예수 그리스도에 대한 (about) 복음과 구별하며, 예수 그리스도로부터(from) 직접 말씀되고 제시된 복음을 말한다. 즉, 예수께서 인간의 몸을 입고 이 땅에 와서 직접 육성으로 말씀하신 말씀과 그의 행함을 예수 그리스도의 복음이라 할 수 있다. 실제적으로 예수 그리스도의 복음으로만이 하나님의 나라를 이룰 수 있다. 구약적인 사고와 신약적인 사고로는 하나님의 나라에 들어 갈 수 없다. 더군다나 평화의 나라로 들어갈 수 없다. 앞서 살펴보았듯이 구약과 신약은 평화를 외치지만 실제적으로는 평화를 이유로 전쟁만 일삼고 있다.

2) 평화의 새로운 시작

마가복음의 등장은 예수 그리스도의 복음의 시작과 평화의 나라인 하나님 나라의 시작을 말한다. 마가복음은 4복음서에서 가장 빨리 나왔다고 하지만 주후 69년 후반부에서 70년 초에 나왔다. 예수가 사역을 마친 지 40년이 지난 후에 빛을 본 것이다. 이 시기는 이미 바울 서신이 나와서 길게는 40년, 짧게는 20년 동안 기독교인들 사이에 자리를 다 잡은 다음이다. 바울은 평화에 대해서 상당한 관심을 표명하였다. 그의 서신에는 화해와 평화를 말하지만 공존이 없다. 뜻을 같이한 사람들과의 화해와 평화이지, 다른 사람들과는 분리를 말한다.

바울은 인간적인 것 보다는 영적인 것을 강조하였다. 예수 그리스도의 육성보다는 영성을 말하며, 계시와 비밀과 깨달음을 말하였다. 미래에 대한 이상을 말하는 것은 영지주의적이기 때문에 그의 사상은 현실적이지 못하고 미래의 이상만을 말할 뿐이었다. 그래서 현실이 아닌 미래(내세)에 대한 평화만을 강조하게 되는 것이다. 바울의 서신서는 2,042절이나 된다. 여기에는 예수의 복음이 불과 두어마디 밖에 되지 않는다. 그것도 간접적인 인용에 불과하다. 예수의 사랑과 용서, 원수 사랑인 현실적인 평화를 말하는 것은 찾아보기 힘들다.

예수 그리스도의 복음을 빼놓고 계시와 비밀, 그리고 영성을 강조하면서 직접적으로 표현하지 않았지만 영적인 싸움을 이야기했다. 영적인 싸움을 내세우는 것은 기독교의 우월주의와 함께 다른 모든 것을 배격하며, 배척하며, 싸움을 부추기는 것과 다름이 없다. 이러한 사상으로는 인류의 평화를 가져 올 수 없다.

복음서 기자들은 구약도 잘 알고 있었으며, 바울 서신도 잘 알고 있었다. 복음서 기자들은 구약과 서신들이 예수 그리스도의 복음과

예수 그리스도의 평화

다름을 알았다. 그러나 섣불리 복음서를 기록할 수 없었다. 구약과 서신서가 초대교회에 이미 자리매김이 되었기 때문이다. 그리고 무엇보다도 베드로나 다른 제자들은 바울과 견줄만한 인물이 없었다. 초대교회의 거의 모든 성도들은 바울의 신학을 전적으로 신봉하는 단계였다. 구원론이나 종말론, 바울의 천국관에 대해 신봉하며 예수의 공중 재림을 기다리고 있었다.

이러한 때에 예수 그리스도의 복음의 출현은 과히 혁명적이다. 예수 그리스도의 복음은 구약이나 서신서와는 다르다. 예수 그리스도의 복음은 계시를 받거나 영감을 받아서 정리한 것이 아니다. 복음서 기자들에게는 계시가 필요 없었다. 직접 보고 듣고 전달받은 생생한 자료들을 기록하면 되었다. 복음서는 어떤 기간 문서로 남아 있다가 성경이 된 것이 아니다. 복음서는 하나님 또는 하나님의 아들이 성육신을 하시어 직접 육성으로 주신 말씀을 그대로 꼭이 우리들에게 전해주는 말씀이다.

반면에 구약과 서신서는 어떤 말씀인가? 구약은 족장사, 부족사, 민족사, 왕국사로 쓰여진 역사적인 성서를 말한다. 이것이 문서로 먼저 존재한 것인데 후에 성서가 된 것이다. 구약성경이 정경이 된 시기는 주후 90년 경 얌니아회의에서였다.[4] 바울의 복음도 처음부터 성경으로 쓰인 것이 아니다. 바울 서신은 회람서신이었다. 한마디로 각 교회로 보내지는 편지였다. 이 편지가 후대에 정경으로 결정되었다.

구약과 바울서신에 비해 4복음서는 역사적 예수(Historical Jesus)와 참 예수(Real Jesus)의 복음을 말하였다. 즉, 복음서는 사실적인 예수 그리스도와 그의 육성의 복음을 생생하게 전하여 준다.[5] 그의 육성으로 전하는 말씀은 평화의 나라로 들어가는 길이요, 진리요, 생명이기에 충분하다. 많은 사람들이 보기에 연약하고, 보잘 것 없

고, 초라하고, 단순하고, 힘이 없는 이야기 같지만 모든 이가 이 말씀
을 실천할 때 하나님의 뜻이 이 땅에서도 이루어 질 수 있는 말씀이
었다.

  이러한 복음의 시작을 알리는 것이 마가복음이다. 마가는 예수 그
리스도의 복음의 시작을 알리면서 복음서를 쓰기 시작했다. 마가는
구약이나 신약을 재현하거나 첨가하거나 수정하지 않았다. 당시 구
약과 복음서에서 말하지 않고, 교회가 잃어버린 복음을 찾으려고 했
다. 잃어버린 참된 복음을 찾아 예수 그리스도의 복음의 시작을 선
포한 것이다. 마가복음 1장1절, 하나님의 아들 예수 그리스도의 복
음의 시작이라. 여기에서 하나님의 아들이라는 말은 4, 5세기에 와
서 덧붙여진 것이다. 이는 마가복음 16:9-20절이 4,5세기 경에 덧붙
여진 것과 같다.[6]

  마가가 사용한 시작이란 말의 헬라어는 알케 (*αρξη*)를 사용했다.
이 단어는 히브리어의 베레쉬트(בראשית)라는 말과 동의어다. 베레쉬
트는 창세기 1장 1절에서 태초라는 말로 사용되었다. 이 시작은 천
지의 시작됨과 같이 복음의 시작을 의미하는 역사적인 선언이다. 이
시작은 역사의 연속선상에서의 시작임과 동시에 혁명적인 시작을
의미한다. 왜냐하면 예수 그리스도의 복음이 교리적인 복음이나 신
학적인 예수 그리스도에 대한 복음이 아니라 하나님 자신으로부터
내려온 창조적이며 태초적인 구원의 기쁜 소식을 말한 것이다. 이러
한 관점에서 볼 때, 복음은 구약과 신약의 잘못된 사상을 개선하거
나 개량하거나 증축하려고 한 것이 아니다. 복음은 신축이다. 개선
이나 개량이나 증축을 하기 위해서는 고치고, 덧붙이고, 첨가하고
빼면 되지만 신축을 하기 위해서는 부서야 하고, 무너뜨려야 하고
터를 새로 닦아야 한다.[7] 마가는 잃어버린 예수 그리스도의 복음을
찾아 시작을 알렸다. 그 영향으로 마태복음과 누가복음이 등장하게

된다.

마가는 예수 그리스도의 복음을 위하여 많은 고난도 있었다. 당시 기독교에서는 바울의 권위가 절대적이었다. 베드로와 열한 사도들도 감히 그에게 도전을 하지 못하였다. 바울의 신분과 학문, 그리고 권위를 당해낼 사람이 없었다. 그러나 마가는 달랐다. 마가는 베드로의 아들이라고까지 했다. 베드로에게 절대적인 영향을 받았다. 바울과 같이 전도여행도 했지만 마가복음에는 바울의 서신을 한 절도 인용하고 있지 않다. 오히려 바울의 서신과 상반되는 내용들이 들어 있다. 바울은 율법과 은혜를 강조하지만, 마가복음에는 은혜라는 말이 없고, 율법을 비판하고 있다. 이러한 면을 볼 때 마가는 베드로에게 큰 영향을 받았다. 이런 근거는 초기 5대 교부 중의 한 사람인 파피아스(Papias:C.E.60-130)는 마가가 복음서를 낸데 있어서는 베드로가 쓴 복음서나 다름이 없다.[8]

마가는 잃어버린 예수 그리스도의 복음을 되찾기 위하여 강한 권위를 갖고 있던 바울과 결별해야만 했다. 바울은 선교여행 중에서 가장 심각한 문제에 부닥친 것은 젊은 마가와의 충돌과 결별이었다. 바울은 바나바와 마가와 심하게 다투고 갈라서게 된다(행 15:39). 그 원인은 바울이 예수 그리스도의 복음을 전하지 않고 자신의 복음인 나의 복음을 전하면서 자기가 가르친 복음 외에 다른 복음을 전하는 사람을 계속 저주하였기 때문이다(갈1:1-9). 베드로는 바울이 전하는 복음을 바르게 지적했었다. 베드로의 동역자인 클레멘트(C.E.30-100)가 정확히 기억하고 그의 설교집에 베드로의 말을 인용하였다. "그대가 환상을 보았다고 하여 그대가 복음을 가르칠 수 있는 자격을 갖췄다고 할 수 있는가? 만일 그대가 그런 가능성을 말한다면, 예수께서 왜 우리 열둘과 함께 한동안 고난을 받으며 지내셨는가? 어떻게 우리가 그대를 믿을 수 있으며? 만일 주님이 정말로 그대 앞에 나타났다면 어째서 그대는 주님이 가르친 것과는 전적으로 상반되게(Precisely Opposite) 가르칠 수 있다는 것인가?"[9] 바울은 나름대로 복음론, 구원론, 사도론을 갖고 있었다. 이것은 전적으로 초기교회가 예수님이 가르쳐 주신 것과는 다른 면이 많았다.

이러한 바울의 모든 면에서 탈피한 마가는 예수 그리스도의 복음을 집필하였다. 사람들이 좋아하는 환상이나 계시나 비밀을 바탕으로 한 이적과 기사가 아닌 예수 그리스도의 실재의 육성의 복음을 말하였다. 이 육성의 복음은 구약이나 서신서에 의한 것이 아니다. 구약을 정이라 하고 신약을 반이라 하여 합을 도출해 낸 것도 아니다. 온전히 구약과 신약의 본론과 결론인 제3의 복음인 예수 그리스도의 복음을 증거한 것이다. 마가복음이 나오자 마태는 마가복음을 90%나 인용한다. 누가도 57%나 인용한다. 이 복음서의 말씀들을 살펴보면 인류 평화를 바라볼 수 있다.

예수 그리스도의 구원은 윤리와 도덕과 종교로 오는 구원을 말하지 않았다. 온전한 사랑과 용서로 오는 구원을 말한다. 성령 충만이나 성화의 신앙생활이 아닌 일상생활로 오는 구원의 길과 진리와 생명을 말한다. 또한 자신의 처지가 어떻든 이웃을 사랑하며 서로를 용서하며 이방을 이해하므로 오는 화해와 공존의 구원을 말씀하셨다. 이러한 예수 그리스도의 복음만이 인류 구원과 영원한 평화를 꿈꿀 수 있다. 지금도 전쟁이 끊이지 않는 중동을 바라보면서 손병호 교수는 '오늘의 평화운동은 외교이지 선교가 아니다. 유대주의는 그렇다 하더라도 바울과 같은 유대주의적인 사람들 때문에 회교권과 기독교권이 적대 관계에 있게 된 것이다. 회교권에 선교를 하려면 예수의 복음으로 돌아가야 한다' 고 한다.[10] 바울의 복음이나 구약의 복음으로는 되지 않는다. 인류평화를 위해서는 모든 족속에게 예수 그리스도의 복음이 필요하다.

예수 그리스도의 복음은 모든 것이 새롭게 시작된다. 구약이나 신약에서는 율법을 행하는 자들을 중심으로 쓰였고, 가진 자와 제사장과 권력자들을 위하는 모습이 비친다. 그러나 예수 그리스도의 복음은 전혀 다른 곳에서부터 평화가 시작된다.

(1) 병자들에게서 시작되는 평화

병든 자에게 치유는 새로운 평화의 시작이다. 열두 해를 혈루증으로 앓던 여인이 예수의 옷자락에 손을 대고 나음을 입었다. 유대인들의 사고는 사람이 병에 걸린 것은 죄를 지었기 때문으로 믿었다. 병자들에게는 평화가 없었다. 육신의 병으로 고생하며, 난데없이 죄를 지은 죄인의 신분으로 살아야 했다. 그러나 예수께서 하신 '딸아 네 믿음이 너를 구원하였으니 평안히 가라 네 병에서 놓여 건강할지어다' (막5:34)는 말씀은 유대인들에게 충격적인 말씀이다.

유대인들의 사상으로는 이해가 되지 않는 선포다. 공의와 정의로 심판을 받아야 할 사람에게 평화가 있겠는가? 죄인으로 당연히 형벌을 받으며, 병든 자에게는 평화가 없다. 그러나 예수 그리스도의 복음의 시작과 함께 각종 병든 자들에게 평화를 선언하신다.

(2) 소외된 자에게서 시작되는 평화

예수 그리스도의 복음은 소외된 자에게서부터 시작되었다. 당시 유대사회는 많은 분파가 있었다. 분파에 속한 사람들은 남의 사상이나 의견을 존중할 줄 몰랐다. 자신들의 생각과 주의와 주장들만이 절대적인 것으로 받아들였다. 이에 분파가 생겼고, 서로 화합이 되지 않았다. 그들은 병자와 같이 소외된 자들은 하나님에게 형벌을 받는 것으로 알았다. 그러나 공생애 사역을 시작하신 예수께서는 제일 먼저 회당에서 하신 일이 있다.

주의 성령이 내게 임하셨으니 이는 가난한 자에게 복음을 전하게 하
시려고 내게 기름을 부으시고 나를 보내사 포로된 자에게 자유를 눈
먼 자에게 다시 보게 함을 전파하며 눌린 자를 자유케 하고 주의 은혜
의 해를 전파하게 하려 하심이라 하였더라 책을 덮어 그 맡은 자에게
주시고 앉으시니 회당에 있는 자들이 다 주목하여 보더라 이에 예수
께서 저희에게 말씀하시되 이 글이 오늘날 너희 귀에 응하였느니라
하시니(눅4:18-21).

예수는 선지자 이사야의 글을 읽고 그 글대로 때가 되었고, 먼저
소외된 자들에게서부터 평화의 복음이 전파되고 있음을 선포하였
다. 소외된 자들은 사회로부터 괄시를 받는다. 평등사회는 소외된
자들에게 꿈같은 말이다. 그러나 예수 그리스도의 복음에는 지위고
하, 빈부격차나 남녀노소가 없다. 이러한 사회에는 가난한 자, 병든
자, 고아, 과부, 포로된 자, 눌린 자가 없다. 모두에게 평화의 마음과
평화의 생활을 보장한다.

(3) 죄를 사하심으로부터 시작된 평화

유대인들은 자신이 의인으로 많은 사람들에게 인정받기를 원한
다. 이러한 마음이 강하게 일어났기 때문에 율법주의에 젖어 있는
사람들은 외식하게 된다. 외식하는 사람들은 잘못을 해도 죄로 여기
지 않으며, 자신들이 행하는 모든 일들은 선하고, 의롭고, 당연한 것
으로 여긴다. 그 외의 모든 사람들은 잘못되었으며, 그들의 잘못을
지적하기에 바쁘다. 이러한 사회에 예수께서 한 마디 던진다.

건강한 자에게는 의원이 쓸 데 없고 병든 자에게라야 쓸 데 있느니라
내가 의인을 부르러 온 것이 아니요 죄인을 부르러 왔노라(막2:17).

지금까지는 유대주의와 율법주의에 의해 억눌렸던 모든 것을 깨

고 새로운 출발을 알리는 것이다. 이 모든 것을 세론하고자 한다.

2. 하나님의 나라의 평화의 본질(막1:15)

마가는 평화의 나라를 알림을 예수 그리스도의 첫 육성으로 전하고 있다. 때가 찼고 하나님 나라가 가까웠으니 회개하고 복음을 믿으라(막1:15). 이 첫 육성에는 네 개의 말씀이 들어있다. 때가 찼고/ 하나님 나라/ 회개/ 복음을 믿으라. 이 첫 육성에 들어있는 말씀들은 평화의 나라를 이루는데 꼭 필요한 말씀들이다.

1) 때가 찼다

때에 대한 헬라어는 두 가시가 있나. 즉, 카이로스 (*καιρός*, 확정된 시간, 기점)와 크로노스(*Χρόνος*, 시기, 시간의 지속)이다. 카이로스는 하나님의 역사하심이 일어날 결정적인 시기, 하나의 기점, 정점, 정확한 때로서 과거와 현재, 미래로 이어지는 역사적인 시간을 말한다.

마가는 카이로스를 사용했다. 이는 신약에서 기한이 찼을 때, 즉 무화과나무의 때(막11:13), 추수의 때(막12:2)를 표현했다. 구약에서는 예언자들이 선포한 묵시문학적인 때(단7:22,겔7:12,애가4:18)를 말하나 마가는 구약의 종결을 말하고, 새로운 시작을 말한다. 구약에서는 전쟁과 강한 힘에 의한 평화를 말한다. 그러나 예수께서는 전쟁을 말하지 않았다. 바로 예수 그리스도의 복음을 통한 평화의 시작을 선포한다.

손병호 박사는 하나님께서 아들을 보내사 메시아적인 하나님 나라의 복음 운동을 실시할 때라고 한다.[11] 이러한 뜻으로 볼 때, 마가가 말한 때는 미리 준비된 정확한 시점(정점)을 말한다. 필자는 이 시점을 새로운 파라다임을 시작할 준비가 된 때라고 생각된다. 모든 옛것을 버리고 새로운 것을 출발시킬 때이다. 전쟁으로 인해 생명을 잃고, 재산이 빼앗기는 악의 순환을 깨뜨리고, 예수 그리스도의 복음을 통한 평화의 나라를 출발시키기 위한 때가 찬 것이다.

당시 정치적으로는 로마가 이스라엘을 점령하여 속박하던 때이다. 로마를 중심으로 한 정치, 경제, 사회, 문화가 통일이 되었다. 이 때 로마는 세계통일을 위해 군대를 쉽게 움직일 수 있도록 로마를 중심으로 도로가 정립된다. 그리고 세계를 쉽게 지배할 수 있도록 헬라어로 언어를 통일한다. 강력한 로마를 만들며 화폐를 통일시켜 세금을 걷게 된다.

종교적인 면에서는 율법이 사회의 전반적인 면을 흔들어 놓을 때이다. 안식일 법만 보더라도 613개의 규정이 있다. 이 법은 인간을 얽매는 법이다. 그 외에도 율법은 사람들에게 행복과 평화를 안겨 주는 법이라기보다는 사람들을 외식하게 만들어 버렸다. 이로 인한 혼란은 일반인들에게서부터 종교 지도자들에게까지 이르게 되었다.

경제적으로는 가뭄과 기근, 그리고 전쟁이 심했다. 또한 이스라엘은 로마의 과중한 세금징수와 젊은이들을 군인으로 강제징집했기 때문에 이스라엘은 피폐해져 있었다. 대부분의 평민들은 가난과 굶주림에 허덕일 수밖에 없었다.

이처럼 정치, 경제, 종교, 사회적으로 어려움이 겹치자 사람들은 강력한 메시야를 기다리게 된다. 이스라엘 백성들은 정치적으로는 로마로부터 독립을 시켜주고, 경제적으로는 부유하게 되며, 종교적으로는 하나님을 잘 섬기며, 사회적으로는 평화를 가져다 줄 강력한 메시아를 대망한 것이다. 그러나 사람들이 기다리는 메시야는 세계적인 평화를 가져다 줄 수 없다. 사람들이 기다리는 메시야가 오면 세계는 전쟁과 테러와 인류의 멸망만 가져올 뿐이다.

이러한 때에 하나님이 준비하신 평화의 사도로 메시야를 이 땅에 보내신다. 그리고 육성으로 참된 평화의 나라를 이룩할 수 있는 복음을 전파한다. 그러므로 때가 차서 이 땅에 오신 메시아이신 예수 그리스도는 새로운 역사를 이루기 위하여 오셨다. 새로운 역사는 하나님이 원하시는 것이며, 인류가 가장 바라는 것이다. 그것은 인류와 우주의 평화다.

2) 하나님 나라가 가까이 왔다

예수 그리스도의 성육신과 그의 복음사역의 목적은 바로 하나님의 나라이다.[12] 하나님 나라는 구약에서도 나타난다. 구약에서 하나님 나라(말쿠트 샤마임 Malkuth Shamaim) 라는 표현은 자주 나타나지 않는다. 단지 신적 계시와 신앙의 대상 가운데 숨겨져 나타나고 있다.[13] 그럼에도 불구하고 하나님 나라와 같은 의미를 나타내는 다양한 표현들이 발견된다. 주의 나라(시145:6,145:11-13) 또는 내 나라(대상17:14)로 표현되고 있다. 구약에서 표현되는 하나님 나라의 왕은 하나님을 가리킨다. 하나님은 왕으로서 온 세상과 이스라엘을 다스리시는 것이 구약의 중심 사상이다. 이러한 사상은 이스라엘만 가지고 있는 것은 아니다. 고대 근동의 종교에 이와 같은 사상이 일반적으로 나타난다. 고대 근동에서는 자신들의 신을 자신들의 왕과 동일시하여 찬양하고 숭배한다. 근동의 나라들은 싸움에 임할 때에도 사람들이 싸우지만 실질적으로는 그들의 신이 그들을 위하여 싸우는 것으로 이해했다. 그러나 이스라엘은 달랐다. 그들에게는 인간 왕이 없었다. 하나님이 직접 싸우시고, 하나님이 모든 백성을 다스리는 것으로 이해했다.

구약에 나타나는 여러 표현 중에서 특별히 주의깊게 살펴보아야 할 것은 '나라'로 번역된 아람어와 히브리어 말쿠트(Malkuth)이다. 이 단어는 거의 대부분 하나님과 관련하여 사용되는데 어떤 왕이 행하는 것 혹은 왕다운 활동을 의미하는 역동적인 개념이다.[14] 이러한 의미로 볼 때, 이스라엘에서 하나님은 그 민족의 왕으로서 통치하고, 다스리고, 보호하는 활동을 하고 있음을 나타내고 있다.

그렇다면 예수님이 선포한 하나님 나라는 어떤 나라일까? 복음서에는 하나님의 나라는 세 가지 용어로 표현된다. 첫째는 하나님의 나라(,The Kingdom of God), 둘째는 하늘나라(η $\beta\alpha\sigma\iota\lambda\epsilon\iota\alpha$ $\tau o\upsilon$ $o\upsilon\rho\alpha\nu o\upsilon$, The Kingdom of heaven), 셋째는 나라(η $\beta\alpha\sigma\iota\lambda\epsilon\iota\alpha$, The Kingdom)이다. 여기서 하나님의 나라와 하늘나라는 동일한 뜻을 갖는다. 왜냐하면 $o\iota$ $o\upsilon\rho\alpha\nu o\upsilon\iota$는 하나님에 대한 완곡어이기 때문이다.[15]

바실레이아($\beta\alpha\sigma\iota\lambda\epsilon\iota\alpha$)는 신약성서에 160여 회 사용되는데 복음서에 128회가 집중적으로 사용되고 있다. 곧, 마태복음에 56회, 마가복음에 21회, 누가복음에 46회, 요한복음에 5회이다. 그 외에 사도행전에 8회, 바울서신에 17회, 야고보서에 1회, 계시록에 7회 사용된다.[17] 이로 볼 때, 하나님 나라는 예수의 복음에 중심 주제였다.

복음서에서 바실레이아는 추상적인 관념이 아니다. 예수 그리스도의 사랑과 봉사의 활동을 의미한다. 예수 그리스도의 성육신과 그의 복음운동의 목적은 바로 평화의 나라 즉, 하나님 나라였다. 예수가 말하는 하나님 나라는 멀리 있는 것이나 미래의 것이 아니다. 서선서에 나타나는 대로 공중에 임하는 것도 아니다. 하나님 나라는 치유하는 행위 속에 이루어지며, 죄를 용서하는 사람들 속에 이루어지며, 서로 사랑하는 가운데 이루어지는 것이다. 즉, 하나님 나라는 인간의 역사와 인간의 체험 속에 있으며(막12:18,눅11:20,17:20), 너

예수 그리스도의 평화

희 안에 있는 나라(눅17:21)로서 우리 가까이 있는 나라이다.

마태는 하나님 나라(마12:28,19:24,21:31,43)보다는 천국이라는 단어를 더 선호했다(30회 이상). 여기서 천국은 유대인 특유의 존칭 관용어인데, 하나님을 직접적으로 언급하는 것을 피하기 위한 것이다.[17] 반면에 하나님 나라라는 표현은 4복음서와 바울서신에 모두 언급되고 있다. 유대 문헌에서는 예수가 활동한 지 반세기 이후에 나타난다. 80년 경 랍비 요나단 벤자이카(Johadan ben Zakkai)에 이르러 처음 나타난다. 공관복음서 전승에 의하면 하나님이라는 표현을 사용한다. 마가는 35번, 마태는 33번, 누가는 65번 쓰고 있다. 이것을 볼 때 예수의 육성은 하나님 나라라는 표현을 썼음이 확실하다.

예수의 하나님 나라가 Kingdom of God인가? Kingdom이란 제국주의적이거나 왕국적으로 통치하며 다스리는 나라를 의미한다. 제국적이고, 왕국적인 유대교적인 맥락에서는 이러한 단어를 써도 된다. 그런데 예수의 복음은 그런 하나님의 나라가 아니다. 오히려 섬김과 치유와 봉사와 서로사랑의 활동으로 오는 나라이다. 뿐만 아니라 민주적이고 자유와 이성과 인권과 만민평등의 나라를 말한다. 이러한 나라를 과거에 제국주의자들에 의해 쓰여졌던 Kingdom이란 단어를 쓰는 것은 옳지 않다.

이러한 면을 손병호 박사는 하나님 나라를 Kingdom of God 대신에 State of God으로 표기해야 한다고 주장했다.[18] 필자의 의견도 같다. 하나님 나라는 지위고하가 없다. 지배적인 구도를 가져서도 안된다. 하나님을 중심으로 모든 백성이 하나를 이루어야 한다. 서로 사랑하며, 용서하며, 관용을 베풀며, 이해하는 나라여야 한다. 이러한 나라야 말로 참된 평화가 이루어지는 나라다.

구약의 사사시대에 이러한 나라를 실현하려고 노력했다. 사사시대에는 왕이 없이 모두가 평등한 시대였다. 위기 때마다 하나님이 지명한 사사가 문제들을 해결했다. 그러나 사사시대의 종말은 주변 국가들과의 마찰과 이스라엘 백성들의 욕심으로 말미암아 무너지고 말았다. 사사시대를 학자들은 지파동맹시대라고 한다. 이것이 하나님의 나라로 State of God이라고 표현하는 것이 옳다고 본다.

이와 같은 하나님 나라는 전통적인 질서가 아니라 새로운 질서이다. 통치하며 지배하는 것이 아니라 섬기며, 봉사하며, 나누는 나라이다. 단순한 소망의 상태가 아니라 일어난 사건이다(눅4:18). 율법을 논하며 따지는 것이 아니라 법칙과 원칙의 나라이다. 구조면에 있어서는 위계적이지 않고 본질에 있어서 평등한 나라이다.[19]

하나님 나라의 본질적 성격은 지배와 폭력의 정치 현실에 대해서는 섬김과 봉사의 정치로, 풍요와 소유의 경제 질서에 대해서는 평등과 나눔의 경제 질서로, 심판과 처벌의 하나님 사상에 대하여는 사랑과 용서의 하나님 상을 그 본질적 요소로 삼다. 이러한 나라는 공간적으로나 시간적으로 있는 나라가 아니다. 바로 여기, 바로 지금 그러면서 아직 저기, 아직 여전히 가까이에 오고 있는 존재의 상태로서의 종말적인 하나님 나라이다.

3) 회개하라

예수의 하나님 나라에 전제조건은 회개였다. 회개를 대부분 뉘우치는 행위 또는 자신이 갖고 있는 현재의 잘못된 의견을 바꾸는 행위로 본다. 이러한 행위보다는 더 적극적인 행위를 요구하고 있다. 헬라어에서 회개를 나타내는 메타노에이테는 2인칭 복수 현재형으로서 과거에 저지른 악한 일에 대해서 슬퍼하는 한편, 앞을 바라볼 것도 의미한다. 즉, 그것은 변하여 새 사람이 될 것, 마음과 생활의

예수 그리스도의 평화

근본적 변화, 그리고 완전한 생활로의 전환까지를 모두 내포한 포괄적인 의미이다.[20] 근본적이고 사상적인 전환을 말한다. 사고의 전환이 없이는 하나님의 나라도 평화의 나라도 이루어지지 않는다.

그런데 사람들은 자신들이 세운 목표에 도달하지 못하면 그 원인을 찾아내어 목표점에 도달하지 못한 것만 후회하고, 이에 대해서만 회개를 하였다. 자신이 행복하고, 자신만 평화로우면 되는데 자신이 행복하지 못하고, 자신이 평화롭지 못하면 그 원인을 찾아 후회하고 회개한 다음에 자신의 목표점을 향하여 전진한다. 여기에는 남을 배려하는 심정이 없다. 오히려 남에게 해를 입히고, 남을 짓밟기도 한다. 사람들의 생각은 봉사와 섬김의 자세에서 평화를 찾지 못한다. 개인뿐만 아니라 국가적인 차원에서도 그렇다. 다른 국가보다 잘살고, 다른 국가를 지배해야 평화가 오는 줄 안다. 이러한 평화를 위하여 싸우고 전쟁을 한다. 이에 패하면 패한 원인을 찾은 다음 자기 반성(회개)을 한 다음에 다시 철저히 준비하여 싸움에 나아가게 된다.

예수의 복음은 이러한 소극적인 회개가 아니라 적극적인 회개를 말한다. 자신의 입장보다는 남을 생각하고, 자기의 민족만을 위한 생각 보다는 인류를 위한 생각으로 회개하는 것이다. 여기에 희생과 봉사와 섬김이 따라야 한다. 과거에 얼마나 희생했으며, 남을 섬겼으며, 남에게 봉사했느냐를 살핀다. 그런 다음 앞으로 있을 모든 것을 감당하며 하나님 나라로 들어가는 것이 바람직하다. 이것이 진정한 회개이며, 예수 그리스도가 원하는 것이다. 이러한 회개가 있을 때 하나님의 나라가 이루어지며 참된 평화의 나라에 들어 갈 수 있다.

4) 복음을 믿으라

예수께서는 평화의 나라에 들어가기 위한 전제조건으로 회개를 말씀하신 다음에 적극적으로 '복음을 믿으라' 고 하셨다.

　복음에 대해서는 앞에서 살펴보았기 때문에 여기서는 그 이유를 살펴보고자 한다. 복음은 '예수 그리스도의 말씀' 이다. 현재 기독교에서는 성경이란 이름아래 구약과 신약, 그리고 복음서를 함께 취급한다. 이것을 크게 나누어 구약과 신약으로 하고 있다. 하지만 복음신학 연구원에서는 이를 세 등분한다. 구약과 서신서인 신약과 복음서다. 이 성경 중에서 중요한 것은 복음서다. 이는 하나님이신 예수께서 직접 하신 말씀이기 때문이다. 하나님께서는 구약시대에 수많은 선지자들로 말씀을 선포하셨다. 그러나 하나님의 뜻은 이루어지지 않았다. 마지막 때에 하나님께서 직접 인간의 육신을 입고 이 땅에 오셔서 직접 육성으로 말씀하셨다. 그 말씀이 바로 복음이며, 평화를 이룰 수 있는 길로서 복음서에 들어 있다.

　여기서 '믿으라' 에 해당하는 헬라어는 피스토메테이다. 이 믿음은 서로 간에 신뢰를 통한 관계가 형성될 때 이루어지는 것이다. 예수와의 인격적인 관계, 복음과의 신뢰적인 관계가 이루어 질 때 믿음이 형성된다. 이러한 믿음은 인간의 이성에서 벗어나서는 이루어질 수 없다. 이성을 벗어나서는 맹목적인 믿음이 되는데 이러한 믿음은 방종으로 이어질 가능성을 배제할 수 없다. 이성은 하나님이 주신 것으로서 옳고 그름을 정확히 파악할 수 있다. 그런데 기독교에서는 지금까지 이성을 말살해 버렸다. 이성(양심)을 화인맞은 것으로 매도해 버렸다. 이러한 현상이 일어난 것은 바울의 영향이 크다. 그는 자기 양심이 화인 맞아서 외식함으로 거짓말하는 자들이라 (딤전4:2)고 했다. 그러나 그 문맥을 잘 살펴보면 바리새인과 같이 외식하는 자들이 가진 양심을 말한다. 바리새인과 같이 외식하는 것을 화인맞은 양심이라 하는 것이다. 그러므로 이러한 잘못을 벗기고 보면 양심없이는 모든 것을 잘못 판단할 수 있다. 양심이 있어야 복음을 올바로 구별하며, 복음적인 행동을 양심에 거리낌 없이 행할 수 있다.

믿음은 신뢰라는 의미를 지니고 있다. 믿음을 가지고 복음을 정당화하며 복음 안에서 제기된 요구가 참임을 증거한다. 그러므로 예수 그리스도의 복음을 신뢰하며, 예수와 인격적인 만남이 이루어 질 때 참된 하나님의 나라인 평화의 나라에 들어 갈 수 있는 것이다.

3. 참된 안식과 평화(막3:1-6, 마12:1-8)

유대인에게 있어서 안식일은 중요한 날이다. 그들에게 있어서 안식일은 하나님의 날이다. 안식일을 가리키는 히브리어는 샤밧(שבת)이다. 그 단어는 쉬다 또는 중지하다는 뜻을 가진다.

1) 유대인의 안식일과 평화

안식일은 하나님의 천지창조에서부터 시작된다(창2:1-3). 안식일에 대한 훈련은 출애굽기 16장에 나오는 만나사건에서부터 시작된다. 여기서 말하는 안식일은 쉼, 즉 엿새 동안 열심히 일한 다음에 하루 쉬는 개념이다. 성경에서는 이렇게 천지 창조와 함께 출발함을 보이지만 학자들에 의하면 좀 다르게 보는 견해도 있다. 본고는 안식일에 관한 연구가 아니기 때문에 이 문제에 대해서는 생략하도록 한다.

안식일에 관한 문제는 안식일에 어떤 일은 해도 되고, 어떤 일은 하지 말아야 하느냐는 것이다. 성경에 보면, 안식일에는 너희 모든 처소에서 불도 피우지 말지니라(출35:3). 너희는 각기 처소에 있고 제 칠일에는 아무도 그 처소에서 나오지 말라(출16:29). 이러한 말씀

과 십계명에 나타나는 금지 조항들을 놓고 랍비들이 안식일에 해서
는 안 될 일들을 규정지었다. 그것들을 살펴보면 쟁기질, 씨 뿌리기,
추수, 추수단 묶기, 타작, 방아질, 반죽, 빵 굽기, 양털 깎기, 표백, 재
료 배합, 실뽑기, 베틀에 실 얹기, 방적, 천짜기, 다된 물건 치우기,
매듭짓기, 매듭풀기, 찢기, 바느질, 덧놓기, 도살, 가죽 벗기기, 가죽
이기기, 긁기, 표시하기, 모양대로 자르기, 쓰기, 지우기, 짓기, 무너
뜨리기, 불을 켜고 끄기, 망치질, 운반행위 등 39가지이다. 이러한
39가지의 금지된 사항 외에도 이와 유사한 일은 어떤 일이든지 모두
금지된다.[21] 이 후에 안식일에 해서는 안 될 일과 해야 할 일들을
613가지를 규정해 놓았다. 이 중에 365개의 금지규정을 365일을 근
거로 만들고, 248가지는 하라는 규정인데 이는 사람의 몸의 지체 수
를 근거로 만들었다. 이러한 규정들을 온전히 지키려면 쉼이 되는
것이 아니라 규정에 얽매이는 것이 되어버린다. 때로는 생명까지 위
협을 받게 된다. 부유하고 넉넉한 사람들과 종교 지도자들은 상관이
없다. 그러나 가난하고 소외되고 삶에 여유를 갖지 못한 사람들에게
는 이러한 규범이 무거운 짐이었다. 모든 규제는 인간의 행복과 평
화를 위한 것이 되어야 하는데 안식일 규범은 그렇지 못하다.

2) 사람이 안식일을 위해, 안식일이 사람을 위해

하나님께서 안식일을 하나님의 날로 정하고 사람에게 평안한 안
식을 위하여 주셨는데, 이를 섬기는 날로 제도화시켜 버렸다. 위에서
살펴본 바와 같이 자유를 억압하는 것이 안식일인 줄 알았다. 이처럼
제도화되어 형식적이 되어가며, 외식하는 안식일이 되어버렸다. 이
에 예수께서 안식일의 참 의미를 찾아 줄만한 사건이 발생했다.

안식일에 예수께서 제자들과 밀밭 사이를 지나가시는데 제자들

이 길을 열며 밀 이삭을 잘라 비벼 먹었다. 이것을 바라보면서 바리새인들이 어찌하여 안식일에 하지 못할 일을 하나이까 하고 항의하였다. 이 때 예수는 다윗이 자기와 및 함께한 자들이 핍절되어 시장할 때에 한 일을 읽지 못하였느냐 그가 아비아달 대제사장 때에 하나님의 전에 들어가서 제사장 외에는 먹지 못하는 진설병을 먹고 함께 한 자들에게도 주지 아니하였느냐(막2:25-26,삼상21:1-6)고 했다. 당시 다윗과 다윗을 따르는 무리들에게 진설병이 생명과도 같은 것이었다. 이것을 먹음으로 생명의 구원을 받은 것이다.

하나님께서 사람의 일차적인 구원을 음식에서 찾게 하셨다. 아담과 하와를 만들었을 때 동산에 있는 실과를 먹고 생명을 이어가게 했으며, 하나님의 법을 어겼을 때에도 땀 흘려 일하며 먹고 살게 했다. 노아 홍수 후에도 먹을 것을 언급하고 있다. 일차적인 구원을 여기서 언급하면서 생명을 죽이는 것보다는 생명을 살리는 일을 하고 계시다. 선악과를 따 먹는 날에는 정녕 죽으리라(창2:17)고 했으나 죽이지 않으셨다. 살인한 가인이지만 가인을 해하는 자는 벌을 받되 칠 배나 받게 될 것이라고 했다(창4:15). 생명을 살리시는 하나님께서 안식일도 사람에게 주셨다. 예수께서는 이것을 강조하시면서 참된 안식일을 선포하신다.

안식일은 사람을 위하여 있는 것이요 사람이 안식일을 위하여 있는 것이 아니니(막2:27)

이는 유대인들의 안식일관 자체를 바꿔버리는 말씀이었다. 섬기며, 종이 되어야 하며, 종으로서 억압을 받아야 하며, 자유가 없는 날에서 자유의 날로, 주인의식을 갖는 날로 만드셨다.

하나님께서 천지를 창조하시고 일곱째 날에 쉬셨다. 이 쉼은 마음의 평안을 위한 쉼이며, 이 쉼은 육신의 자유를 얻는 쉼이다. 마음과

육신의 평안과 자유를 얻을 때 참된 안식이 된다. 이런 의미에서 사
람들에게 안식일을 주셨다. 마음의 평안과 육신의 자유를 얻어야 참
된 쉼과 참된 평안을 찾을 수 있다. 그런데 유대인들은 이 안식일을
오히려 얽어매는 작용을 했다. 얽어매는 것은 마음에 불안을 낳고,
육신은 곤고하다. 이러한 상황에서 예수께서는 마음에 평안과 육신
의 자유를 얻을 수 있도록 안식일의 참 뜻을 깨닫게 했다. 그 요지는
안식일이 사람을 위하여 있는 것이요, 하나님께서 사람에게 주신 평
화를 찾는 날이라는 것이다.

3) 안식일의 주인

예수께서는 안식일 제도에 얽매여 생활하던 사람들에게 안식일
의 참 의미를 살려 참된 평화의 날로 만드셨다. 예수께서는 안식일
에 많은 일들을 행하셨다. 안식일에 유대인이라면 도저히 행할 수
없는 병 고침의 사역을 행한다. 가버나움에서 안식일을 맞아 회당에
더러운 귀신들린 사람을 온전히 치유하셨다. 하나님의 날을 어긴 이
사건은 당시에 있을 수 없는 사건이었다. 안식일을 범하면 돌에 맞
아 죽었다(출36:2). 안식일 법을 어긴 사람들을 사형에 처한다고 해
서 이 땅에 평화가 실현될 리는 없다. 오히려 안식일에 잘못된 부분
을 바로잡으며, 평화를 이루는데 걸림돌이 되는 부분을 고친다면 하
나님이 원하시며, 인간이 바라는 평화가 실현되는 것이다.

아무리 좋은 일을 행하더라도 그 일에 반대하는 사람이 있게 마련
이다. 당시 제사장과 사두개인, 바리새인들이 이 일을 방해하였다.
안식일에 좋은 일이더라도 규정에 일을 못하게 되었으니 나머지 엿
새 동안 일을 하라는 것이다. 이에 예수께서 말씀하신다.

인자는 안식일에도 주인이니라(막2:28).

마태는 여기에 한 가지 더한다. 안식일에 제사장들이 성전 안에서 안식을 범하여도 죄가 없음을 너희가 율법에서 읽지 못하였느냐(마 12:5,민28:9-10,대상9:32). 구약은 안식일의 예외 규정을 말하고 있는 것 같다. 그러나 이러한 예외 규정으로 인하여 의도적으로 안식일을 범하는 경우가 많았다. 예수는 이것을 지적하고 있다.

종교 지도자들은 적당히 안식일 법을 어기면서도 일반 백성들에게는 엄히 준수할 것을 말한다. 이러한 잘못된 관념 속에서 사람들은 예수를 송사할 것을 찾았다. 이를 안 예수는 안식일에 선을 행하는 것과 악을 행하는 것, 생명을 구하는 것과 죽이는 것, 어느 것이 옳으냐(막3:4)며 안식일은 생명을 구하기 위하여 있다는 것을 가르치셨다. 예수께서 가라사대 너희 중에 어느 사람이 양 한 마리가 있어 안식일에 구덩이에 빠졌으면 붙잡아 내지 않겠느냐(마12:11).

안식일에 관한 모든 예수님의 복음을 종합해 보면 안식일의 주인이신 예수가 모든 법 제도를 순리와 이치에 합당하게 고치고 있다. 사람의 생명을 존중하고, 육신의 질병을 고칠 뿐만 아니라 불편한 부분을 고쳐 평화로운 안식일을 맞이할 수 있도록 개혁하였다.

성경 역사에서 안식일이 제일 필요한 사람들은 애굽에서 노예생활을 하는 이스라엘 민족이었다. 그들에게는 항상 노역만 해야 했다. 그들에게 일주일 중 하루를 쉬는 것은 천국을 맛보는 것과 같았다. 그리고 바벨론 포로 때도 안식이 필요했다. 어떤 학자는 안식일 제도의 기원을 바벨론 포로시기로 보기도 한다. 그만큼 한 주일 열심히 일한 사람에게는 하루를 쉬는 것이 필요했다. 열심히 일한 사람들의 쉼은 천국에서 낙을 누리는 것과 같다. 이때의 쉼은 자신이 하고 싶은 일을 즐기는 것도 좋을 것이다. 그리고 무엇보다도 예수는 '사람이 안식일의 주인' 이라는 것이다. 안식일은 하나님의 날인 동시에 사람의 날임을 강조하고 있다. 그러므로 예수 그리스도의 복음으로 볼 때 참된 안식은 평화에로의 초대인 것이다.

4. 율법이 아닌 화해와 평화로 오는 구원
(마5:17-20)

인류의 평화를 이루는데 화해는 중요한 요소이다. 그런데 율법으로는 결코 평화를 이룰 수 없다. 율법에 앞서 화해가 이루어져야 한다. 화해가 없이는 사랑을 이룰 수 없으며, 화해가 없이는 상한 감정을 치유할 수 없으며, 화해가 없이는 사랑의 감정을 되찾을 수 없다.

1) 율법으로는 평화를 이룰 수 없다

구약시대의 평화를 살피면서 요시야 때 발생했던 율법책에 대해서 살펴보았다. 율법책의 완성은 에스라 때의 일이다. 에스라는 율법책을 지나치게 유다중심으로 편집을 하였다. 이로 인해 율법은 지엽적이며, 제한적이며, 민족주의적이며, 배타적인 면이 강하다. 이러한 여파 때문에 대화로 인한 타협이 안 되며, 지나치게 선민과 택민 사상에 얽매여 있다. 이러한 사상으로는 공생과 공존과 공영을 통한 평화를 이룰 수 없다.

> 그러나 다른 해가 있으면 갚되 생명은 생명으로 눈은 눈으로, 이는 이로, 손은 손으로, 발은 발로, 데운 것은 데움으로, 상하게 한 것은 상함으로, 때린 것은 때림으로 갚을지니라(출21:23-25).

이 구약의 복수 개념을 달리 해석하여 탈레오법(Lex Talionis) 즉 동태복수법(同態復讐法) 혹은 동해보복법(同害報復法)으로 보는 견해도 있다. 이 법은 가해자 보호법으로 본다.[22]

그러나 이스라엘 사람들은 배수보복법으로 보고 피해를 입으면 가차없이 보복을 단행한다. 현재의 보복을 보면 배수보복법보다는 보복할 수 없을 정도로 처참하게 보복한다. 이러한 보복은 보복의 악순환만 낳을 뿐 평화와 화해를 이룰 수 없다.

2) 마태가 말하는 화해

히브리어에서 화해는 하스켄-나(הסכן-נא)인데 이는 부디 너는 화합하라 는 뜻이다. 이 용어는 데만사람 엘리바스가 욥에게 사용한 용어로 하나님과 화목하라는 강한 충고였다(욥22:21-23). 또한 웨쌀레와 바흐(ושלמה_בם)는 '그에게 화목할 것이다' 는 뜻이다. 마른 떡 한 조각만 있고도 화목 하는 것이 육선이 집에 가득하고 다투는 것보다 나으니라(잠17:1). 구약에서는 하나님과의 화목과 사람 사이의 화목을 말한다. 이는 화목 제사를 통하여 이루어졌다.

신약에서 헬라어 카텔라쏘(καтελλάσσω)는 화해되다 는 뜻으로 사용되었다. 하나님께서 그리스도 안에 계시사 세상을 자기와 화목하게 하시며 저희의 죄를 저희에게 돌리지 아니하시고 화목하게 하는 말씀을 우리에게 부탁하셨느니라(고후5:19). 또한 카탈라게멘(καταλλαγήν)라는 용어는 우리가 화해되었다는 뜻이다. 우리가 원수 되었을 때에 그 아들의 죽으심으로 말미암아 하나님으로 더불어 화목되었은즉 화목된 자로서는 더욱 그의 사심을 인하여 구원을 얻을 것이니라(롬5:10).

복음서에는 화해를 사용하는 용도가 약간씩 다르게 나타나고 있다. 마가복음에는 에이레뉴에테(εἰρηνεύεε)로 화목 하라는 뜻이다. 마가복음은 인간이 스스로 이웃과 서로 화해해야 한다는 의미이다. 평화를 촉진하라와 화목하라는 말은 인간이 스스로 화해를 이뤄나

가라는 의미이다. 또한 마가는 창조주 하나님의 화해의 원리까지도
알고 있었다. 창조주 하나님의 화해의 원리는 자동적인 화해이다.
인간이 잘못을 저질렀어도 하나님은 자동적으로 용서를 해주시고
오히려 하나님이 자동적으로 인간과 화해를 하신다. 예를 들어서 이
스라엘 민족들이 안식일을 지키지 않으면 모세나 율법사들은 죽였
으나 창조주 하나님은 죽이지를 아니하였다. 자비의 하나님은 죽일
일이 없다. 사랑의 하나님이 자동적으로 용서하시고 화해하셔야만
하나님의 마음이 편하기 때문이다.[23] 예수 그리스도의 화해도 자동
적이다.

누가복음에는 아펠락호따이(ἀπηλλάχθαι)인데 그 뜻은 해방하다이
다. 이는 아펠라쏘(ἀπηλλάσσω)에서 출원되었는데 구출하다, 놓아주
다, 해방하다, 면하게 하다, 자 유롭게 하다란 뜻이다.[24] 네가 너를
고소할 자와 함께 법관에게 갈 때에 길에서 화해하기를 힘쓰라 저가
너를 재판관에게 끌어가고 재판장이 너를 관속에게 넘겨주어 관속
이 옥에 가둘까 염려하라(12:58). 이는 화해하는 삶을 살아가라는 것
이다. 누군가가 화해할 수 있도록 중재하고, 도와주길 바라기보다는
스스로 화해의 장을 만들고, 스스로 화해하며 살아가는 것이다.

요한복음에서는 에이레넨 덴 에멘(εἰρήνην τήν ἐμήν)에서 화해의
용어를 찾을 수 있다. 요한은 화해를 통한 예수 그리스도의 평화를
누리는 것을 강조하고 있다. 이러한 평화를 누리려면 서로 사랑해야
한다. 평안을 너희에게 끼치노니 나의 평안을 너희에게 주노라 내가
너희에게 주는 것은 세상이 주는 것같이 아니하니라(요14:27). 새 계
명을 너희에게 주노니 서로 사랑하라 내가 너희를 사랑한 것 같이
너희도 서로 사랑하라 너희가 서로 사랑하면 이로서 모든 사람이 너
희가 내 제자인줄 알리라(요13:34-35).

이러한 의미에서 마태는 직접적인 화해의 용어를 사용하고 있다.

예수 그리스도의 평화

마태는 디알라케디($\delta\iota\alpha\lambda\lambda\acute{\alpha}\gamma\eta\theta\iota$)를 사용했는데, 그 의미는 '너는 화해하라' 이다.[20] 이에 어디서든지 화해해야 할 일이 있으면 즉시 화해해야 할 시점을 강조하고 있다.

> 그러므로 예물을 제단에 드리다가 거기서 네 형제에게 원망받을만한 일이 생각나거든 예물을 제단 앞에 두고 먼저 가서 형제와 화목하고 그 후에 와서 예물을 드리라(마2:23-24).

여기서 사용된 디알라케디라는 말은 디알라쏘($\delta\iota\alpha\lambda\lambda\acute{\alpha}\sigma\sigma\omega$)에서 나왔다. 이는 바꾸다, 교환하다, 화해하다는 뜻이다. 마태의 화해의 시점은 '모든 일에 앞서서' 화해해야 한다. 모든 일에 앞서 사람과의 관계를 개선해야 함을 강조한다. 그런데 사람들은 사람과의 관계 보다 하나님과의 관계를 강조하면서 화해하는 일을 소홀히 하고 있다.

평화의 복음신학적인 입장에서 볼 때 하나님과 인간 사이는 빌써 화해가 이루어진 상태이다. 화해를 위해 화목제를 지내는 것 보다는 이미 예수 그리스도를 통하여 화해가 이루어진 상태다. 이러한 상태는 화해는 어떤 제삼의 방법을 동원하는 것이 아니라 자동적으로 된 상태를 말한다. 예수의 복음은 모든 일에 앞서 화해가 선행되어야 할 사항으로 말한다.

5. 원수 사랑과 평화(마5:38-48, 눅6:35)

원수사랑은 예수 그리스도의 복음의 절정이다. '원수를 사랑하라' 라는 말은 그 누구도 하지 못한 말이다. 원수를 대하는 태도는 구약과 신약 그리고 복음서가 완전히 다르게 드러난다.

일반적인 사전적인 의미로 원수(怨讐)는 해를 입어 원한이 맺힌 대상[26]을 말한다. 원수는 외나무다리에서 만난다는 말이 있다. 이는 남의 원한을 사면 피할 수 없는 곳에서 공교롭게 만나 화를 입게 됨을 말한다. 세상에서 원수 맺었던 사람들끼리 원수관계를 푸는 이치를 말해주고 있다. 세상은 이러는데 구약과 신약, 그리고 원수사랑은 예수 그리스도의 평화의 복음의 절정인 의미를 알아보자.

1) 구약에서의 원수사랑

구약에서는 원수사랑 보다는 복수의 개념이 강하다. 구약에서의 복수는 나캄(נקם)이라는 단어를 쓰고 있다. 이는 복수하다, 형벌을 주다라는 의미이다. 구약성경에 나캄이 49절 사용하고 있는데, 이 중에 12곳이 복수란 의미로 사용된다. 멘델홀(G.E.Mendenhall)은 나캄이 쓰인 49절 가운데 야훼 혹은 야훼의 대리자에 의해 시행되는 것이 51회 나타난다고 했다. 그리고 야훼의 복수 대상으로 외국인이 55% 그리고 이스라엘 사람들이 20% 정도이고, 명사형으로 17회 나타나는데 그 중 13회가 야훼의 복수라는 형태로 나타난다고 했다.[27]

구약에 유대인들은 야훼의 이름으로 원수를 갚거나 원수갚는 것을 신에게 맡길 정도였다. 유대인들이나 사람들 스스로 원수를 풀거나 사랑하려는 의도는 전혀 보이지 않는다(출15:6). 이러한 면을 볼 때, 구약에서는 원수 사랑이 없다. 오히려 원수맺음이 심해지며, 한 번 원수맺음이 있으면 그 관계는 해결될 수 없게 된다. 악순환되는 복수에 자자손손 대를 이어가는 것이다.

2) 신약에서의 원수사랑

신약도 구약의 정신을 그대로 이어가고 있다. 바울은 자기의 교리를 믿지 않는 자는 다 원수로 분류하였다. 그리고 원수갚는 것은 하나님에게 있기 때문에 하나님께 맡기라고 했다.

> 우리나 혹 하늘로부터 온 천사라도 우리가 너희에게 전한 복음 외에
> 다른 복음을 전하면 저주를 받을지어다.…내가 지금 다시 말하노니
> 만일 누구든지 너희의 받은 것 외에 다른 복음을 전하면 저주를 받을
> 지어다(갈1:8-9).

여기서 말하는 다른 복음은 무엇인가? 대부분 다른 복음은 이단
이라고 정의를 내린다. 그러나 당시 상황으로 볼 때, 이단이 등장할
만한 시기와 상황이 아니었다. 이러한 정황을 들어 손병호 박사는
게바인 베드로를 중심으로 한 열두 사도라고 한다.[28] 바울은 하나님
의 복음(롬1:1,15:16), 나의 복음(롬16:25,딤후2:8)이라 쓰고 있다. 바
울은 예수 그리스도의 복음을 빙자하여 하나님의 복음과 나의 복음,
즉 바울의 복음을 전파하였다. 자기의 복음을 전파하면서 다른 복
음, 즉 예수 그리스도의 복음을 전파하는 사람들을 비난하며, 저주
하고 있다.

> 내 사랑하는 자들아 너희가 친히 원수를 갚지 말고 진노하심에 맡기
> 라 기록되었으되 원수갚는 것이 내게 있으니 내가 갚으리라고 주께서
> 말씀하시니라(롬12:19).

이 말은 원수갚는 것이 하나님께 있기 때문에 원수갚는 것은 하나
님께 맡기라는 뜻이다. 그런데 참 신이시며, 참 인간이신 예수 그리
스도의 복음에는 원수갚는 말이 없다. 오히려 사랑하라고 한다. 구
약과 신약을 보면 원수를 사랑하라는 말이 없다. 오히려 하나님을
빙자하여 원수를 원망하고, 저주하고, 원수를 고통스럽게 하는 인상
을 주고 있다. 이러한 관계는 원수관계를 풀기 보다는 원수의 골이
더 깊어져 나중에는 생명을 해하는 원수갚음으로 번질 수 있다.

3) 예수 그리스도의 원수사랑

원수를 사랑하라. 예수 외에는 어느 누구도 하지 못한 말이다. 이는 평화의 나라인 하나님 나라를 이루기 위한 핵심이 되는 말씀이다. 혹자는 이 말씀을 이상 사회를 위한 하나의 훈령쯤으로 본다.[20] 그러나 예수의 복음에는 평화의 나라를 위한 진지한 한 가지의 길은 온전한 사랑밖에 없다. 원수 사랑이라는 말에 모든 사랑이 내포되어 있다.

(1) 예수 그리스도에게는 원수가 없다

예수에게는 원수가 없다. 사랑에 어찌 원수가 있겠는가? 그런데 유대인들에게 이웃은 반드시 유대인이나 함께 사는 사람들이다. 그리고 원수는 모든 이방인들이다. 이러한 사고는 유대인의 민족 우월주의에 의한 선민사상에서 나온 것이다.

그러나 예수께서는 원수 맺음이 없게 하기 위하여 원수를 사랑하라는 것이다. 여기에 사용된 사랑은 헬라어로 아가파오($\dot{\alpha}\gamma\alpha\pi\acute{\alpha}\omega$)라는 단어가 사용되었다. 이는 인간을 향한 하나님의 사랑을 중심으로 사용되는 단어이다. 물론 인간을 향한 하나님의 사랑으로 끝맺는 것이 아니다. 하나님을 향한 인간의 사랑과 인간과 인간 간의 사랑도 내포되어야 함을 가리킨다.

예수께서는 실질적으로 원수를 삼은 적이 없다. 예수에게 있어서 가장 원수라면 그를 십자가에 못박은 무리들이다. 그러나 예수께서 오히려 불쌍히 여기고 하늘의 용서를 구하신다. 아버지여 저희를 사하여 주옵소서. 자기의 하는 것을 알지 못함이니이다(눅23:34).

인간에게 가장 악한 감정이 생길만한 때에 하신 말씀이다. 사람들은 자신이 가장 궁지에 처해 있을 때 모든 것들을 저주하며 자신의 마음을 위로한다. 예수의 극한 상황이 십자가 위였다. 그러나 예수

는 '아버지여 저희를 사하여 주옵소서'라고 기도했다. 모든 사람이
이와 같이 한다면 세상은 평화롭지 않을 수 없다.

(2) 원수는 원수 삼는 사람이 원수

원수는 서로 또는 일방이 상대방을 대적시할 때 원수가 된다. 서
로 적대시하며 원수를 맺으면 더 큰 어려움을 겪을 수도 있다. 그리
고 서로 원수를 맺지는 않았지만 혼자서 원수시하면 불편한 관계가
된다. 성경에 원수와 같은 의미로 핍박하는 자가 있다. 헬라어에 에
페레아제인(séππρεάξειν)은 협박하다, 공갈하다, 학대하다, 천대하다
등의 뜻으로서 정신적이고 물리적인 박해 행위를 모두 포함하는 말
이다.

가장 가까이에 있는 사람이 원수되기 쉽다. 언제 어떻게 원수로
맺어질지 아무도 모른다. 그러나 원수맺어지면 돌이킬 수 없는 수렁
으로 빠지고 만다. 그래서 예수께서는 한 가지 경고를 했다. 사람의
원수가 자기 집안 식구이리라(마10:11). 이 말씀은 상식적으로 이해
가 되지 않는 말씀이다. 하지만 예수께서는 삶을 통하여 얻은 지혜
이다. 앞서 언급을 했지만 이스라엘은 항상 두 그룹으로 나뉘어져
있었다. 이스마엘과 이삭이 서로 원수였다. 에서와 야곱이 원수였으
며, 야곱의 열한 아들과 유다가 서로 불화했다. 형제 간에 우애에 우
애를 더해야 하는데 그렇지 못하는 모습을 보고 가슴에서 피맺힌 절
규의 한 마디를 한 것이다. 이스라엘의 모든 가족이 원수를 맺으려
고 하지 않았다면 원수는 없고, 이스라엘은 세계 평화를 주도할 수
있었다.

(3) 원수맺지 말고 용서하라

예수 그리스도의 복음에는 원수맺음이란 있을 수 없다. 예수 그리

스도의 복음에는 사랑만 있다. 예수는 이 땅에서 사랑만을 말씀하셨다. 네 이웃을 사랑하고 네 원수를 미워하라 하였다는 것은 너희가 들었으나 나는 너희에게 이르노니 너희 원수를 사랑하며 너희를 핍박하는 자를 위하여 기도하라(마5:43-44).

구약은 독선과 아집과 이방인에 대한 배타적인 자세가 강하다. 그러나 예수께서는 서로 사랑을 말한다. 서로 사랑하는데 어찌 원수맺음이 있을 수 있겠는가. 원수맺음이 아니라 서로 사랑을 말씀하신다. 핍박하는 자를 위해서도 기도하라고 했다. 이러한 기도가 있는 한 원수맺음보다는 사랑의 관계를 이룰 것이다.

이처럼 원수와 핍박자를 위하여 적극적으로 나서는데 이러한 사람을 미워할 사람이 있겠는가? 웃는 낯에 침 뱉을 사람이 없다. 일방적일 때 지치기 쉽다. 핍박자를 위하여 기도하는 것도 한계가 있다. 이러한 면을 알고 계신 예수께서는 우리에게 새 계명을 주신다. 서로 사랑하라(요13:34-35). 핍박하는 자와 핍박을 받는 자가 서로 사랑하면 곧 화해와 평화의 나라를 이룰 수 있을 것이다. 서로 사랑하게 된다면 모두가 평등하고, 모두에게 만족하고, 모두에게 불평과 불만이 없게 된다. 이것이 진정한 평화의 나라의 모습이다.

6. 평화의 나라와 가족
(마10:34-39, 막3:31-35)

가족(家族, Family)이란 일반적으로 혈연, 결혼, 입양 등에 의해 묶여진 사람들의 집단으로 인식되는데, 단독 가계를 구성하여 남편과 부인, 아버지와 어머니, 아들과 딸, 형제와 자매 등 각자의 역할로서 상호작용을 한다.[30] 가족제도는 민족마다 다양하다. 성경에 나타

예수 그리스도의 평화

나는 가족제도는 가부장제도와 일부다처제를 채택하고 있다.

가족은 히브리어로 바이트(בית:집)과 헬라어로 오이키아(οικια, 가족이라는 뜻)와 오이키아코스(οικιακοσ, 친척, 즉 일족의 구성원이란 뜻)라는 단어가 있다. 또한 가족을 의미하는 미쉐파하(משפחה)는 헬라어 파트리아(πατρια)로 씨족, 가족, 친족이라는 뜻을 갖는다.[31]

1) 구약의 혈연적인 가족관계

가족은 혈연을 중심으로 구성되고 있다. 구약성경에서는 일부다처제를 이루고 있다. 족장 중에 이삭을 제외한 다른 족장들은 이 제도를 따르고 있다. 또한 동족 간에 결혼을 중시여긴다. 같은 혈통끼리 결혼을 하면 많은 부작용이 생긴다. 그럼에도 동족간의 결혼을 중히 여기는 이유는 이방인과 결혼을 하면 부정하다고 생각했기 때문이다. 그들의 제도 중에 특이한 것은 시형제(媤兄弟) 결혼제도가 있다. 이는 형제가 함께 살다가 그 중 하나가 남자 후손을 보지 못하고 죽을 경우, 생존한 형제들 중의 장자가 과부된 형수를 아내로 맞아 태어난 장자는 법적으로 죽은 자의 아들이 되는 제도다.[32] 이러한 제도를 볼 때 이스라엘은 강력한 혈연 중심의 가족을 형성하고 있었다.

실제적으로 성경에 시형제 결혼에 관한 사건이 기록되어 있다. 유다에게는 세 아들이 있었다. 큰아들 엘을 위하여 자부 다말을 취하여 아내를 삼게 했다. 엘은 결혼을 하였지만 아들이 없이 죽었다. 엘의 뒤를 이어 오난이 그의 형수 다말을 취하여 아내를 삼는다. 사회의 풍습 때문에 어쩔 수 없이 형수를 취한 것이다. 그러나 오난도 아들을 낳지 못하고 죽는다. 유다는 막내아들을 다말에게 주지 않는다. 다말은 시아버지에게 불만을 품지만 어쩔 수 없었다. 그래서 부정한 방법을 동원해서 시아버지인 유다와 동침하여 아들을 낳아 혈통을 잇는데 그가 베레스와 세라이다(창38:1-30). 이러한 제도를 볼 때 이스라엘은 강력한 혈통 중심의 가족제도를 갖고 있었다.

이러한 혈통 중심의 가족관계는 장점이 많다. 끈끈한 유대관계를 이룰 수 있으며, 좋은 협력 관계도 이룰 수 있다. 그러나 이러한 혈통 중심의 가족관은 단점도 많다. 다른 혈통을 가진 가족과 유대관계를 맺기가 쉽지는 않다. 이에 민족주의가 발생하여 인류 평화에 크게 장벽이 된다. 세계 1,2차 대전이 민족주의에서 발생했으며, 민족주의 때문에 현재의 중동은 화약고가 되고 있다.

2) 신약의 영적 가족관계

구약은 혈통적 가족관계를 갖고 있다면 신약은 영적 가족관계를 갖고 있다. 성육신하신 하나님이나 참 인간이신 예수 그리스도를 강조한 것이 아니라 영적인 예수를 강조하고 있다. 이에 동역자와 그리스도를 믿는 사람들에게 말을 할 때나 편지를 쓸 때 형제란 말을 강조하며 썼다. 바울은 영적인 가족관계를 강조하고 있다.

> 이 아들로 말하면 육신으로는 다윗의 혈통에서 나셨고 성결의 영으로는 죽은 가운데서 부활하여 능력으로 하나님의 아들로 인정되셨으니 곧 우리 주 예수 그리스도시니라(롬1:3-4).

바울은 서신 어디에서도 예수가 하나님의 성육신으로 오신 것을 언급하지 않았으며, 동정녀 탄생이나 성령의 잉태도 말하지 않았다.[33] 그리고 성결의 영으로는 죽은 자 가운데서 부활하여 능력으로 하나님의 아들로 인정하셨다고 말씀하셨다. 이는 영과 육이 완전히 분리하여 생각한 것이다. 예수의 육에 대한 이야기보다는 영적인 것을 강조하고 있다. 이처럼 영적인 것을 강조하면서 그리스도인들이 영적인 예수와의 결합을 말한다.

> 내가 하나님의 열심으로 너희를 위하여 열심내노니 내가 너희를 정결한 처녀로 한 남편인 그리스도께 드리려고 중매함이로다(고후11:2).

바울은 영지주의적인 성향이 강하기 때문에 육은 그리 중요하지 않다. 영적인 것을 강조한다. 예수와의 결합도 영적으로 이루어지며, 육적으로는 다른 혈통을 가진 사람일지라도 영적으로는 그리스도 안에서 한 형제와 자매가 되는 것이다.

이러한 것을 바탕으로 바울은 그리스도를 믿는 사람들끼리 한 형제와 자매가 되었음을 말한다. 그래서 그의 서신에 인사말이 '그리스도 안에서 신실한 형제들에게 편지하노니' (골1:2)라고 말한다. 그리스노를 믿는 사람만이 형제가 된다. 이러한 생각은 믿음의 공동체를 이루는 데는 도움이 될 수 있을지 모르나 세계와 인류의 평화에는 장애가 된다. 믿음의 공동체라는 집단이 되기 쉬우며, 다른 견해나 다른 생각을 하는 사람들과는 어떤 생각이든지 일치를 이루기가 어렵다. 소위 말하는 이념의 대립이 생기기 쉽다. 이념의 대립이 되기 시작하면 그 사회는 평화를 잃게 될 것이다.

3) 예수의 우주적인 가족관계

구약은 혈연 중심의 가족을 말하며, 신약에서는 영적인 형제를 말한다는 것을 살펴보았다. 그렇다면 예수는 어떤 가족관계를 말씀하실까? 예수께서는 평화에 합당치 못한 가족관계를 말한다. 평화의 나라를 이루는데 가장 기본적인 단위가 가족인데 이스라엘의 가족은 선민과 택민사상에 빠져 독선적이고, 배타적이어서 화합을 이루지 못하게 된 것을 보았다.

> 내가 세상에 화평을 주러 온 줄로 생각지 말라 화평이 아니요 검을 주러 왔노라 내가 온 것은 사람이 그 아비와 딸이 어미와 며느리가 시어미와 불화하게 하려함이니 사람의 원수가 자기 집안 식구리라 아비나 어미를 나보다 더 사랑하는 자는 내게 합당치 아니하고 아들이나 딸을 나보다 더 사랑하는 자도 내게 합당치 아니하고 또 자기 십자가를 지고 나를 좇지 않는 자도 내게 합당치 아니하니라 자기 목숨을 얻는 자는 잃을 것이요 나를 위하여 자기 목숨을 잃은 자는 얻으리라(마 10:34-39).

예수께서는 평화의 나라에서 가장 기본적인 단위인 가정에 화평을 주러 온 것이 아니라 검을 주신다. 검은 싸움과 분쟁의 상징인데 가정에 싸움과 분쟁을 주러 왔다는 말이다. 그리고 사람의 원수가 자기 집안 식구로 말씀하신다. 그 예가 아브라함의 아들 이스마엘과 이삭이 대치를 이루었다. 이삭의 아들 야곱과 에서이다. 뿐만 아니라 이스라엘의 열한 지파와 한 지파가 대치를 이루었다.

예수는 이러한 대립과 대결, 배타적인 가족관계를 무너뜨리고 새로운 가족관계를 탄생시킨다. 예수는 혈통적인 가족 제도를 부인하지 않았다. 부모에 대한 공경과 의무도 철저했다. 십자가에 돌아가시기 전에 사랑하는 제자에게 보라 네 어머니라(요19:27) 하시며 어머니를 부탁하는 모습을 볼 수 있다. 이러한 가족 관계를 인정하면서도 새로운 가족관계를 탄생시킨다.

> 평화의 나라를 전파하는 예수에게 보소서 당신의 모친과 동생들과 누이들이 밖에서 찾나이다. 누가 내 모친이며 동생들이냐 하시고 둘러 앉은 자들을 둘러보시고 가라사대 내 모친과 내 동생들을 보라 누구든지 하나님의 뜻대로 하는 자는 내 형제요 자매요 모친이니라(막

 예수 그리스도의 평화

3:31-35).

  예수가 말하는 평화의 나라를 이룰 가족들은 누구인가? 둘러앉은
자들을 둘러보시며 가라사대 내 모친과 내 동생들을 보라! 여기에
둘러앉아 있는($\kappa\upsilon$ $\kappa\lambda\omega$)이라는 말을 추가함으로써 예수의 말씀을 듣
는 청중들의 진지한 모습을 특징적으로 잘 묘사하고 있다.[34] 마태복
음은 예수께서 무리들에게 말씀하실 때에(12:46)와 누가복음의 하나
님의 말씀을 듣고(8:21)라는 말로 더욱 구체화되고 있다. 예수는 이
렇게 자기의 말을 들으려고 모여 앉아 있는 무리들을 둘러보면서 그
들이야말로 평화의 나라를 건설할 새로운 가족으로 보신 것이다. 이
들을 가리켜 예수는 모친이며, 형제, 자매들이라고 선언한다.

  실제로 초대교회에서 이런 가족과 같은 모임을 만들었었다. 초대
교회는 지위고하가 없었다. 가진 자는 가진 것을 없는 사람들에게
나눠줬다. 한마디로 유무상통이 이루어졌었다. 믿는 사람이 다 함께
있어 모든 물건을 서로 통용하고 또 재산과 소유를 팔아 각 사람의
필요를 따라 나눠주고 날마다 마음을 같이하여 성전에 모이기를 힘
쓰고 집에서 떡을 떼며 기쁨과 순전한 마음으로 음식을 먹고 하나님
을 찬미하며 또 온 백성에게 칭송을 받으니 주께서 구원받는 사람을
날마다 더하게 하시니라(행2:44-47). 이것이 바로 평화의 나라에 백
성들의 삶이며, 평화의 나라이다. 이 나라의 가족은 혈연과 지연과
민족을 뛰어넘는 초인류적인 가족관계를 말하는 것이다.

7. 죄의 관념에서의 평화
  (마6:12-15, 눅11:2-4, 요20:23)

  사람들은 죄 때문에 많은 고민을 한다. 죄와 죽음과 연계시켜 영

원한 형벌에, 영원한 천국에 들어가는 것을 믿고 있기 때문이다. 사후의 세계가 있음을 믿기 때문에 천국에 들어가기 위해서는 죄짓지 않고, 사람들에게 인정도 받고, 공로를 많이 쌓아야 한다는 의식을 하고 있다. 기독교가 이러한 교리에 강하기 때문에 죄에 관한 문제와 믿음에 관한 말을 많이 한다. 그래서 죄의 관념에 사로잡혀 평화를 이루지 못하고 오히려 불안에 떨고 있는 현실이다. 죄에 관한 모든 문제는 예수의 십자가의 보혈로 다 해결했다고 하지만 아직도 불안에 떨고 있다. 그렇다면 예수 그리스도의 복음은 무엇을 말하는가?

1) 구약의 죄

죄에 대해 구약에 히브리어는 하타(חטא)로 이는 표적을 빗나가다, 실패하다라는 뜻이다. 이와 관련된 단어들은 아바르(עבר, 벗어나다, 위반하다), 아온(עון, 불법, 잘못), 파솨(פשע, 반역하다, 위반하다), 솨가그와 솨가(הׁשגג שׁ, 잘못을 범하다, 길에서 빗나가다) 등의 용어가 있다.

죄를 지었을 때에는 속죄를 해야 한다. 그 속죄에 대한 단어들은 구약에 백번 가까이 나오는데 언제나 키푸림(כפרים) 또는 카파르(כפר)로 나오고 있다. 그 뜻은 속죄하다(Make an atonement)이다.[35]

이 용어들이 사람들을 얽매었다. 이 죄의 기원은 에덴동산에서의 아담과 하와에 관한 이야기는 최초의 범죄에서 시작된다(창3장). 구약에서는 인간의 죄의 상태는 사람이 출생할 때부터 시작되는 것으로 본다. 내가 죄악 중에 출생하였음이여 모친이 죄 중에 나를 잉태하였나이다(시51:5). 그만큼 사람들을 죄에 구속시킨 것이다.

구약에서 죄를 지은 사람은 반드시 속함을 받아야 했다. 그 방법

으로 예물을 갖고 제사장에게 와서 제사를 부탁한다. 제사장이 그것
으로 회중을 위하여 속죄한즉 그들이 사함을 얻으리라. 이러한 것을
볼 때 구약시대에는 하나님께서 제사장들을 통하여 일하신 모습을
볼 수 있다. 제사장이 죄를 사할 때 사해진 것이다(레4:1-5,6:24-30).

2) 신약의 죄

신약에서 사용된 죄라는 단어는 하마르티아(*άμαρτία*), 포네로스
(*πονηρός*, 악한), 아디키아(*άδικία*, 불의, 부정), 파라바시스
(*παράβαδις*, 위반), 그리고 아노미아(*άνομία*, 무법) 등이 있다. 그리고
속죄에 대한 단어로 카탈라게(*καταλλαγή*)를 사용하고, 영어성경은
Reconciliation으로 번역(RSV,JB,NIV)되었고, 한글 개역성경에서는
화목으로 번역되었다.

신약은 구약의 원죄론을 그대로 이어받고 있다. 한 사람으로 말미
암아 죄가 세상에 들어오고 죄로 말미암아 사망이 왔나니 이와같이
모든 사람이 죄를 지었으므로 사망이 모든 사람에게 이르렀느니라
(롬5:12) 아담의 죄로 인해 모든 사람에게 죄가 들어왔고, 그 죄는 모
든 사람에게 유전이 되며, 모두가 죽게 되었다는 것이다. 이러한 유
대인들의 사고 때문에 날 때부터 소경된 사람을 보고 제자들이 '랍
비여 이 사람이 소경으로 난 것이 뉘 죄로 인함이오니이까 자기오니
이까 그 부모오니이까' (요9:1-2)라고 질문을 한다. 바울은 구약의 죄
가 유전이 되는 사상을 그대로 받아 죄에서 씻음을 받기 위해서는 대
속이 필요하므로 예수의 십자가의 보혈로 씻음을 받았다는 것이다.

3) 죄의 표준을 달리하신 예수 그리스도

구약과 신약에는 원죄의 개념이 있으나 예수 그리스도의 복음에

는 원죄란 개념이 없다. 예수 그리스도의 복음은 이러한 모든 것에서 해방시켰다. 그렇다면 예수 그리스도의 복음에 나타나는 죄의 표준은 무엇일까?

(1) 죄에는 특권이 없다

이스라엘 백성들은 선민사상과 택민사상으로 자신들은 어떤 일이 있어도 의인이며, 다른 사람들은 모두 죄인처럼 생각했다. 그러나 예수는 죄를 범하는 자마다 죄의 종이라(요8:34)고 한다. 예외없이 죄를 짓는 자가 죄인이라는 말이다. 구약과 신약을 보면 항상 선과 악이라는 이원론적인 맥락에서 선한 자는 항상 선하며, 악한 자는 항상 악하게 본다. 그러나 예수는 모든 사람이 똑같으며 어떤 사람이든 잘못하여 죄를 지으면 그 사람은 죄의 종이라는 것이다.

(2) 죄의 새로운 표준

복음신학에서는 요한복음을 최종적인 복음으로 보고 있다. 요한복음서가 가장 늦게 나왔고, 마지막장에서 예수께서 베드로에게 부탁하는 말씀때문이다. 요한복음은 죄에 대하여 '너희가 뉘 죄든지 사하면 사하여 질 것이요 뉘 죄든지 그대로 두면 그대로 있으리라'고 했다. 이는 죄 사함이나 속죄나 죄 용서가 하나님에게 있기 보다는 사람에게 다 넘어 온 것을 말한다. 구약이나 신약에서는 하나님께서 죄를 정하시고, 심판하시거나 아니면 용서해 주시는 것으로 되어 있다. 그러나 예수께서는 죄의 표준을 달리하셨다. 내가 와서 저희에게 말하지 아니하였더면 죄가 없었으려니와 지금은 그 죄를 핑계할 수 없느니라(요15:22).

예수는 구약과 신약의 죄를 말하지 않았다. '내가 한 말' 을 표준이라 하셨다. 이는 예수는 자기의 말로 누구를 정죄하려고 표준을 달리하신 것이 아니라 모든 사람들이 죄에서의 구원을 위하여 없어도 되는 정죄와 지지 않아도 되는 죄와 사함받지 않아도 되는 것을 말한다. 예수의 죄에서의 구원은 죄를 짓는 자들이 스스로 용서하고 사하는 데서 오는 구원을 말씀하셨다. 하나님의 구원이나 죄 사함이 필요한 자들은 먼저 제물이나 제단 앞에 두고 가서 사화나 화해나 용서하라는 것이다(마5:21-26).

예수는 죄의 표준을 구약의 종교적인 구원인 의와 진리와 거룩에서 떠나 일상적인 구원의 길과 진리와 생명을 말한다. 그리고 속죄론과 구속론과 영생론의 기준도 달리하신다. 사람이 내 말을 듣고 지키지 아니할지라도 내가 저를 심판하지 아니하노라. 내가 온 것은 세상을 심판하려 함이 아니요 세상을 구원하려 함이로라. 나를 저버리고 내 말을 받지 아니하는 자를 심판할 이가 있으니 곧 나의 한 말이 마지막 날에 저를 심판하리라(요12:47-48). 이는 예수의 복음에는 심판이 없다는 말이다. 내가 온 것은 세상을 심판하려 함이 아니요 세상을 구원하려 함이로라. 또한 예수는 천지는 없어지겠으나 내 말은 없어지지 아니하리라. 하나님이 세상과 자기 자녀들을 사랑하시다가 심판을 하신다는 것은 자기모순인 것이다.[36]

이러한 모든 것을 볼 때 예수 그리스도의 복음에는 정죄함이나 죄의 유전이 없다. 속죄함을 받을 때 어떤 대가를 지불하는 것이 아니다. 서로 이해하고, 서로 용서하고, 서로 사랑하되 원수까지 사랑하면 정죄함이나 유죄함이 없는 것이다.

8. 정죄에서 사함과 평화
(요8:1-11,9:2-3,20:19-23)

구약이나 신약, 그리고 세상의 다른 종교에서는 죄로 사람들을 얽

맨다. 사람들은 죄 때문에 불안해하고, 문제가 생기는 것으로 안다.
그래서 죄 때문에 종교심이 강하게 나타난다. 만일 종교에서 제시하
고 있는 모든 것에 이상이 없었다면 예수 그리스도는 인간의 몸을
입고 이 땅에 올 필요가 없었다. 예수는 잘못된 모든 것을 바로잡기
위하여 인간의 몸을 입고 이 땅에 오셨다.

1) 간음하다 현장에서 잡힌 여인

예수는 죄인을 포함한 모든 사람을 영접하고, 잔치를 열고 인생을
기쁘고 즐거워하는 삶을 말씀하셨다. 이러한 예수의 모습은 정죄하
지 아니하며, 죄에서 자유와 구원을 의미하는 것이다.

> 서기관들과 바리새인들이 간음 중에 잡힌 여자를 끌고 와서 가운데
> 세우고 예수께 말하되 선생이여 이 여자가 간음하다가 현장에서 잡혔
> 나이다. 모세는 율법에서 이러한 여자를 돌로 치라 명하였거니와 선
> 생은 어떻게 말하겠나이까 저희가 이렇게 말함은 고소할 조건을 얻고
> 자 하여 예수를 시험함이러라…너희 중에 죄 없는 자가 먼저 돌로 치
> 라 하시고……저희가 이 말씀을 듣고 양심의 가책을 받아 어른으로
> 시작하여 젊은이까지 하나씩 하나씩 나가고 오직 예수와 그 가운데
> 섰는 여자만 남았더라 예수께서 일어나사 여자 외에 아무도 없는 것
> 을 보시고 이르시되 여자여 너를 고소하던 그들이 어디 있느냐 너를
> 정죄한 자가 없느냐 대답하되 주여 없나이다. 예수께서 가라사대 나
> 도 너를 정죄하지 아니하노니 가서 다시는 죄를 범치 말라 하시니라
> (요8:3-11).

이 사건은 요한복음에만 나온다. 유대인들이 가장 큰 죄로 여기는
것이 10계명인데 여인은 제7계명을 범한 것이다(출20:14). 서기관과
바리새인들이 간음 중에 여인을 현장에서 잡아끌고 와서 서로 사랑

하라는 예수의 태도는 어떤 것인지를 시험하고자 하였다.

예수는 나는 너희에게 이르노니 여자를 보고 음욕을 품는 자마다 마음에 이미 간음 하였느니라(마5:28)라고 엄히 말씀하셨다. 사람들은 자기의 죄나 잘못에는 관대하고 다른 사람에게는 엄격하다. 그러나 예수는 어찌하여 형제의 눈 속에 있는 티는 보고 네 눈 속에 있는 들보는 깨닫지 못하느냐 보라 네 눈 속에 들보가 있는데 어찌하여 형제에게 말하기를 나로 네 눈 속에 있는 티를 빼게 하라 하겠느냐 외식하는 자여 먼저 네 눈 속에서 들보를 빼어라 그 후에야 밝히 보고 형제의 눈 속에서 티를 빼리라(마7:3-5,눅7:41-42)라고 말씀하셨다. 예수는 이 여자를 어떻게 하면 구원할 수 있을 것인가를 말씀하신 것이다. 돌을 들고 와 당장 그 자리에서 칠 것 같던 그들이 양심에 가책을 받아 하나씩 하나씩 다 물러 가버리고, 간음한 여자만 남게 되었다. 이에 예수는 '나도 너를 정죄하지 아니한다' 고 말씀하셨다. 이는 정죄에서 자유를 주셨고, 정죄에서 평화를 선언하신 말씀이다. 더불어 가서 다시는 죄를 범치 말라고 권면하셨다. 예수는 이 사건을 통하여 죽을 수밖에 없는 자가 죄에서 자유와 해방과 구원받는 길을 말씀하시며, 죄에서 죽지 않고 살 수 있는 구원의 길을 말씀하신 것이다. 그것은 정죄하지 않는 일이며, 죄를 삼지 않으면 죄에서 구원되며, 다시 죄를 범하지 않으면 언제나 구원의 삶이 가능한 것을 말씀하신 것이다. 이런 구원은 제사나 율법으로 오는 것이 아니며, 오직 예수 그리스도의 복음으로만 가능한 것이다.[37]

2) 우리가 우리 죄를 사하여 준 것 같이

유대인들은 죄를 지으면 대속으로만 죄의 용서를 받을 수 있는 것으로 알았다. 그래서 날마다 죄를 지으면 제물을 끌고 성전으로 가서 제사장을 통하여 하나님께 대속제를 드리고 용서함 받은 것으로 알았다. 그러나 예수께서는 이러한 죄의 용서관을 달리하셨다.

> 우리가 우리에게 죄 지은 자를 사하여 준 것 같이 우리 죄를 사하여 주옵시고…너희가 사람의 과실을 용서하면 너희 천부께서도 너희 과실을 용서하시려니와 너희가 사람의 과실을 용서하지 아니하면 너희 아버지께서도 너희 과실을 용서하지 아니하시리라(마6:12-15).
> …우리가 우리에게 죄 지은 모든 사람을 용서하오니 우리 죄도 사하여 주옵소서 하라(눅11:2-4).

마태와 누가복음서에는 사람이 죄를 용서해주면 하나님께서도 그 죄를 용서해 준다고 증거한다. 용서의 주체가 달라진 것이다. 구약에서는 대속 제사를 드려서 하나님이 용서해 주시고, 제사장이 용서의 선포를 한다. 신약에서 바울은 예수께서 대속의 화목제물로 십자가에 못 박혀 돌아가셨기 때문에 모든 죄가 사함을 받았다고 믿는다. 그러나 예수께서는 분명히 사람이 죄를 용서하면 하나님께서 용서해 주신다는 것이다.

3) 죄에서 자구(自救)

마태와 누가에서는 사람이 죄를 용서해 주면 하나님께서도 용서해 주신다고 했지만 요한복음에서는 좀 다르게 나타나고 있다. 요한복음이 예수 그리스도의 마지막 복음이며, 결론적인 복음에서 용서에 대해서 다음과 같이 말씀하고 있다.

> 너희가 뉘 죄든지 사하면 사하여 질 것이요 뉘 죄든지 그대로 두면 그대로 있으리라 하시니라(요20:23).

이 말씀은 죄 사함이나 속죄나 죄용서가 하나님에게 있기 보다는 사람에게 있다는 것이다. 이 말씀에서 주체는 분명히 '너희가' 이다. 즉 이 말씀을 들은 사람들이 누구의 죄든지 사하면 진정으로 사해진 다는 것이다. 그러나 주체자가 죄를 사하지 않으면 그대로 있는 것 이다. 이 말씀을 볼 때 대속제물도 필요없고, 대속자도 필요없고, 어 떠한 제사나 제물도 필요없음을 천명하는 것이다. 죄 용서에 관해서 는 사람들끼리 서로 용서하는 자세가 필요한 것이다. 예수께서는 어 떠한 다른 것을 요구하시지 않았다. 사람들 사이에서 일어나는 것은 사람들 사이에서 해결하는 것이 중요함을 알려 주고 있다.

구약이나 신약에서 죄는 인간 스스로는 용서함을 받지 못한다는 결론 아래 스스로 구원을 얻을 수 없어서 대속의 교리를 발전시켰 다. 바울은 그리스도의 대속의 십자가를 말하며, 십자가에 흘린 피 를 통하여 모든 사람이 구원을 받는 것을 전하다. 그러나 예수 그리 스도의 복음에서는 대속물이라는 언급이 마가복음과 마태복음에서 만 나타난다. 인자의 온 것은 섬김을 받으려 함이 아니라 도리어 섬 기려 하고 자기 목숨을 많은 사람의 대속물로 주려 함이니라(막 10:45,마20:28). 대속제물은 제사종교인 유대교의 용어인데, 기독교 에서는 이 용어를 매우 중요시한다.

복음서에서는 구속이 아닌 구원을 말한다. 구속은 죄사함을 위한 제사에서 사함이나 속함을 말하는 것이나 구원은 사람의 생사나 역 경이나 도탄이나 기아나 질병이나 전쟁이나 죽음이나 죽임에서 살 리거나 구하거나 건져내는 것을 말한다.[38]

복음서에서 대속이라는 용어를 사용한 시기에 초기 기독교와 교 회는 온통 바울의 구속론에 압도되고 있다. 이에 마가와 마태는 유 대인 기독교인들에게는 필수적인 대속론을 예수 그리스도로 종결을 말하였다. 예수는 대속으로 오는 구원을 말한 적이 없다. 다만 예수를 구약종교나 유대종교의 대속종교의 종지부로 해석한다.

구약에 제사제도에서 대속의 원리가 신약에 와서는 예수 그리스도의 대속을 의지하여 기도하며, 믿기만 하면 되는 것으로 적용되었다. 이러한 이유때문에 예수 그리스도께서는 말씀을 통하여 대속보다는 자구를 말씀하셨다.

> 또 가라사대 너희에게 평강이 있을지어다 아버지께서 나를 보내신 것 같이 나도 너희를 보내노라 이 말씀을 하시고 저희를 향하사 숨을 내쉬며 가라사대 성령을 받으라 너희가 뉘 죄든지 사하면 사하여 질 것이요 뉘 죄든지 그대로 두면 그대로 있으리라 하시니라(요20:21-23).

예수는 구약이나 신약에서 말하는 대속이 아니라 전혀 다른 방법으로 구원을 받는 방법을 말씀하신다. 여기서 예수는 성령을 받으라고 했다. 이 말씀은 적절하지 않은 말씀같으나 정신을 똑바로 차리고 거룩한 정신(Holy Spirit)을 가져야 사태와 사리를 제대로 분별하기 때문이다. 그러니까 요한이 말한 성령은 바울이 말한 성령과 동일한 성령이 아니었다. 세 복음서는 우리가 우리에게 죄지은 자를 사하는 우리를 사하시는 하나님의 구원을 말하였으나, 요한복음에서는 하나님의 사죄없이도 너희가 뉘 죄든지 사하면 사하여 질 것이요 그대로 두면 그대로 있으리라는 예수의 영과 정신과 사상을 받으라는 것이다. 주기도문이나 너희가 사람의 과실을 용서하면 너희 천부께서도 너희 과실을 용서하신다(마6:14-15)는 말씀보다 한 걸음 더 내딛으신 것이다.

요한복음에는 용서라는 단어가 없다. 대신 요한복음에서는 '사하심'을 말한다. 이는 용서나 다름이 없는 말씀이며, 용서에 전제되는 말이다. 용서없이는 사할 수 없기 때문이다. 사랑과 용서로 오는 구원에서는 예수의 재림과 심판이 별도로 있을 필요가 없다. 원수까지

다 사랑한 사람들에게 받을 심판이 없다. 예수는 언제 어디서든 모든 사람들이 서로 용서할 때 오는 하나님의 나라를 말한다.

이와 같이 예수의 복음은 용서하며, 사랑하며, 공존하며, 공생하며, 자신의 구원을 이루라는 것이다. 사람들의 구원이 사람들 자신에게 달려 있다. 이것이 예수가 말씀하신 구원의 원리였다. 복음화는 예수 그리스도가 하신 말씀을 따라 사람들이 그대로 믿고 행하고 따를 때에 오는 구원의 현장을 말한다. 이는 구약이나 신약이 말하는 하나님의 신력으로나 전능으로나 초능력으로 오는 구원이 아니다.[39]

마태복음은 자기 십자가를 지고 예수를 따르는 것(16:24-26)을 증거하는데, 이는 자기가 지는 십자가, 자기가 자기의 생명을 구할 것을 말한다. 자기가 자기의 생명을 구하고, 자기의 구원을 스스로 이루라는 말씀이다.

이 외에도 복음서에는 자의로 들어가는 천국을 말씀하셨다. 마태의 예수의 하나님 나라 비유는 천국은 마치 이와 같으니(13:31-47,20:1,25:1)라고 시작하고, 마칠 때는 천국에 들어가지 못하리라(5:20,18:3,8), 혹은 천국에 들어가리라(7:21)고 기록된다. 그리고 '천국에 들어가려면'(19:23)처럼 천국에 들어가는 것(19:24,21:31)을 말한다. 그리고 잔치나 영생이나 생명으로나 영원한 벌로 들어가는(18:8,9,19:17,25:10,46) 것을 말한다. 이는 이미 포도원이 있는 데 주인이나 농부가 들어가는 것과 같은 비유로 말씀하신 것이다(20:4). 그리고 성전이 있는 데 사람들이 안으로 들어가는 것과 같은 하나님의 나라를 말한다(21:12). 즉, 예수의 하나님의 나라는 이미 태초부터 존재해 있거나 충만하거나 완전한 상태에 있는데 사람들의 자의(自意)로 들어가거나 나오는 것을 말한다.[40]

9. 겨자씨 비유와 평화(막4:30-32)

예수께서는 평화에 관한 일을 많은 비유로 말씀하셨다. 비유의 절정은 요한복음이다. 지금까지 요한복음에는 비유가 없다는 사람들이 많이 있으나 요한복음에는 공관복음과는 아주 다른 차원의 많은 비유들이 있다. 말씀과 빛과 어두움과 공기와 물과 나무와 떡과 잔과 양의 문 등의 언급들은 다 비유의 말씀이다. 이런 비유는 다 자연의 세계와 같은 비유이다.

여기서 비유에 관해서 살펴보고 특별히 겨자씨의 비유에 나타난 평화의 나라에 대해서 살펴보고자 한다.

또 가라사대 우리가 하나님의 나라를 어떻게 비하며 또 무슨 비유로 나타낼꼬 겨자씨 한 알과 같으니 땅에 심길 때에는 땅 위의 모든 씨보다 작은 것이로되 심긴 후에는 자라서 모든 나물보다 커지며 큰 가지를 내니 공중의 새들이 그 그늘에 깃들일 만큼 되느니라(막4:30-32).

복음서 기자들은 겨자씨에서 자라난 것을 보는 시각 차이가 있다. 마태와 누가는 나무로, 마가는 나물로 표현하고 있다. 예수는 겨자나무의 질을 말씀하시지 않았다. 음식으로나 약으로, 또는 맛이나 어떤 아름다운 모양을 목적으로 이 비유를 말씀하시지 않았기 때문에 나물인지 나무인지 구별이 되지 않는다.

겨자씨는 사람이 땅에 심는 씨앗 중에서 작은 씨다. 겨자씨 한 알로 표현함으로써 아주 작은 존재를 강조하고 있다. 그러나 이 씨가 땅에 뿌려져 싹이 나고 자라면 어떤 식물보다 커서 나무와 같이 된다. 그래서 나무인지 식물인지 구별이 되지 않는다. 그러나 팔레스타인에서 겨자는 나물이다. 성경사전을 찾아보면 겨자(시나파, *σίναπι*)는 정원뿐만 아니라 들에서도 재배되는 식물이다. 재배의 목적은 씨로 기름을 짜기도 하며, 양념으로 사용한다. 팔레스타인에서 자라는 겨자는 변종으로서 흑겨자(학명,Brassica nigra Koch 또는 Sinapis nigra L.)라고 한다. 이것은 다 자라면 그 키가 3-4m까지 성장한다. 어떤 나무는 7m까지 자라는 경우도 있다고 한다. 온전히 자라면 그 줄기의 굵기가 사람의 팔뚝 굵기만큼 자라므로 가히 나무라고 표현할 만하다.[41] 다 자란 겨자는 어떤 나무에 못지않기 때문에 온갖 새들이 깃들일 만큼 무성한 가지를 이룬다.

예수는 왜 평화의 나라를 겨자씨에 비유했을까? 평화의 나라는 아주 미미하게 시작된다. 인간의 눈으로 보기에도 정말 보잘 것 없는 것에서 시작되지만, 세상 민족들을 다 포용하고도 남게 된다. 비록 보잘것없는 풍성귀에서 시작되지만 레바논의 백향목 못지않게 큰 일을 한다. 본문에서 말하듯이 공중의 새들이 그 그늘에 깃들일 만큼 된다. 어기에서 깃들인다(카타스케눈, κατασκηνοῖν)는 말은 단순히 비, 바람을 피하여 잠깐 쉬는 것이 아니라 거주지로 정하여 보금자리를 만드는 것이다. 낮에는 뜨거운 태양과 바람을 피하고, 밤에는 쉼을 얻는 완전한 보금자리를 말한다. 이 보금자리는 하나님의 나라르 의미한다. 하나님의 나라는 완전한 평화의 나라이다. 이것이 예수 그리스도가 전한 평화의 나라다. 이 나라는 현재도 이루어지고 있다.

10. 양보와 평화(마5:38-42)

성경에는 수많은 단어들 중에 한국어 양보란 말은 없다. 그러나 사람이 평화를 이루기 위해서 양보는 중요하다. 본고에서는 양보를 통하여 이루어지는 평화에 관해서 살펴보고자 한다.

눈은 눈으로, 이는 이로 갚으라 하였다는 것을 너희가 들었으나 나는
너희에게 이르노니 악한 자를 대적지 말라 누구든지 네 오른편 뺨을
치거든 왼편도 돌려대며 또 너를 송사하여 속옷을 가지고자 하는 자
에게 겉옷까지도 가지게 하며 또 누구든지 너로 억지로 오리를 가게
하거든 그 사람과 십리를 동행하고 네게 구하는 자에게 주며 네게 꾸
고자 하는 자에게 거절하지 말라(마5:38-42).

당시 유대인들의 사회는 양보란 있을 수 없는 사회였다. 마태가
전한 예수의 복음은 혁명적인 말이다. 유대인들은 바벨론, 페르시아,
헬라를 걸쳐 로마의 속국으로 살아가면서 그들의 마음은 원한으로
가득 차 있었다. 화해보다는 원수를 삼고, 용서 보다는 복수를 하고,
양보 보다는 남의 것을 빼앗고, 착취하기에 바빴다. 이러한 사회를
바라보면서 평화를 이루기 위하여 해야 할 일들을 던져주고 있다.

1) 오른편 뺨을 치거든 왼편 뺨을 돌려대며

뺨을 치는 것은 모욕적이고 자존심을 상하게 하는 것이다. 뺨을
맞으면 그냥 넘어가는 일례가 적다. 그런데 예수 그리스도의 복음에
는 오른쪽 뺨을 맞으면 왼편도 돌려대라고 하고 있다.

누가복음에는 오른편이란 말이 없다(눅6:29). 누가복음에 없지만
마태가 언급한 것은 오른편은 특히 힘 있는 쪽으로서 오른편 뺨을
치는 것은 가장 큰 모욕이다. 오른편 뺨을 때리려면 손등으로 때려
야 한다. 당시 랍비들에 의하면 손등으로 상대방의 오른 뺨을 때리
는 것은 손바닥으로 치는 것의 배나 큰 모욕이었다.[42]

이러한 모욕도 참으며, 한발자국 물러서라는 것이다. 또한 무언의
항변이 될 수도 있다. 그러나 그런 의미가 아니라 치욕적인 오른편
뺨을 맞았지만 왼편 뺨을 때려도 괜찮다는 너그러운 마음을 보이라

예수 그리스도의 평화

는 것이다. 이처럼 치욕을 당한 사람이 한발자국 물러설 때 평화가 이루어진다. 그렇지 않으면 분쟁과 분란이 일어나 싸움이 된다. 평화를 위하여서는 당한 사람의 희생이 필요하다.

2) 속옷을 달라는 자에게 겉옷까지

속옷과 겉옷이 가지고 있는 의미는 다르다. 속옷은 있으면 입고 없어도 그만이다. 그러나 겉옷은 낮에는 의복으로, 밤에는 이불대용으로 사용되었다. 당시 재판정에서 원고는 법적인 벌금이나 저당으로 속옷을 요구할 수는 있었으나 겉옷은 요구할 수 없었다.[43]

이런 중요한 겉옷까지도 주란 것이다. 겉옷은 그 사람의 생명을 구할 수 있다. 겉옷을 통하여 생명을 구할 수 있다는 것은 참으로 좋은 일이다. 이는 평화를 위해서는 관대한 마음을 보여줄 필요가 있다.

3) 오리를 가자하면 십리를 동행하라

마음이 맞고 친한 사람과 동행한다는 것은 즐거운 것이다. 그러나 마음이 맞지 않은 사람과 동행하는 것은 고역이다. 이러한 관계는 시간이 갈수록 더 멀어지며, 서먹서먹한 관계에서 친근감을 느낄 수 없다. 하지만 관계가 좋지 않고, 친하지 않는 사람이라 할지라도 친한 사람과 같이 대하면 그 관계는 좋은 관계로 발전될 것이다. 좋지 않는 관계에서 좋은 관계로, 평화를 이루지 못하던 관계에서 평화를 이룰 수 있는 관계로 정립이 되는 것이다.

이처럼 양보로 새로운 관계를 정립하게 한다. 좋지 않은 관계에서 좋은 관계로, 겉옷이 없어 생명을 잃을 관계에서 생명을 구하는 관계로, 치욕적인 대립의 관계에서 평화의 관계를 이룰 수 있다.

11. 무한의 용서와 평화(마18:21-22, 눅17:1-4)

사람이 자기에게 잘못을 저지른 사람을 용서한다는 것은 쉬운 일이 아니다. 대부분 죄의 대가를 치루고, 대가를 받으며 용서하고, 용서함을 받는다. 그런데 예수 그리스도의 복음은 대가를 바라지 않고, 무조건적인 용서와 무한한 용서를 말한다.

1) 일흔 번씩 일곱 번 용서하라는 마태복음

마가복음에는 용서하여야 용서하시는 하나님을 말한다. 서서 기도할 때에 아무 혐의가 있거든 용서하라 그리하여야 하늘에 계신 너희 아버지께서도 너희 허물을 사하여 주시리라(11:25). 이는 사람이 다른 사람의 죄를 용서할 때 하나님께서도 그 사람의 죄를 용서하신다는 말씀이다. 사람이 자기가 지은 죄를 용서받기 위해서는 다른 사람이 자기에게 지은 죄를 먼저 용서해 주어야 한다. 그렇다면 사람이 다른 사람의 죄를 몇 번까지 용서를 해 줘야 할까? 당시 유대인들은 종교적 의무를 수치화하는 습성이 있었다. 이에 벤시라는 죄를 범한 이웃에게 두 번의 기회를 줄 것을 말하고, 또 랍비들은 이웃의 범죄를 3회까지만 용서하고 그 이상은 금하라고 가르쳤다.[44] 그러나 예수의 복음은 그 때에 베드로가 나아와 가로되 주여 형제가 내게 죄를 범하면 몇 번이나 용서하여 주리이까 일곱 번까지 하오리이까 예수께서 가라사대 네게 이르노니 일곱 번 뿐 아니라 일흔 번씩 일곱 번이라도 할지니라(마18:21-22)고 전한다. 이것은 무한한 용서를 말한다. 여기서 용서하다의 의미로 사용된 헬라어 동사 아페소($\dot{\alpha}\phi\acute{\eta}\sigma\omega$)는 용서하는 사람과 관련된 죄악을 죄를 범한 형제로부터 먼 곳으로 보내다 는 의미로 악행 자가 회개하여 죄 자백을 우리에게 하든 아니하든 즉시 모든 악을 용서해야 한다는 의미를 담고 있다.[45]

마태복음에서는 용서하되 즉시 완전한 용서를 해야 하며, 그 수치는
정해짐이 없이 무한한 용서를 이야기하고 있다.

2) 하루에 일곱 번 이라도 용서하라는 누가복음

너희는 스스로 조심하라 만일 네 형제가 죄를 범하거든 경계하고 회
개하거든 용서하라 만일 하루 일곱 번이라도 네게 죄를 얻고 일곱 번
네게 돌아와 내가 회개하노라 하거든 너는 용서하라 하시더라(눅
17:3-4).

마태복음은 일흔 번씩 일곱 번이라는 숫자가 강조되어 있으나 누
가복음은 하루라는 날을 강조하고 있다. 이는 매일 일곱 번이라도
용서를 빌면 용서하라, 즉 매일 무한하게 잘못을 깨닫고 무한하게
와서 용서를 빌면 무한하게 용서하라는 것이다. 마태와 누가는 얼마
만큼 용서하느냐 하는데 있어서의 의미는 같다. 그러나 누가는 매일
이라는 날을 강조하므로 더 많은 용서를 이야기하고 있다.

이와 같이 무한히 용서해 준다면 죄인도 없고, 악인도 없고, 대적
할 자도 없고, 의인도 없고, 정의와 공의를 행하는 이도 없게 된다.
이러한 세상을 향하여 무한한 용서를 부르짖고 계신다.

12. 평화를 모르는 유대 왕국과 예루살렘
(눅19:42-44)

예루살렘이 처음으로 언급된 곳은 창세기에 아브라함이 잡혀가
는 롯을 구하고 돌아오는데 살렘 왕 멜기세덱이 떡과 포도주를 가지
고 나온다(창14:18). 그는 지극히 높으신 하나님의 제사장으로서 아

브라함을 만나 하나님을 소개하며 자신과 함께 평화에 힘쓸 것을 권한다. 하나님께서는 아브라함에게 열국의 아비라는 칭호를 주면서 열국의 아비로서 평화를 만들어 가길 원했다.

이후 아브라함은 이삭을 모리아산에서 하나님께 바치려 한다. 이 모리아산은 유대교, 기독교, 이슬람교 간의 분쟁의 중심이 되는 곳이다. 세 종교는 모두 아브라함을 조상 또는 믿음의 조상으로 하고 있다. 시작은 좋았으나 아브라함을 열국의 아비로 보는 것이 아니라 자신들만의 아비 또는 조상이나 믿음의 조상으로 보기 때문에 싸움이 끊이지 않는다.

1) 이스라엘 통치를 위한 종교, 정치의 중심지 예루살렘

구약에 보면 예루살렘은 멜기세덱 이후 가나안 사람 여부스 족속의 삶의 터전이었다. 그런데 베냐민 지파가 이 지역을 유업으로 받게 된다(수18:16,28). 여부스라 불렀던 예루살렘성은 가나안을 점령하는 이스라엘에 저항하였고(수10:1), 열두 지파가 연합하던 시기 내내 여부스 사람의 수중에 있었다(수15:63,삿1:21). 이때에도 이 성은 이스라엘과 여부스 사람 간에 전쟁이 끊이지 않았다.

다윗이 유다의 왕위에 오른 지 8년째 되던 해에 유다뿐만 아니라 이스라엘 전체를 다스리기 위하여 중간 위치인 예루살렘을 찾았다. 그는 유다와 베냐민 사이에 있는 정복되지 못한 곳에 다윗 성을 세우고, 북쪽 모리아산에 있는 아리우나 타작마당에 성막과 언약궤를 안치시킴으로써 왕국의 종교 중심지가 되었다(삼하6:1-15,대상22:1, 대하3:1). 이때부터 예루살렘은 선민 이스라엘을 위하여 선정된 도성으로 인식되기 시작한다. 유다는 자신들이 택민임을 내세우며 북 이스라엘을 자신들의 제도 안으로 끌어들이려고 했다. 이러한 일환으로 예루살렘을 종교, 정치, 문화, 경제의 중심지로 만들고 남북뿐만 아니라 세계를 지배하려고 했다.

이 일을 좀더 추진한 사람이 솔로몬이다. 솔로몬은 모리아산에 성전을 세운다(왕상6-8장,대하2-4장). 이 성전을 중심으로 종교심이 강한 이스라엘 백성을 다윗보다 더 강하게 사로잡는다. 매년 이스라엘 남성이면 세 차례 예루살렘 성지를 순례하는 것을 제도화시켰다. 솔로몬은 종교를 중심으로 절대 권력을 발휘하며 이스라엘의 분열상을 막았다. 솔로몬의 초기에는 종교적으로나 정치적으로 올바른 치리를 했지만 말년에는 모든 부분에서 타락한 모습을 보인다. 하나님이란 이름을 빙자하여 이스라엘 사람들을 붙잡았고, 개인적인 부와 명예를 위하여 백성들을 이용하였다.

2) 평화를 모르는 예루살렘

유대교의 정립은 바벨론 포로 이후이다. 학사 에스라가 율법을 완성하고 귀환한 후 강력한 민족종교로 환원을 하였다. 유대 민족이 택민이며, 포로로 잡혀갔던 사람만이 민족을 생각하고, 이방인에게 물들지 않았다는 생각 아래 다른 모든 사람들을 정죄하였다. 포로로 잡혀가지 않았던 사람들이나 사마리아인이나 이방인 모두가 하나님의 구원에서 제외된 사람이라 여기고 차별하기 시작했다.

이때부터 예루살렘은 평화를 모르고 분쟁과 다툼의 도성이 되어 버렸다. 중간기에 접어들어서는 분파가 형성되는데 사두개파, 바리새파, 에세네파, 젤롯당이 등장하면서 율법의 해석 차이로 하나가 되지 못했다. 이러한 실정을 바라보면서 예수께서는 예루살렘을 바라보고 우시면서 한탄한다.

너도 오늘날 평화에 관한 일을 알았더면 좋을 뻔하였거니와 지금 네

눈에 숨기웠도다 날이 이를지라 네 원수들이 토성을 쌓고 너를 둘러
사면으로 가두고 또 너와 및 그 가운데 있는 네 자식들을 땅에 메어치
며 돌 하나도 돌 위에 남기지 아니하리니 이는 권고 받는 날을 네가
알지 못함을 인함이니라 하시니라(눅19:42-44).

유다는 예루살렘을 중심으로 평화에 관한 일을 알지 못하였기 때
문에 항상 싸움만을 일삼았다. 이를 한탄해 하시면서 예수께서는 유
다와 예루살렘이 어떻게 될 것인지를 말씀하신 것이다.

예수께서는 평화에 관한 일을 말씀하셨다. 그러나 예루살렘을 중
심으로 한 대제사장과 사두개인과 바리새인과 서기관들은 평화에
관한 일에 관심을 기울이지 않았다. 오히려 평화에 관한 일 보다는
그 일을 역행하였다. 모든 일을 역행하면서 평화에 관한 일을 선포
하는 예수를 붙잡아 죽이기까지 하였다. 중간시대 종파들의 성향을
다시 한 번 살펴보면 사두개인들은 권력층과 가깝기 때문에 현실을
유지해 주길 바랐고, 바리새인들은 지나친 문자주의에 젖어 개혁을
부르짖는 예수의 말씀을 받아들이지 못하였다. 한 마디로 사두개인
이나 바리새인들은 평화에 관한 일을 실천하여 유다와 예루살렘 뿐
만 아니라 인류의 평화를 도모할 생각을 하지 않았다.

예수께서 유대인들과 틀어진 가장 큰 이유가 여기에 있다. 유대인
들은 메시야가 와서 원수들을 물리치고 다윗의 왕국과 같은 독립된
나라를 건설해 주길 기대하고 소망하고 있는데 예수께서는 엉뚱한
소리를 한 것으로 받아들인 것이다. 예수께서는 원수를 사랑하라는
말씀만 선포한 것이 아니다. 구약에 있는 하나님을 사랑하라, 이웃
을 사랑하라는 말씀도 선포했다. 이는 유대인들도 율법에 기록하여
지키는 말씀이다. 하지만 이것만 가지고 평화를 이룰 수는 없다. 여
기에 가장 핵심적이고, 절정을 이루는 '원수사랑' 이 첨가되어야 한
다. 그런데 이러한 사랑은 일방적일 수 없다. 일방적일 때 온전한 사

랑을 할 수 없다. 그래서 예수께서는 일방적인 것 보다는 '서로사
랑'을 말씀하셨다. 서로 사랑할 때 원수맺음도 없을 것이다.

그러나 예수께서는 이스라엘에서 온전히 복음을 전파할 수 없었
다. 그래서 거라사나 이두매와 같은 이방 땅을 중심으로 평화의 나
라에 관한 일을 선포한 것이다. 이렇게 이방 땅과 이스라엘의 변두
리에서 하나님의 나라의 복음을 선포하며 평화운동을 하시다가 공
생애 마지막에 예루살렘으로 올라가 예루살렘을 보고 우시면서 한
탄하였다. '돌 하나도 돌 위에 남기지 아니하리니' 이는 예루살렘의
종말을 말씀하신 것이다. 이 말씀은 주후 70년에 이루어진 사실이
다. 유다는 로마에 항쟁을 계속 하다가 결국에 가서는 예루살렘이
멸망을 당하고, 마지막으로 마사다에서 처참한 패배를 함으로 유다
와 예루살렘은 예언된 대로 종말을 고하게 된다.

만일 유다와 예루살렘이 평화에 관한 일인 예수 그리스도의 평화
의 복음을 알았다면 역사는 달라졌을 것이다. 그러나 평화에 관한
일을 모르기에 평화를 이룰 수 없었다. 이제는 예루살렘을 중심한
평화가 아닌 예수 그리스도의 복음으로 인한 평화를 모색해야 할 때
이다.

13. 모든 인류와 세계가 평화를 이룰 수 있는 길

모든 인류와 세계가 바라는 것은 평화였지만 평화를 이루지 못한
이유는 평화에 관한 일을 알지 못하였기 때문이다. 율법과 선지자는
하나님 사랑과 이웃사랑을 외쳤다. 이 두 가지는 구약에서도 말하는
율법의 완전한 체계를 갖춘 말씀이다. 이 두 가지도 부족한 점이 있
었는지 세상은 평화를 이루지 못했다.

평화없이 혼란과 전쟁이 난무하는 세상에 참 인간으로 오신, 참

하나님이신 예수 그리스도가 평안을 너희에게 끼치노니 곧 나의 평
안을 너희에게 주노라 내가 너희에게 주는 것은 세상이 주는 것 같지
아니하니라 너희는 마음에 근심도 말고 두려워하지도 말라(요14:27)
고 말씀하시면서 평화에 관한 일을 단 한 가지로 요약해 주었다.

> 새 계명을 너희에게 주노니 서로 사랑하라 내가 너희를 사랑한 것같
> 이 너희도 서로 사랑하라(요13:34).

신적인 사랑이라면 무조건적으로, 일방적으로 사랑을 할 수 있지
만 사람의 힘으로는 할 수 없다. 서로 사랑해야 할 대상은 하나님 사
랑, 이웃 사랑, 원수 사랑이다. 이를 한국 복음신학 연구원에서는 삼
위일체의 사랑이라 한다.

마태는 율법과 선지자의 대강령을 통하여 사랑의 원리를 가르쳐
주었다. 예수께서 가라사대 네 마음을 다하고 목숨을 다하고 뜻을
다하여 주 너의 하나님을 사랑하라 하셨으니 이것이 크고 첫째 되는
계명이요 둘째는 그와 같으니 네 이웃을 네 몸과 같이 사랑하라 하
셨으니 이 두 계명이 온 율법과 선지자의 강령이니라(마22:37-40).
또 네 이웃을 사랑하고 네 원수를 미워하라 하였다는 것을 너희가
들었으나 나는 너희에게 이르노니 너희 원수를 사랑하며 너희를 핍
박하는 자를 위하여 기도하라(마5:43-44). 이 말씀에서 '하나님 사
랑, 이웃 사랑, 원수사랑'을 외치신 예수 그리스도를 발견하게 된다.

하나님을 사랑하고 이웃을 사랑하는 것도 서로 사랑이며, 원수를
사랑하는 것도 서로 사랑이다. 예수의 서로 사랑은 곧 상대성 원리
나 다름이 없었다. 이는 상대방과 함께 서로 배려하며, 위하며, 돌보
며, 아끼며, 도우며, 양보하며, 봉사하며, 희생하는 사랑을 말씀하신
것이다. 서로 사랑에는 어느 한 편이 희생적이나 헌신을 강요하는
일방적인 사랑을 말하지 아니하며, 네 이웃을 네 몸 같이 서로 사랑

하라 하신 것을 말씀하신 것이다.[46] 이 길만이 온 인류가 같이 누릴
수 있는 평화에로 가는 유일한 길이다.

> 내가 곧 길이요 진리요 생명이니 나로 말미암지 않고는 아버지께로
> 올 자가 없느니라 너희가 나를 알았더면 내 아버지도 알았으리로다
> 이제부터는 너희가 그를 알았고 또 보았느니라(요14:6-7).

예수 그리스도만이 평화에로 갈 수 있는 길이다. 이 길은 진리의
길이며, 영원한 생명을 얻을 수 있는 길이다. 이 길을 안내해 주는 것
은 예수 그리스도의 복음이다. 이 복음은 인간의 몸을 입고 이 땅에
오신 하나님의 말씀이다. 모든 인류와 세계가 참된 평화를 함께 얻
기 위해서는 서로 사랑해야 한다. 이는 사람이 속해 있는 모든 자리
에서 이루어져야 한다.

서로 사랑해야 할 자리들을 한번 살펴보자. 첫째로 부부간에 서로
사랑해야 한다. 세상이 급변하고, 경제가 성장하고, 여권이 신장되
어 여성이 직장을 다니면서 가정이 흔들리며 해체되고 있다. 그 이
유는 부부간에 서로 사랑이 없기 때문이다. 지금까지 가부장적인 체
제아래 남성우월적인 가정을 이루어 왔기 때문에 상대적으로 여성
이 짓눌린 생활을 해 왔다. 이것은 부부간에 서로 사랑이 이루어지
지 못한 것이다. 지금은 하나의 과도기적인 현상을 안고 있다. 여권
은 신장되고, 남성은 남아선호 사상에 젖어 있다. 서로 우위를 다투
는 실정이다. 이런 상황에서는 부부간에 서로 사랑할 수 없다. 부부
간에 서로 사랑하기 위해서는 한 발자국씩 양보하고, 관용을 보이
며, 이해하고, 용서하고, 사랑해야 한다.

둘째로 형제 간에 서로 사랑해야 한다. 형제 간에 서로 사랑하지
못하고 형제 간에 의리가 상하는 사람들도 많다. 친 형제 간에 부모
의 유산으로 다툼이 되는 경우가 많이 있다. 다툼이 심한 경우는 형

제의 가정이 몰살당할 때도 있다. 이 모든 이유는 평화에 관한 일을 알지 못하기 때문이다. 서로 사랑하지 못하기 때문이다. 형제 간에 유산도 양보하며, 서로 힘을 합하여 평화로운 미래를 바라본다면 형제 간의 우애를 더 든든히 세워 줄 것이다.

셋째로 민족 간에 서로 사랑해야 한다. 21세기는 글로벌 시대이다. 국경을 넘어 세계를 하나로 보는 지구촌 시대다. 이러한 시대에 민족 간에 갈등이 있고, 서로 싸움을 한다면 평화는 이루어 질 수 없다. 현재 우리나라와 일본은 과거사 문제와 독도 영유권 문제로 갈등을 빚고 있다. 그리고 중국은 고구려사가 자신들의 역사라고 주장을 하고 있다. 강력한 중국, 강력한 일본을 부르짖을 때 동북아는 평화로울 수 없다. 평화를 위해서는 민족 간에 우월을 주장하거나 어느 민족이 경제와 과학이 더 성장했고, 민주주의가 더 발달한 것을 따져서는 안 된다. 민족이라는 동등한 위치에서 서로 이해하고 양보하며, 자신의 이익이나 권리를 주장하는 것이 아니라 화합하는 미덕을 보일 때 평화가 찾아 올 것이다.

넷째로 서로의 이념이나 사상을 인정해야 한다. 현재 분단국가는 유일하게 한국밖에 없다. 한국은 이념대립 때문에 피비린내 나는 동족상잔의 비극을 겪어야 했다. 자기 이념으로 한 민족을 지배하고자 하는 욕구가 낳은 결과이다. 이념적인 대립에서 평화를 얻으려면 상대방을 존중해 주어야 한다. 왼편 뺨을 치면 오른편 뺨을 돌려대는 여유를 가져야 한다. 오리를 가자고 하면 십리를 가는 여유를 보여야 한다. 그리고 서로 사랑해야 한다. 원수까지도 서로 사랑해야 한다. 서로 사랑할 때 원수가 없으며, 적이 없기 때문에 싸움을 할 대상이 없어지게 된다. 적이 없고, 싸움해야 할 대상이 없어질 때 평화통일이 이루어 질 것이다.

예수 그리스도의 평화

　모든 인류와 세계의 평화를 위해서는 예수 그리스도의 복음을 따라 하나님 사랑, 이웃 사랑, 원수 사랑인 삼위일체의 사랑이 이루어져야 한다. 이 사랑의 관계만이 온 세계와 인류를 평화의 길로 인도하는 유일한 길이며, 진리이며, 생명인 것이다.

제**4**장_각주

1) 손병호, 예수의 복음, p.134.

2) Joseph H. Thayer, Greek-English Lexicon of the N.T. (New York, 1975), p.257.

3) 손병호, Ibid., p.16.

4) 손병호, 예수 그리스도의 복음, 복음신학 연구원 2002년 2학기 강의 노트, p.29.

5) Ibid., p.41.

6) F.J.Moloney, Beginning The Good News, (St. Paul, 1992), p.44. 손병호, 예수 그리스도의 복음 강의노트에서 재인용. p.44.

7) 이형근, Ibid., p.199.

8) David L. Dungan, A History of Synoptic Problem. (Doubleday, 1999), p.18. 손병호, 예수 그리스도의 복음 강의노트에서 재인용, p.47.

9) Stephen Mitchel, The Gospel According to Jesus, p.87. 손병호,Ibid.재인용.

10) Ibid., p.87.

11) 손병호, 복음신학 원론, p.79.

12) Herman Ridderbos, The Coming of the Kingdom, (The Presbyterian and Reformed Publishing Company, 1974), p.11.

13) Ibid., p.39.

14) David Abernathy, Understanding the Teaching of Jesus, 박동호, 거기서 나를 만나게 될 것이다, 생명의 말씀사, 1994, p.75.

15) J. Jeremias, The Testament Theology, London:SCM Press, 1971, p.150.

16) J.B.Smith, Greek-English Concordance, Pennsylvania : Herald Press, 1955, p.62.

17) Richard A. Burridge, Four Gospels, One Jesus?, 김경진 옮김, 네편의 복음서, 한 분의 예수, 기독교연합신문사, 2000. p.133.

18) 손병호, 복음신학 연구원에서는 90년대 초부터 "State of God"으로 표기해 왔다. 이후 The Complete Gospels에서 이 용어를 사용하여 책을 펴냈다. Robert J. Miller, The Complete Gospels, Harper San Francisco, 1994, p.9.

19) Werner H. Kelber, Mark's Story of Jesus, p.131.

20) 강병도 편, 호크마 종합주석, 기독지혜사 1990. p.48.

21) Arlene Rossen Cardozo, Jesish Family Celebrations, p.6. 최명덕 저, 유대인 이야기, 도서출판 두란노, 1997, p.124.에서 재인용.

22) 신학사상, 2001/가을, 한국신학연구소, 정중호, 구약성서에 나타난 복수개념과 탈리오법, p.71.

23) 유재석, A Study of Evangelical Theolegy of Reconciliation, 2003, Th,D 학위 논문, p.17.

24) 라형택, 신약 장절 원어 분해 성경, 제2권, p.686.

25) 라형택, 신약 장절 원어 분해 성경 제1권, 도서출판 로고스, 2002, p.103.

26) 금성판 국어대사전, 금성 출판사, 1993, p.2269.

27) 신학사상, 2001/겨울, Ibid., p.70.

28) 손병호, 복음과 신약, p.50.

29) Michael H. Hart, The 100 : A Ranking of The Most Influential Persons in History, 김평옥 옮김, 세계사를 바꾼 사람들, 에디터, 1993. p. 33.

30) 브리태니커, 브리태니커 ● 동아일보 공동출판, 1993, p.109.

31) 기독교대백과사전, 기독교문사, 1990. p.149.

32) Roland de Vaux, Das Alte Testament und seine Lebensordnungen, 이양구 역, 구약시대의 생활풍속, 대한기독교 출판사, 1983, p.77. 신명기 25:5-10.

33) 손병호, 복음과 신약, p.93.

34) 김지철, 마가의 예수, 한국성서신학연구소, 1995. p.117.

35) 아가페 성경사전, p.1576. 896.

36) 손병호, Ibid, p.410.

37) Ibid, p.415.

38) Ibid, p.221.

39) Ibid, p.47.

40) 손병호, 예수의 복음, p.333.

41) 강병도, 종합주석 마가복음, 1990, p.149.

42) 박수암, 산상보훈, 대한기독교서회, 1990, p.136.

43) 출22:26-27, 신24:10-13. 박수암, Ibid, p.136.

44) 강병도, 호크마 종합주석 마태복음, p.630.

45) Ibid.,

46) 손병호, 예수의 복음, p.242.

이스라엘과 유대 민족의 현실을 보면서 통곡하시는 예수는 너도 오늘날 평화에 관한 일을 알았더면 좋을 뻔 하였거니와 지금 네 눈에 숨기웠도다(눅19:42)고 말씀하셨다. 그토록 원하시는 예수의 평화는 투쟁이나 싸움과 전쟁으로 인한 쟁취가 아니다. 인간이 자발적이고 능동적이며 적극적으로 이루어 자구적으로 들어가는 평화의 나라이다. 이 나라를 이루고 들어가는 길은 서로 사랑하는 방법 밖에 없다. 하나님 사랑, 이웃 사랑, 원수 사랑을 할 때 모든 사람이 함께 더불어 들어갈 수 있다. 이를 위하여 예수께서는 십자가에 달려 죽으신 것이다. 모든 것을 수용하시며 참고 견디시며 평화에 관한 일들을 실천하신 것이다. 이렇게 이루신 예수의 복음을 받은 기독교의 역사는 과연 어떠했으며, 세상에 어떻게 드러내었는가? 본 장에서는 예수 이후 기독교회사에 나타난 평화에 대해서 살펴보고자 한다.

1. 초대교회에 나타나는 평화

초대교회는 초기교회와 초대교회로 나눌 수 있다. 초기교회는

C.E.100년까지의 교회 역사를 말한다. 이 시기는 바울의 교회, 요한
의 교회 그리고 베드로의 교회가 각각 자리매김을 하고 성장을 거듭
하였다. 특히 바울의 교회는 날이 갈수록 부흥하며 초기교회의 모든
교회의 주류를 이루었다. 초대교회는 100년 이후의 교회를 말하는
데 이 시대의 교회를 교부들의 교회라고 할 수 있다. 교부들은 광범
위한 저술 활동을 통해 기독교의 토대를 만들어 가기 시작한다.

먼저 초기교회는 바울의 활동이 교회에 큰 영향을 끼쳤다. 이 교
회들은 바울이 이방인 선교사로 디아스포라 유대인들의 회당을 중
심으로 세운 교회들이다. 그런데 바울의 선교 초기부터 문제가 발생
하였다. 특히 고린도교회는 내분이 심했다. 너희가 아직도 육신에
속한 자로다 너희 가운데 시기와 분쟁이 있으니 어찌 육신에 속하여
사람을 따라 행함이 아니리요 어떤 이는 말하되 나는 바울에게라 하
고 다른 이는 나는 아볼로에게라 하니 너희가 사람이 아니리요(고전
3:3-4). 뿐만 아니라 교리적인 논쟁도 생겼다. 그럼에도 불구하고 바
울의 교회는 혁신적으로 부흥했다. 그 주된 이유는 부활론과 재림론
과 심판사상을 기반으로 바울의 복음이 전파되었기 때문이다.

반면에 요한의 교회는 계시록에 나타난 일곱 교회를 들 수 있다.
즉, 에베소, 서머나, 버가모, 두아디라, 사데, 빌라델비아, 라오디게
아교회이다(계1:11). 요한의 교회는 그리 큰 부흥이 되지는 못했으
나 예수의 복음의 핵심인 사랑의 복음으로 세워졌다. 그의 저서인
요한복음과 요한1,2,3서만 보더라도 알 수 있다. 하지만 초기교회가
지금은 모두 사라졌지만 유일하게 서머나교회만큼은 살아있다. 서
머나 교회의 감독 중에 잘 알려진 사람은 폴리갑이다. 그는 사도 요
한으로부터 직접 교육을 받고, 서머나교회의 4대 교부로 임명을 받
는다.[1] 폴리갑에 대해서 알려진 것은 거의 없다. 그러나 그의 제자
이레니우스의 증언에 따르면 폴리갑은 사도들로부터 배웠고 그리스

예수 그리스도의 평화

도를 본 많은 사람들과 교제했을 뿐만 아니라 사도들에 의해 아시아 곧 서머나교회에 감독으로 장립되었다. 이 사실은 영원히 사도들로부터 배운 것이 무엇이며 교회가 전승한 것이 무엇인지, 무엇이 하나의 진리인지를 가르치는 것이다.[2]

폴리갑은 사도들의 가르침을 따라 예수 그리스도의 복음을 가르친 것이다. 그 복음의 핵심은 사랑이다. 사랑을 가르친 결과 뚜렷하게 부흥을 한 것은 아니지만 예수 그리스도의 복음을 이어가게 되었다.

다음으로, 베드로의 교회는 성경에 나타나지 않으나 베드로가 세운 교회의 주축을 이룬 이가 마가다. 마가는 예수의 제자인 베드로에게 예수의 가르침을 전해 듣고 예수 그리스도의 복음의 시작을 알리는 마가복음을 썼다. 이러한 맥락 때문에 4복음서 중에 가장 먼저 나온 마가복음은 베드로의 복음서니 다름이 없다.[3] 베드로는 그의 서신서에서 마가를 자신의 아들로 표현하고 있다(벧전5:13).

이러한 것으로 볼 때 초기교회부터 전체적으로 평화를 이루지는 못했다. 이것은 종교에 너무 치우친 교리적인 면에 치우쳐 복음의 핵심인 사랑을 잃었기 때문이다. 요한의 교회는 사랑만을 이야기하기 때문에 그리 부흥은 되지 않았지만 2000년의 역사를 자랑하고 있다. 베드로의 교회는 이제 마가복음을 중심으로 예수 그리스도의 진정한 복음을 회복해야 한다. 지금까지 모든 것은 묻혀 있었기 때문에 예수 그리스도의 참된 복음의 빛을 발하지 못하였다. 그러나 21세기를 기점으로 요한의 사랑의 교회와 예수 그리스도의 진정한 복음의 빛을 발하여 참된 평화를 이루는 교회가 되어야 할 것이다.

1) 복음의 본질에 대한 갈등

사도행전은 바울의 행전이라 할 만큼 바울의 전도여행을 자세히 기록하고 있다. 그 내용 중에 눈의 띄는 것은 바울과 마가의 관계다. 바울은 마가와 함께 1차 전도여행을 시작하였다. 그런데 13장에 보면 바울과 및 동행하는 사람들이 바보에서 배 타고 밤빌리아에 있는 버가에 이르니 요한은 저희에게서 떠나 예루살렘으로 돌아가고(행 13:13)라고 되어 있다. 여기에서 말하는 요한은 마가라는 사실을 이미 밝혔다. 그리고 돌아가다는 말도 선원이 배에서 이탈을 하거나 군인이 진영을 탈영할 때 쓰는 단어이다. 이 때 마가가 바울과 전도대를 이탈한 이유는 무엇일까? 그것은 바울이 전하는 복음과 예수 그리스도의 복음이 맞지 않기 때문이다.

바울과 마가가 결별한 후 12년 만에 두 사람은 화해와 재회를 한다. 그 후 2년 만에 바울은 죽고, 3,4년 후에 마가복음이 나온다. 마가복음서는 마가가 쓴 복음서이며 마가는 베드로의 아들이다. 육신의 아들이 아닌 복음의 아들이며, 교부 파피아스(C.E.75-140)는 마가 복음서를 베드로복음서라고 하였다. 베드로는 어부이며 글로 복음서를 남길만한 인재가 못되었다. 마가가 베드로의 통역과 대필을 하였다.[4] 마가복음서는 베드로를 중심으로 한 12사도들을 대변하는 예수 그리스도의 복음서였다. 마가는 부유한 집에서 태어나 일찍이 언어 교육을 받았고, 통역과 대필을 하였다. 바울과 동역을 한 것도 바울의 안질 때문에 대필 때문일 것이다. 그는 능히 바울 곁에서 그런 일을 하고도 남았을 것이다. 그러나 1차 선교 중에 자기 의사를 분명히 한 마가가 바울의 율법적이며, 영지적이며, 신비적인 언급들에 이유와 이의와 거부를 하였을 것이다. 이것 때문에 마가는 바울과 선교를 같이 할 수 없는 사이가 된 것이다.[5]

마가가 바울과 결별한 이유는 예수의 복음의 내용이 없기 때문이

예수 그리스도의 평화

다. 예수께서 제자들에게 바란 것은 증인이다. 증인이 되기 위해서
는 보고, 듣고, 만지고, 직접 접촉했던 것이다. 그러나 바울은 그러한
것이 없이 환상적으로, 자기의 신학과 지식적으로 증거하는 것에 못
마땅하여 이탈을 한 것이다. 그래서 누가복음은 우리 중에 이루어진
사실에 대하여 처음부터 말씀의 목격자 되고 일꾼된 자들의 전하여
준 그대로 내력을 저술하려고 붓을 든 사람이 많은지라(눅1:1-2)로
시작하고 있다.

마가와 바울의 이러한 관계로 바울과 바나바도 심히 다투게 된다
(행15:36-41). 바울과 바나바가 다툰 이유는 마가 요한을 놓고 2차
전도여행 때 바나바는 데리고 가자고 주장을 하였고, 바울은 같이
가지 않겠다고 했다. 그래서 바울과 바나바는 이 때 헤어지게 된다.
이러한 다툼과 분란은 복음적인 차이가 있기 때문이다.

2) 바울과 요한과 베드로

개심한 바울은 열두 사도들을 만나고자 하였다. 그러나 열두 사도
들은 바울이 진정으로 개심했는지 알 수 없었고, 개심하기 전의 그
의 소행으로 볼 때 그의 개심을 믿을 수 없어 만나주지도 않았다(행
9:26). 열두 제자들의 냉담한 반응으로 바울은 주의 형제 야고보를
만날 수밖에 없었다. 이는 갈릴리의 예수의 친동생 야고보라는 설이
있으나 주의 친동생이 아닌 예루살렘 교회에서 신앙생활을 하는 믿
음의 형제를 말한 것이 아닌가 한다.[6]

바울이 열두 사도들을 만나고자 하였을 때, 그가 열두 사도들을
존중하거나 그들에게서 예수 그리스도의 복음을 배우고자 한 것이
아니라 도리어 그들에게 자기의 복음을 가르치고자 하였다. 바울은
예수를 직접보고도 자기처럼 바로 깨닫지 못하는가 하는 태도였다.

바울은 이미 그들을 육적인 무리들로 간주하여 과소평가 하고, 영귀육천 사상으로 그들을 대하였다. 바울은 예수가 부활함으로써 하나님의 아들이 되었고 그리스도로 인정되었다며, 육적인 그리스도를 중시하지 않는다(롬1:4,고후5:16). 바울은 베드로를 면박하는 장면이 서신서에 종종 등장한다. 게바가 안디옥에 이르렀을 때에 책망할 일이 있기로 내가 저를 면책하였노라…게바가 이방인과 함께 먹다가 저희가 오매 그가 할례자들을 두려워하여 떠나 물러가매 남은 유대인들도 저와 같이 외식하므로 바나바도 저희의 외식에 유혹되었느니라. 그러므로 내가…모든 자 앞에서 게바에게 이르되 네가 유대인으로 이방인을 좇고 유대인답게 살지 아니하면서 어찌하여 억지로 이방인을 유대인답게 살게 하려 하느냐(갈2:11-14). 바울의 중상모략 때문에 베드로를 업신여기는 사람들이 많았다. 그러나 바울이 베드로에게 복음의 진리를 바로 행하지 아니한다는 것은 율법적인 사고방식이다. 복음의 진수를 모르기 때문이다. 바울은 베드로의 상황을 잘 모르며 복음에는 시기와 질투가 없고, 이해와 관용과 용서만이 있다는 것을 몰랐다.

이에 반해 베드로는 우리 사랑하는 형제 바울도 그 받은 지혜대로 너희에게 이같이 썼고, 또 그 모든 편지에도 이런 일에 관하여 말하였으되 그 중에 알기 어려운 것이 더러 있으니 무식한 자들과 굳세지 못한 자들이 다른 성경과 같이 그것도 억지로 풀다가 스스로 멸망에 이르느니라 그러므로 사랑하는 자들아 너희가 이것을 미리 알았은즉 무법한 자들의 미혹에 이끌려 너희 굳센 데서 떨어질까 삼가라(벧후3:15-17)고 했다. 바울에 대하여 우리 사랑하는 형제 바울이라고 했다. 그리고 그의 신앙을 인정하고 바울도 그 받은 지혜대로 너희에게 썼다고 했다. 이런 지혜는 당시의 영지주의적인 지혜로서 예수 그리스도의 복음을 직접 받지 못한 바울로서는 구약에서 접목하고, 당시의 헬라 문화권에서 받은 영지주의적인 신학과 아라비아에서 습득한 신비주의와 혼합을 할 수밖에 없었다.[7]

　이러한 면들을 볼 때 바울은 베드로뿐만 아니라 초대교회의 모든 사도들과 갈등을 빚었다. 그 갈등은 다름 아닌 복음에 대한 갈등이었다. 바울은 구약과 영지주의에 의한 서신서들을 썼고, 베드로는 예수 그리스도께서 직접 말씀하신 예수 그리스도의 복음을 들고 설교하며, 복음을 전하였다. 구약과 신약, 그리고 예수 그리스도의 복음은 차이가 명백하기 때문에 예수 그리스도의 복음을 알지 못하면 이러한 갈등이 생길 수밖에 없다. 복음 전하는 자들로서 서로 이해하며, 복음의 공유를 하지 못한 것이 이러한 갈등을 낳은 것이다.

3) 로마교회의 제국적 현상

　초대 기독교는 내부적으로 복음에 대한 갈등이 있었지만 평화운동에는 앞장섰다. 초대교회는 콘스탄틴시대까지 평화주의적 태도를 취하였다.[8] 이 기간에는 로마의 박해도 있었지만 기독교인들은 무기를 잡지 않았으며, 로마가 박해를 하면 초대교회 교우들은 복수보다는 예수께서 가르쳐 주신대로 용서와 관용과 사랑을 보여주려고 노력했다. 이러한 노력에도 불구하고 로마의 박해는 갈수록 심해졌다.

　박해 속에서도 신앙을 굳건히 지킬 수 있었던 것은 복음과 함께 주어지는 마음의 평화였다. 이 평화가 예수께서 주신 참된 평화였다. 세상이 주는 것과 같지 않는 평화였다. 외적으로는 고난과 핍박이 있지만 내적으로는 그 누구도 앗아갈 수 없는 평화가 있었다.

　그러나 콘스탄틴 대제가 313년 밀란의 칙령을 선포함으로써 기독교가 하나의 종교로 인정되어 박해를 받지 않게 되었다. 이때부터 로마의 분열상이 뚜렷해지기 시작했다. 종교의 분열과 조직의 분열로 대 제국을 이끌기는 힘든 상황이었다. 이때부터 콘스탄틴은 점차적으로 기독교로 마음이 쏠리다가 321년에 일요일을 예배의 날로 규정한 법령을 내린다. 이 법령은 주의 날을 이교의 제전일과 동등한 수준의 절기로 인정한 것이며, 일요일은 일을 중지하는 것으로 그 특색을 나타내었다. 이로 인해 이교들이 반대할 수 없게 되었다. 콘스탄틴은 사회 제도에 관한 입법 중에 상당히 많은 조목은 그리스도교적 수준에 접근시키려는 욕망을 보여준다.[9] 콘스탄틴 이후에 데오도시우스 I 세가 392년에 기독교를 국교로 선포한다.

기독교는 박해를 벗어났으나 내부적인 갈등이 점점 더 심화되어 갔다. 교리적인 논쟁으로 인하여 각종 단체들(이단논쟁)이 생겨나기 시작했다. 본고는 기독론을 연구하거나 교회사를 연구한 것이 아니므로 이에 대하여는 개론적으로 살펴보고자 한다. 이 때 영지주의, 마르키온주의, 몬타누스주의, 공교회 등이 등장하게 된다. 이레니우스, 터툴리안, 키프리안 등의 사상가들도 등장했으며, 알렉산드리아 같은 학파도 등장하게 된다. 이 때 생기는 교리논쟁으로서는 세례, 성찬식, 사죄에 대한 논쟁들도 생겨나게 되었다. 이 외에도 아리우스의 논쟁, 니케아 논쟁, 그 외의 기독 논쟁들이 있다.

이러한 논쟁들 속에서도 C.E.393년 힙포 레기우스에서 신약성서를 27권으로 정경화하였고, C.E.397년 칼타고에서 정식으로 채택하였다. 어거스틴도 이를 지지하였고, 제롬(Jerom,345-419)은 이를 라틴어로 번역함으로써 전 서방교회에 유포되고 사용되었다.[10]

신약성서 채택으로 교회의 규모와 조직이 안정되어가는 것 같지만 수많은 논쟁들로 인하여 하나가 되어야 할 교회가 분열되기 시작하며 서서히 중세시대의 암흑기로 들어서게 된다.

초대교회 후반기에는 이러한 논쟁들로 평화를 이루지 못하고 오히려 동서의 분열이라는 아픔을 갖게 된다. 예수 그리스도의 복음을 보면 이러한 논쟁들이 필요 없다. 예수는 참 인간이며, 참 하나님임을 인정하고, 대속적인 것보다는 자구적인 노력이 필요한데 대속과 영지적인 것을 강조하다보면 서로 뜻을 달리할 수밖에 없다. 이러한 교리적인 논쟁을 불러일으킨 요인도 바울의 서신에 근거한 것이다.

2. 중세 로마교회와 평화

초대교회는 바울교회와 베드로교회 그리고 요한교회 간에 갈등이 있었다. 그 갈등의 근본적인 요인은 복음에 관한 것이다. 기독교의 진정한 복음은 예수 그리스도의 복음인데 예수 그리스도는 구약을 개혁하여 새로운 것을 추가하거나 잘못된 것을 뺀 것이 아니다. 새로운 예수 그리스도의 복음의 시작을 알렸다. 그런데 바울은 구약의 예언을 중심으로 한 영지적인 면을 첨가하여 나름대로 신학을 체계화하여 자기의 복음을 확립시켰다.

로마의 박해에도 교세는 점점 늘어났지만 내부적인 갈등은 여전했다. 교우들은 외부적으로 로마의 박해를 이겨내며, 나름대로 진리를 찾는다는 명목아래 교리논쟁을 벌이는 동안 기독교는 공인이 되고, 로마 국교로 인정받게 되었다. 그러나 내부적으로는 교리적인 갈등이 심하여 많은 이단들과 학파들이 생겨났으며, 수많은 사상가들이 등장하게 되었다. 각자 다른 생각아래 각자 다른 믿음과 주의 주장들을 내놓게 된 것이다. 예수 그리스도의 복음에는 한 목소리를 내는데 모든 단체에서는 각자 다른 소리를 내기 시작한 것이다. 이러한 혼란 속에서 중세시대를 맞이하게 된다.

로마 교회에서 교황권은 일찍부터 중요한 비중을 차지하여 왔다. 6세기 전부터 교황 중에는 로마제국의 황제를 능가하는 자가 적지 않았다. 교황들은 언제나 서유럽이나 서로마제국에 있어서는 교회

뿐 아니라 국가에서도 추앙받는 중심인물이었다. 황제가 그를 임명하여 교회와 국민의 정신과 신앙의 양식을 제공하였다. 문제가 많은 교황들도 있었으나 모든 교황들은 베드로 이상의 대권 수행의 권한과 명실상부한 교회와 제국의 지도자였다. 물론 교황과 황제지간의 알력이 적지 않았으며 황제들은 언제나 교황을 자기 아래 두려 하였다.[11] 그들의 권력이 황제를 능가하면서부터 타락하기 시작했다.

교황들의 타락상은 재위기간을 보면 알 수 있다. 역대 교황의 총수는 304명인데, 그 가운데 약 56명은 재위기간이 1년 미만이었는데 이는 그만큼 교황직에 대한 쟁탈전이 치열하였음을 뜻한다.[12] 그 중에 가짜 교황(Anti-Popes 혹은 Illegitimate Popes)의 수는 40명이다. 평화를 이루어야 할 평화의 사자들이 자신들의 권력욕과 사리사욕을 채우기에 바빴기 때문이다. 그들의 행동을 보면 사람으로서 비인륜적이며, 만행적인 일들도 너무 많았다. 이러한 타락으로 교황권을 강화하고, 사람들을 지배하며, 자신들이 좋을 대로 행하게 된 것이다. 그들의 교리 중에 이해할 수 없는 것이 많다.

그 중에 하나가 교황 무오설이다. 이는 교황이 교좌에서 행한 신앙이나 도덕 또는 교리에 관한 설교나 선포한 교서의 내용이 틀림이 없다는 것이다. 교좌에서 행했다는 것은 교황의 권위를 가지고 공식적으로 선포했다. 즉 교황이 교황으로서 공식적으로 신앙이나 도덕 또는 교리에 관하여 선포한 내용은 절대로 틀림이 없다는 것이다. 역대 교황 중에 힐데브란트(Hildebrand), 즉 그레고리VII세는 '로마 가톨릭 교회는 완전하며, 성경에 비추어 교회는 한 번도 오류를 범한 일이 없었고 또 장래에도 잘못될 수 없음'을 선포했다. 이러한 선포는 역대 교황들에게 이어졌다. 레오XIII세는 우리는 지상에서 전능하신 하나님의 지위를 보전하는 자들로, 추기경 베이룬은 교황은 하나님의 영을 볼 수 있도록 변화된 인간으로, 크리스토퍼 마셀루는

예수 그리스도의 평화

제5라테란 회의에서 행한 교황권에 관한 연설에서 당신은 유일한 목자요, 유일한 의사요, 유일한 지휘자요, 유일한 농부로 뿐만 아니라 당신은 지상에 있어서 또 하나의 하나님이라고 주장했다.[13]

이러한 주장들이 발전하면서 교황이 신격화 되고, 교권이 강화되면서 모든 사회질서가 무너져갔다. 당시 가톨릭교가 잘못을 저지른 것은 갈릴레이의 지동설을 정죄하여 사형에 처했다. 프랑스의 소녀 잔다르크를 이단으로 몰아 사형에 처했다. 1572년 8월 24일 성 바르톨로메오 축제일 심야에 파리 시내의 성당에서는 일제히 종소리가 울려 퍼졌다. 이 종소리를 신호로 하여 천주교 신도들은 손에 무기를 들고 개신교도의 집을 닥치는 대로 습격하여 주야 7일 동안에 7만 명의 개신교도들을 학살했다. 교황 그레고리13세는 그 학살에 만족하여 프랑스 왕에게 훈장을 보냈다. 초기 종교 개혁자였던 틴달(Tyndale), 후스(Huss), 제롬(Jerom), 쯔빙길리(Zwingli) 등을 교좌에서 교황령으로 화형에 처했다. 이 뿐만 아니라 교황령으로 면죄부를 판매하여 막대한 부정 수입을 거두었다.

이러한 모습을 볼 때 예수의 대권을 이어받은 베드로 사도의 후계라고 할 수 있는가? 예수는 베드로에게 대권을 준 사실이 없다. 천주교에서는 이러한 것을 잘못 해석하고 있다. 세 가지의 특권을 살펴보면 첫째, 땅에서 무엇이든지 매면 하늘에서도 매고 땅에서 풀면 하늘에서도 풀리라(마16:19)는 말씀의 오해이다. 아람어에서 맨다는 금지를 뜻하고 푼다 는 허락을 뜻한다. 이것은 후에는 교회에서 신도들을 징계할 때 사용하게 되었다. 즉 맨다는 교회법을 위반한 신도를 교회에서 출교시킬 때 사용한 말이고, 푼다는 입교할 때 사용한 말이다. 그러므로 푼다는 하나님이 사람의 죄를 사죄한다는 뜻으로, 교회에서 사용한 용어가 아니고 교회의 허입 즉 입교를 의미하였다. 따라서 맨다도 그런 방법으로 즉 출교나 입교 금지를 뜻하였다. 그리고 매고 푸는 권리를 베드로 개인에게만 주지 않고 너희에게라고 복수로 기록되어 있다. 즉 매고 푸는 권리는 제자 모두에게 주신 것이었다.[14]

교황청의 큰 실수는 베드로의 신앙고백을 잘못 받아들였고, 교황에게만 주어지는 특권으로 안 것이다. 이러한 잘못 깨달음으로 인해 교권이 강화되어 인간의 사리사욕만 채우기에 급급했다. 때문에 수많은 인명들을 앗아가 버렸다. 이러한 정신은 예수 그리스도의 복음에 합당한 것이 아니다. 예수 그리스도의 복음에는 이단이 없고, 종교재판소가 없고, 정죄함이 없고, 살인이나 사형이나 학살이 없고, 십자군과 같은 전쟁이 없다.

1) 이슬람교와 기독교의 평화

중세에 들어서면서 파장을 일으킨 것은 이슬람교의 등장이다. 이슬람교의 등장으로 유대교와 기독교의 성지가 탈환된다. 이 세 종교는 아브라함이라는 믿음의 조상에 뿌리를 두고 있다. 성지도 아브라함이 이삭을 제물로 드렸던 모리아산의 바위, 즉 예루살렘 성, 현재 이슬람사원이 세워진 곳으로 삼았다. 이에 대한 찬탈전이 벌어진 것이 십자군 전쟁이다. 십자군 전쟁에 대해서 살펴보기 전에 이슬람교에 대해서 살펴보고자 한다.

(1) 이슬람의 대두

이슬람교의 등장은 가톨릭 때문이라고 해도 과언이 아니다. 가톨릭은 교권주의로 편향되었고, 그 내부는 끝없는 타락에로 빠져갔다. 가톨릭이 타락한 시대를 중세의 암흑이라고 한다. 이 시기는 신앙과 교황권만 있고, 인권이나 이성적인 사고, 인간성은 없는 시대이다.

교권자들은 지배하고, 착취하고, 자신들의 생각대로 사람들을 다스리던 시대였다. 이러한 때에 억압받는 백성들 사이에서 마호메트가 탄생한다. 마호메트가 출생할 당시 대부분의 서구 문명은 고도로 발전이 되었다. 정치, 경제, 문화, 사회, 종교적으로 발전이 되어 안정적인 생활을 하는 반면 마호메트는 아직도 무역, 예술, 학술의 중심지에서 멀리 떨어진 후진지역이었던 아라비아 남부의 고을 메카에서 기원전 570년 코끼리해에 태어났다.[15] 그가 죽은 지 13세기가 지나고 있지만 그 영향력은 여전히 힘차게 전파되고 있다.

마호메트가 속하는 하심 가문은 메카의 명문인 쿠라이시 부족의 하나였지만 아브두 샴스 가문(후의 우마야 가문)만큼 혜택받은 입장은 아니었다. 그는 25세 때 돈 많은 미망인 아디자와 결혼하여 겨우 경제적으로 풍족한 생활을 하게 되었다. 그러나 그에게서는 40세가 될 때까지도 아직 놀라운 인물이 될 만한 아무런 낌새조차 보이지 않았다. 40세가 되자 유일신(唯一神,알라, Allah)이 참 신앙을 널리 전파하기위해 자신을 선택했다는 계시를 대천사 지부릴(가브리엘)로부터 받았다고 믿었다. 그래서 이슬람교도는 그를 라술라(Ras?ll?h), 곧 알라의 사도라고 부른다. 그 뒤 23년간 제자들이 늘어났다. 한편 메디나와 메카 사이에는 몇 차례의 전쟁이 잇따랐다. 그런 뒤 630년에 전쟁은 끝나고 마호메트는 승리자로서 메카에 개선했다.[16]

마이클 H. 하트는「A Ranking of The Most Influential Persons in History」에서 마호메트를 1위로 울려놓았다. 2위는 뉴턴, 3위는 예수 그리스도, 6위는 바울을 위치시켰다. 그 이유는 마호메트가 이슬람교의 발전에 중요한 역할을 이룩한 점에서 예수가 기독교의 발전에 힘쓴 역할보다도 훨씬 중요한 요소를 가지고 있기 때문이라고 했다.[17] 그는 분명히 예수가 기독교의 중요한 윤리적 도덕적 이념을 확립했지만 기독교 신학의 문을 연 사람은 바울이었다. 하지만 마호메트는 이슬람 신학과 윤리적 도덕적 실천의 양쪽에 책임을 지고 있기 때문이다. 코란은 마호메트의 깨달음, 직관을 기록한 경전이다.[18]

마호메트는 이슬람어를 만들어 코란을 기록하고, 가난과 기아에 허덕이는 아랍인들을 정신적, 육체적, 물질적으로 깨우쳐 나갔다. 이슬람교를 전파하면서 많은 전쟁을 치렀는데, 전쟁으로 인해 이슬람교는 좋지 않은 평가를 받고 있다. 타민족과 타종교인들에게 한 손에는 칼, 한 손에는 코란, 일부다처제와 여성의 억압, 관용과 사랑이 없는 잔인한 형벌, 시대착오적인 가치체계 등 이슬람에 대한 부정적인 인상을 주었다. 이는 이러한 것들은 급속도로 번창해가는 이슬람을 견제하고, 이슬람세계를 잘 모르는 사람들이 비판하기 위하여 만들어 낸 것이다.

그러나 이슬람의 이념은 평화와 평등이다. 이슬람이란 단어의 뜻도 평화와 복종인데, 이슬람이 내포하고 있는 신앙적 차원의 의미는 지고하신 하나님의 명령에 복종함으로써 평화의 이념을 실현할 수 있고, 하나님께 귀의할 수 있기 때문이다.

(2) 이슬람의 확장

이슬람교의 확장은 대부분 기독교를 국교로 하는 유럽인들의 눈에 비춰진 대로 전쟁과 정복으로 알려져 있다. 그러나 본래 이슬람이란 말 자체가 평화와 복종이다. 그리고 성꾸란은 전투적이거나 공격적이 아닌 방어적이다.[19] 이러한 것을 볼 때 한 손에는 칼, 한 손에는 꾸란이란 말은 잘못된 말이다.[20] 대부분이 기독교 국가에서 이슬람을 배척하기 위하여 만들어 낸 말이 아닌가 여겨진다. 이 말은 이슬람은 호전적이고 무력 종교라는 이미지가 강하게 부각되었고 이러한 오해로 중동지역 분쟁이나 테러리즘에까지 연계되어 많은 사람들이 이슬람의 교리나 이슬람의 실체를 잘못 인식하고 있다. 이 말이 등장한 것은 십자군 전쟁 이후 서구에서 조작된 말이다.

대부분의 사람들은 이슬람에서의 지하드(聖戰)가 전쟁을 유발시키고 전쟁을 합법화하는 것 같은 시각을 갖고 있다. 본래 성전이란 개념은 자신의 군사 원정을 그렇게 불렀던 십자군으로부터 유래했으며, 이슬람의 고전에는 이런 단어가 없다.[21] 그러나 이슬람 교리상의 지하드는 신성한 싸움으로서 첫째, 절제를 위한 자기 자신과의 싸움이고, 둘째, 하나님의 존재를 부정하는 불신자의 공격으로부터 방어하는 성전이며, 셋째, 무슬림 움마(신앙인의 공동체)를 침해하는 적에 대항하는 싸움이다. 그러나 이슬람에서의 지하드는 그 목적이나 의도가 순수해야 하고 하나님의 정의로운 뜻에 위배되지 않아야 한다. 이슬람의 이념인 평화의 목적에 위배되어서는 안 된다. 특히 하나님께서는 모든 무슬림(이슬람교 신도)들에게 평화와 안정 그리고 창조주와 그분의 진리를 수호하기 위해 불의와 맞서 투쟁할 것을 허용하셨으나 약소민족이나 약자가 누리는 평화와 안정을 위협하는 정복 야욕의 침략이나 무력 사용은 금하고 있다.

이러한 것으로 볼 때, 이슬람교는 무력으로 타민족을 정복하거나 빼앗지는 않았을 것이다. 그렇다면 어떻게 중세시대에 이슬람교가 급속도로 확산이 되었을까? 그 이유는 비잔틴과 페르시아 제국의 끊임없는 교전으로 인한 피폐, 양국의 강압적인 통제정책과 과중한 조세수탈로 인한 민심의 이반 등을 들 수 있다.[22] 이러한 상황에서 평화의 정책을 펴는 이슬람교가 들어갔을 때 사람들은 이슬람교를 받아들였다. 이와 같은 방법으로 중동지역과 그 주변지역을 정복해 나가기 시작했다. 이슬람은 인류 역사상 가장 빠르게 전파되어 공간적으로는 주변 문화의 수렴뿐만 아니라 역사적으로는 고대 문화까지도 재생시켜 이슬람 문화라는 종합문화를 창출해 나갔다.[23]

이러한 여세를 몰아 C.E.637년에 예루살렘이 이슬람세력에 들어가게 되었다. 비잔틴과 페르시아가 물러가고 이때부터 예루살렘은 십자군 전쟁이 일어날 때까지 이슬람에서 장악하게 된다.

(3) 이슬람과 기독교의 평화

기독교와 이슬람교가 싸우기 시작한 것은 이제 1,400년이 지났다. 싸움이 시작된 것은 성지인 예루살렘의 탈환이지만 한 하나님을 믿으면서 모든 면을 달리하기 때문이다.

이슬람은 유일신을 믿으며, 기독교를 다신교로 본다. 그들에게 삼위일체의 하나님 개념은 이해가 되지 않는다. 세 신을 믿으면서 어찌 유일신을 믿느냐는 것이다. 기독교나 이슬람 모두 아브라함에게서 출발하였다는 출발점은 같으나 신관이 다르다. 신관이 다른데 어떻게 평화를 이룰 수 있을까? 이슬람과 기독교가 평화를 이루는 것은 거의 불가능이다. 그런데 희망은 교황 요한 바오로2세가 21세기를 맞이하면서 유대교와 이슬람을 이단시 해 왔던 것을 완전히 풀었다는 것이다.

기독교와 이슬람교가 대화를 한다 해도 교리와 자신들의 주장을 무너뜨리지 않고는 평화를 이루기 힘들다. 그런데 그 주의 주장들을 무너뜨릴 수 있는 길은 예수 그리스도의 복음으로 돌아가는 길 밖에 없다. 기독교는 너무 바울에게 편향되었기 때문에 구약에로 돌아가 버렸고, 이슬람교는 그들의 자라온 배경의 따라서 호전적인 민족이 되어버리고 말았다. 이러한 상태에서 서로사랑을 외치는 예수 그리스도의 복음으로 돌아 갈 때 참된 평화가 임할 것이다.

2) 종교개혁 시대의 평화

로마 가톨릭은 교황의 권력이 하늘 높은 줄 모르고 치솟았고, 교황에게 권력이 집중되는 만큼 교회와 교황청이 타락하게 되었다. 가톨릭은 어떤 기준점이 없이 교황 무오설을 주장하였고, 성서보다 교회를 절대시 하였고, 하나님보다 사람들 위주의 교회를 주장하며, 사회질서를 혼란케 하기 시작했다. 성경을 일반인들에게 공개하지 않고, 신부들만 볼 수 있게 규정해 놓고, 성경을 기준으로 사회를 판단하고, 신앙을 판단하는 사례가 늘어났다. 종교로 인하여 평안을 누려야 할 사람들을 얽어매기 시작했다. 가톨릭에 맞지 않으면 이단시하여 종교재판에 회부하여 자기들이 기득권을 위해 화형을 일삼았다. 그리고 성 베드로 성당건축과 십자군 전쟁으로 인한 재정적인 어려움을 극복하기 위하여 면죄부를 팔면서 베드로 성당 건축과 십자군 전쟁은 계속되었다.

반면 사회적으로는 큰 변화가 있었다. 가톨릭이 신본주의라는 이름으로 사람들의 이성을 얽어매고 있는 동안, 세계는 인본주의가 싹트기 시작했다. 인본주의의 표출은 학문과 예술 속에 나타나기 시작했는데 인간성의 존중, 개성의 해방을 목표로 나타났다. 이 물결이 14세기에서 16세기까지 유럽의 르네상스(Renaissance)이다.

르네상스는 십자군 전쟁을 통하여 유럽의 기독교 국가가 회교 문화권에서 찾은 인본주의 운동이었으며, 교회의 신성시가 무너지는 계기나 다름없었다. 금지되고 도외시되었던 문예운동에 새로운 활기를 얻은 사람들은 정신적으로 교회가 말하는 도덕군자와는 멀어져 갈 수밖에 없었다. 문예부흥과 함께 정설로 여겨져 왔던 천동설이 무너지고 지동설이 대두되면서 사람들의 우주관과 신앙관을 흔들어 놓는 변화였다. 콜럼버스(1446-1506)의 신대륙 발견, 코페르니쿠스와 갈릴레오의 지동설 등이 대두되었다.[24]

문예부흥과 더불어 신학자들이 신학의 견문을 넓히고 로마 가톨
릭교회의 일방적이며 교리적인 독선의 신학에 반론을 제기하였다.
누구보다도 먼저 영국의 위크(J.Wyclif:1320-1380)는 성서를 재발견
한 신학자로서 종교개혁운동의 새벽별이라는 명성을 얻을 정도였
다. 그의 뒤를 후스(J.Huss:1373-1415)가 따르다가 화형을 당한다.

이러한 배경 아래 각 처에서 교황청과 교회의 타락을 볼 수 없었
던 개혁자들이 개혁의 기치를 들어올리기 시작했는데 루터와 칼빈
을 비롯한 많은 종교개혁자들이 등장하게 된다. 그들은 즈빙글리
(H. Zwingl), 화렐(W.Farel,), 부쳐(M.Bucer), 낙스(J.Knox), 베자
(T.Beza) 등이 있다. 이들 중에서 루터와 칼빈을 중심으로 살펴보고
자 한다.

(1) 루터의 개혁과 평화

삶과 신앙에 대해 심한 고뇌를 느껴오던 루터는 보다 더 깊은 종
교적 회의에 빠지게 되었다. 그러다 로마서의 의인은 믿음으로 말미
암아 살리라는 말씀을 통하여 깊은 깨달음을 얻은 그는 어떤 행위나
선행으로서가 아니라 믿음으로, 하나님의 사랑과 자비로 의롭다 함
을 얻고 자유함을 얻는 것을 깨닫게 되었다. 믿음으로만 구원을 얻
는다는 확신을 얻게 되었다. 이러한 깨달음을 받은 후 가톨릭의 잘
못된 점을 95개 조항으로 묶어 웨텐베르크 대학 정문에 붙여 항의하
였다. 그는 성서에 근거하지 못한 면죄부나 사제직 등에 대하여 항
변하였으며 로마교회의 비성서적인 교회론을 지적했다. 1520년 루
터와 교황이 대립되었다. 그는 주님 앞에서 어떤 그 누구도 상전이
될 수 없으며 서로가 서로의 종이라고 하였다. 그의 논문에서는 믿
음만으로 의인, 만인사제설, 오직 성서로만을 강조하였다.[25]

루터의 개혁은 놀라운 파급효과를 가져왔다. 그런데 아쉬운 것이

있다면 루터는 온전한 개혁보다는 초대 교회의 복구이며, 교회 갱신 쪽에 더 가깝다. 그리고 예수 그리스도의 복음보다는 바울의 교회론과 그의 복음론 쪽으로 기울어져 있다. 바울은 구약에서 벗어나지 못하였기 때문에 만인의 평화보다는 자신들끼리만 누리는 화목과 평화사상에 머물렀다. 그래서 농민전쟁이 일어났을 때, 귀족 편에 서서 많은 희생자가 발생하는 것을 막지 못했다.

루터의 개혁으로 타락의 길로 나아가는 교황청과 가톨릭교에 제동을 걸며 경각심을 일깨웠지만 구약과 신약에 머무는 아쉬움을 남겼다. 만일 예수 그리스도의 평화의 복음에까지 올라갔더라면 교회는 잘못된 것을 각성하여 귀족과 농민이라는 계급사회에서 벗어나 서로에게 종이 되며, 서로를 도와주는 평화의 세계를 이루었을 것이다.

(2) 칼빈의 개혁과 평화

루터는 교회내부의 갱신을 원했지만 루터 이후에 일어선 개혁자들은 교회개혁을 부르짖으며 구체적으로 개혁교회를 조직하여 운영해 나가기 시작했다. 수많은 개혁자 중에 가장 놀라운 개혁의 바람을 일으킨 사람 중에 한 사람이 칼빈이다. 그는 오직 은혜(Sola Gratia)를 부르짖으며 개혁의 깃발을 들어올렸다.

칼빈은 프랑스 사람이었으나 제네바로 피신하여 개혁운동을 폈다. 첫 작품이 세네카 주석이다. 세네카는 인본주의적인 정치가로서 칼빈에 의하여 재조명이 되었고, 언젠가는 칼빈도 그런 정치 윤리를 구현할 준비 작업을 한 것이다.[26] 두 번째 작품은 교회 역사에 가장 큰 영향력을 줄 「기독교 강령 개요」이다. 이 책의 1539년판은 웨스터 민스터 신앙고백서와 비슷한 경지를 이루었다. 이것은 루터의 95개 조항과는 완전히 다른 차원에서의 개혁 신학이었다. 그런데 칼빈이 제네바에 들렀다가 화렐을 만났는데 그가 개혁하고 있는 제네바는 1387년부터 정치적, 종교적으로 자치권을 누리고 있는 곳이었다. 칼빈은 제네바를 하나님의 도시로 만들기 위하여 먼저 성서 강해를 시작하였다. 계속해서 성서주해를 하며 자기의 신학을 시정의 통치 원리로 삼으려고 했다. 칼빈의 제네바 개혁은 매우 실제적이었고, 매우 엄격하였다. 당시 제네바의 무질서와 산만과 타락에서의 정화나 승화가 더 각박한 당면 문제였다. 우선 도덕과 윤리적인 문제의 해결 없이 하나님의 도시가 되기 어려운 실정이었다. 그래서 매음, 간음, 교회출석 권고장 등 사소한 것까지 법적으로 규정하여 통제하기 시작했다. 더욱이 이단들을 사형에 처하기도 했다. 이러한 것을 볼 때 예수 그리스도의 복음에 의한 교회정치를 하지 못하였다.

루터와 칼빈 이외에도 많은 개혁자들이 나타났다. 개혁자들의 주장은 폐쇄된 가톨릭의 모든 것을 개방하였다. 이 때 개혁자들의 주장은 예수 그리스도는 주(Kurios Christos), 오직 성서로(Sola Scriptura), 오직 믿음으로(Sola Fide), 오직 은혜(Sola Gratia), 오직 하나님께만 영광(Sola Gloria)이라는 구호아래 개혁을 단행했다. 그 파급효과는 매우 컸고, 개혁자들은 로마교회의 어떠한 박해도 이겨낼 수 있었다.

그런데 이러한 개혁은 성공을 거두었는데 개혁교회는 평화로운가? 개혁교회는 계속해서 분파가 생기며, 또 다른 난관을 맞이한다. 로마교회는 교황을 중심으로 하나를 이루고 있지만 개혁교회는 자신의 주의 주장만 옳은 줄 알고 서로 협력하고, 서로 돕고, 서로 사랑하려고 하지 않는다. 예수 그리스도의 복음에 입각한 개혁이 아닌 구약으로 환원된 개혁을 단행하였기 때문이었다. 최근 들어서 개혁교회는 타락하고 부패할 당시의 가톨릭에 준하는 타락상을 보이고 있다. 이러한 상황에서 평화를 기대하기는 힘들 것이다.

(3) 가톨릭과 개혁교회의 평화

가톨릭과 개혁교회는 표면상은 거의 같다. 약간의 차이는 있지만 신관도 같고 예수 그리스도를 구주로 믿는다. 교황청의 타락과 함께 종교개혁을 단행하여 두 종교로 나뉘게 되었다. 교권을 중시하는 가톨릭에 대해 저항하며, 성서 중심적인 교회로 전환한 것이다. 이 두 교회 역시 평화를 이루는 길은 멀고 험난할 것이다. 중세 유럽의 전쟁은 개신교와 가톨릭이 저지른 전쟁들이다. 평화를 이루어야 할 기독교가 가톨릭과 개신교란 이름을 내걸고 전쟁만 일삼은 것이다.

그런데 처참한 전쟁을 저질렀지만 이제 얼굴을 맞대고 대화할 수 있는 길은 열려있다. 앞서 살펴보았지만 교황 요한 바오로2세에 의해 이단시했던 모든 것을 대화로 풀어 화해와 공존할 수 있는 길을 연 것이다. 그러나 지금 현재의 개신교는 구약으로 돌아갔기 때문에 너무 폐쇄적이 되어버리고 말았다. 가톨릭에서는 제2차 바티칸 공의회를 통하여 모든 문을 열어 놓았다. 하지만 개신교에서는 한 치의 미동도 없다. 오히려 가톨릭을 이단시하며 문을 닫아버린 실정이다.

중세시대에 당했던 모든 억울한 상황 속에 문을 열지 못하게 된 것이다. 이러한 상황에서 가톨릭과 개신교와 평화를 이룰 수 있는 유일한 길은 교권에서 벗어나야 하며 구약에서 벗어나 예수 그리스도의 복음으로 돌아와야 한다. 예수 그리스도의 복음은 사람의 이익이나, 사람들이 바라는 권력이나, 명예, 폐쇄적인 모든 것을 버릴 수 있는 참된 복음이 있다. 그것은 하나님을 사랑하며, 형제를 사랑하며, 원수를 사랑하라는 복음중의 복음의 진수이다. 예수 그리스도에게는 모두가 형제이다. 예수 그리스도에게는 모두가 사랑해야 할 대상으로 가톨릭과 개신교가 평화를 이루려면 예수 그리스도의 진정한 복음으로 돌아가야 한다.

3. 근대교회사와 평화

19세기는 혁명의 세기였고 제국주의와 식민주의 시대였다. 이 시대는 역사의 전성시대라 할 수 있다. 전에 볼 수 없었던 정치, 산업, 기술이 발전하면서 인간이 모든 일에 주체자가 되었다. 사람들이 주체자가 되면서 힘을 자랑하기 시작했고, 생육하고 정복하는데 있어서 겁을 몰랐다. 미국의 남북전쟁, 중국의 태평반란, 크리미아 전쟁, 프랑크-푸르시아 전쟁, 보에르 전쟁, 그리고 노일전쟁에 이어서 1차 세계대전이 일어나기까지 세계는 비등해 온 물결 같았다. 이런 와중에도 북미, 남미, 그리고 아프리카, 호주, 뉴질랜드, 인도차이나까지 식민지화되어 제국들의 통치 아래 착취를 당하게 되었다.[27]

제국주의와 식민주의가 팽창하는 가운데 기독교는 세계성을 띠게 되지만 많은 도전을 받게 된다. 그것은 민주화, 자유화, 상식화, 지식화, 과학화로 인한 도전이었으며, 반성직주의도 극심했다.[28] 노동문제, 노임문제, 인권문제, 안전문제와 폭력문제, 성문제, 가정도덕과 윤리문제가 심각하게 대두되었다. 그리고 칼 맑스(K.Marx)와 프리드리히 엥겔(F.Engels)가 1848년 공산주의자 선언(Communist Manifesto)이 있었고, 1867년에는 그들의 자본주의(Das Kapital)가 출판되었다. 이렇게 기독교는 공산주의로부터 역사적인 도전을 받았다.[29]

이때에 개혁신학과 복음운동이 서서히 시작됐다. 슐라이어마허(F. Schleiermacher)의 저작물들이 개혁신학의 한 이정표를 그어 주었다. 그는 경건주의에 있었으나 교회의 중요성을 강조함으로써 경건주의가 개인주의화 되는 것을 극복케 하였고, 낭만주의자들의 주관주의를 피하는 전통의 성찰을 가하여 주었고, 합리주의자들과 칸트의 영향에서 예수의 위력을 핵으로 강조하였고, 특히 젊은 세대를

위하여 기독교를 지성적으로 대하지 않으면 안 됨을 말하였다.[30]

영국이 산업혁명 이후 영국이 제국의 확장과 함께 복음주의 운동이 확산되었다. 영국 국교가 아닌 감리교회와 회중교회와 침례가 가급성장을 하였다. 퀘이커교도 일어났다. 장로회주의(Presbyterianism)는 의회로 영향을 미쳤다. 이러한 현상이 스코틀랜드, 아일랜드를 걸쳐 미국에까지 영향을 미치면서 미국에서는 또 다른 신앙운동이 전개되었다. 미국의 꿈(American dream)을 신세계에서 실현하였는데 사회복음화에 박차를 가하였다.[31]

복음화 운동은 아주 놀랄만한 성과를 가져왔다. 복음의 물결이 유럽과 미국을 강타했다고 해도 과언이 아니다. 이 때 걸출한 부흥사들이 등장하면서 유럽은 복음화되다시피 하였고, 그 영향이 미국에까지 이어졌다. 이러한 복음화의 물결이 있었지만 세계는 평화를 이루지 못하였다. 오히려 1,2차 세계대전이 일어나면서 세계는 다시 전쟁의 소용돌이 속으로 빠져들어 갔다.

1) 1, 2차 세계대전과 평화운동

복음화 운동이 있었음에도 불구하고 세계는 평화를 이루지 못하였다. 오히려 더 큰 전쟁이 일어나면서 사회는 급속도로 혼란에 빠졌다. 19세기 초반에 들어서면서 세계 제1,2차 대전을 치뤄야 했다. 이렇게 세계대전을 치룬 세계는 제3차 세계대전을 치르고 지구의 종말과 인류의 멸망할 것이라는 두려움에 싸였다. 그 이유는 미국과 공산국가인 소련을 중심한 강대국들의 핵전쟁이었다. 미ㆍ소와 강대국들이 보유한 핵무기는 지구와 인류를 멸망하고도 남는 인간이 만든 영원한 사망의 길이었다. 그것은 양국화되고 대립하고 대결하는 인간들의 자구책을 위하여 만든 무기가 그러하였다. 적을 죽이고 자기들만 살겠다는 것이었는데 적만 죽는 것이 아니라 자기도 죽는 길이 인간의 종말적인 생존적 방법이었다.

이러한 무서운 세계인의 사고 속에서 1차 세계대전을 치렀는데 그 상황은 처참하기 이를 데 없었다. 이러한 상황을 본 미국의 대통령 우드로 윌슨(W. Willson)은 전쟁으로부터의 해방과 구원을 생각하였던 것이다. 윌슨 대통령은 참전을 거부했었다. 그러나 그는 결단을 하고 전쟁의 종전을 위하여 참전을 하였으며, 국제연맹(U.N)의 필요성을 절실히 느꼈다. 그는 자기 아버지로부터 그런 영감과 자문을 받았다. 그의 가문은 전통적인 장로교 가문이었으며 아버지는 장로교 목사였다. 미국의 제28대 대통령이 되어 새로운 자유를 주장하였다. 그가 주장한 민족자결주의는 매우 복음적이었다.[32]

또한 1980년 중반에 나타난 소련의 고르바초프에 의하여 페레스트로이카(개혁)와 그라스노스트(개방)를 부르짖으면서 20세기의 이념투쟁은 사라지고, 1991년에 공산주의는 종식되고 소련은 붕괴하는 역사를 맞았다.[33] 고르바초프는 유아세례교인인 것으로 알려지고 있다. 그의 부모로부터 물려받은 신앙에 따라 대립과 대결로 인한 전쟁보다는 화해와 공존으로 인한 평화를 부르짖게 한 것이다.

이 외에도 20세기에 들어와서 예수 그리스도의 복음에 영향을 입은 사람들이 많이 등장했다. 인도의 간디는 힌두 교인이었으나 예수의 산상수훈에 영향을 받아 무저항, 비폭력을 내세워 인도를 독립시켰으며, 폭력과 전쟁보다는 평화를 사랑한 사람이다. 닐슨 만델라는 남아공의 대통령으로 백인들이 지배하는 사회에서 평화적으로 시위하다 감옥생활을 많이 했지만 억울함을 복수하지 않고 백인과 흑인이 같이 사는 공존의 사회를 만드는 데 힘을 기울였다.

대립과 대결로 종말을 맞고도 남을 인류의 역사가 화해와 공존과 공생과 공영의 길로 전환을 하게 된 것이다. 이러한 역사는 인간들의 이성이나 행동이란 차원에서 그리고 하나님의 섭리라는 차원에서 하나님과 인간들의 공동의 사명인 역사를 일변하고 하나님의 나라가 이루어지는 도정을 확신케 한다.

2) 신제국주의의 대두-미국

2차 세계대전 당시 세계열강은 미국, 영국, 프랑스, 독일, 소련, 일본, 중국이었다. 세계열강이 힘을 겨루고 있을 때에는 어느 한 나라가 독주를 하거나, 세계를 좌지우지할 수 없었다. 그러나 전쟁이 끝날 무렵, 독일과 일본은 패전국으로 전락했고, 프랑스는 이제 세계적 열강이 아니었다. 중국은 공산당과 국민당이 내전에 휩싸여 있었고, 소련과 영국도 경제가 어려운 상태였다. 그러나 미국에서는 산업 생산이 전쟁 기간에 두 배로 늘었다. 1945년에 미국은 전 세계 석탄의 절반을 생산했고, 전기는 절반이상, 석유는 3분지 2를 생산했다. 1949년에 미국은 전 세계 56개국에 군사 기지가 있었다. 세계 최강대국이며, 소련만이 겨우 의미 있는 도전 세력이었다.[34]

2차 세계대전 후 미국은 막강한 경제력, 군사력, 조직력 등을 업고 세계 경찰국가로 자임하고 있다. 그만큼 세계적으로 반미 감정이 심하기도 하다. 그런데 미국은 기독교 국가이면서 복음에 합당한 국가를 이루고 있는가? 미국의 정치, 경제, 문화, 종교는 기독교 국가로서, 복음에 합당한 국가체제를 이루고 있지 못하고 있다. 미국 대통령은 성경에 손을 놓고 대통령 선서를 하지만, 예수 그리스도의 복음에 입각하여 나라를 다스리거나, 자임하는 세계 경찰국가로서의 활동을 하고 있지 않다. 미국은 자국민의 이익과, 자국민의 안전만을 생각하고 타민족과 세계를 생각하지 않는 것이다.

(1) 아프가니스탄 전쟁과 평화

아프가니스탄 전쟁은 2001년 9월 11일, 미국의 뉴욕과 워싱턴을 강타한 테러에 의해 시작되었다. 4대의 여객기를 테러의 도구로 이용한 사태의 과정은 첫 번째 항공기는 무역센터 북쪽 건물에 충돌했고, 두 번째 항공기는 무역센터 남쪽 건물에 충돌했으며, 세 번째 항공기는 펜타곤 서쪽 건물에 충돌했고, 네 번째 항공기는 펜실베이니아주 생크스빌 부근의 숲 속으로 추락했다.[35]

이 테러로 미국은 막대한 인명과 재산피해를 입었으며, 국가의 자존심마저 상실했다. 미국은 테러조직과 배후인물로 아프가니스탄에 머물고 있는 빈 라덴을 지목하였다. 아프가니스탄의 탈리반에 빈 라덴의 인도를 위해 3일간의 최후통첩을 전달하였다. 이에 응하지 않자 미국은 2001년 10월 8일 새벽 1시 30분을 기하여 전쟁을 시작하였다. 이에 대하여 빈 라덴과 탈레반도 항전을 했다. 빈 라덴의 테러조직인 알카에다와 탈레반 정부, 그리고 아프가니스탄 접경에 있는 무슬림들이 이 전쟁에 참전하였다.

부시 대통령은 이 전쟁이 시작하기 전에 성전(Holy War)을 호소하였다가 취소하는 해프닝을 저지르기도 했다. 미국을 비롯한 연합군은 성전 보다는 테러 소탕작전을 펴지만 빈 라덴은 이슬람과 기독교간의 종교 전쟁으로 선포하여 이슬람 세력을 규합하려 하였다. 아프가니스탄에는 새로운 정부가 들어섰으나 아직도 빈 라덴은 잡지 못했다. 이러한 상황에서 미국정부는 전선을 확대하여 이라크 전을 치른다. 다음에 살펴보기로 하겠다.

아프가니스탄 전쟁을 바라보면서, 서구의 종교전쟁은 나와 남, 선과 악, 흑과 백 등 지나치게 단순화된 대립구도에 열광적으로 집착한 데서 비롯하였다. 20세기에 서양은 경제적 팽창을 수행하는 과정에서 새로운 문명에 호기심을 보여 왔다. 하지만 21세기 현재 미국의 신자유주의로 인식되는 자본주의 적용은 다른 문명 체제를 수용하지 못하고 있다[36]고 평가하고 있다. 이러한 상황은 사무엘 헌팅턴의 문명의 충돌이란 책에서도 잘 나타나고 있다.

예수께서는 공존과 공영을 강조하셨다. 겨자씨의 비유에서도 작은 것에서 이루어지는 천국을 이야기하면서 모든 새들이 깃들이는 공존을 강조하셨는데, 공존 보다는 다른 문명과 충돌을 이야기하고 있다. 그러나 지금까지 세계 역사에서 충돌은 문명이 아닌 종교의 충돌이다. 그것도 같은 하나님은 믿는 유대교와 기독교와 이슬람간의 충돌이다. 문명은 언제나 공존하며 계속적인 발전을 도모해 왔다. 세계의 평화를 위해서는 먼저 종교가 반성하고 회개해야 한다. 그리고 공존하며, 문명 간에 협력해야 할 것이다. 종교 간의 갈등을 인정하고, 종교 간에 서로 협력이 없으면 인류와 세계는 평화가 없다.

(2) 이라크 전쟁

9.11테러 이후 부시 대통령은 아프가니스탄을 공격하고 점령을 했다. 이후 테러와의 전쟁을 선포하고 9·11테러와는 아무런 상관이 없는 이라크를 이란, 북한과 함께 악의 축으로 규정했다. 그래서 이라크는 또 다른 주요 공격 대상이 되었다. 실제로 전쟁이 벌어진다면, 이 침공은 1990-1991년 시작해서 1999년 1월 새로운 국면에 진입한 미국의 대이라크 전쟁과 동일한 전쟁의 연속일 뿐 아니라, 중동의 전략적 지형을 재편하는 전쟁이 되 것이다. 펜타곤의 매파들이 포진하고 있는 허드슨 연구소, 미국 기업연구소, 국가안보를 위한 유대인 연구소(JINSA) 등 수많은 친이스라엘 우익 두뇌집단들이 선동해 왔다. 이라크에 친미 정권을 세워 워싱턴이 중동의 정치 지형을 재편성해야 한다는 것이 그들의 주장이었다.[37]

이 전쟁은 부시1세와 클린턴에서 수많은 꼬투리를 잡으면서 시작되었다. 부시는 1988년에 이라크 내 쿠르드족을 화학 무기로 살상했다는 이야기, 이라크 병사들이 갓난아이를 인큐베이터에서 꺼내 찢어 죽였다는 소문도 퍼뜨렸다. 심지어 국제사면위원회의 유명한 보고서를 인용하기까지 했다. 이런 잔학상이 이라크 침공의 이유였다. 이런 사례의 상당수가 사실이 아니었다. 오히려 당시 국무장관 제임스 베이커가 진정한 갈등은 일자리를 둘러싼 것이라고 말하고, 부시 대통령이 그것을 에너지 자원에 대한 접근권과 우리의 생활 방식 에 관한 것이라고 말함으로 워싱턴의 진짜 속셈이 드러났다.[38]

부시 2세에 들어와서도 이라크에 대량살상무기가 있다는 거짓첩보를 근거로 이라크를 공격했다. 그러나 이라크 내에는 대량살상무기가 없는 것으로 밝혀졌다. 그렇다면 부시 1세 때의 잔학상은 모두 거짓으로 드러나는 것이 된다.

이 모든 것을 살펴볼 때 미국이 이라크를 공격한 것은 자국민의 일자리 창출과 에너지를 확보하고, 아랍권의 권력을 재편성하기 위한 것이 되어버린다. 이라크는 세계 제2위의 석유 생산 국가이다. 이러한 국가를 점령함으로 에너지 정책과 일자리 창출, 그리고 아랍권의 권력 재편성이라는 다중의 이익을 계산한 셈이다.

예수께서는 원수를 사랑하고, 자기를 미워하는 자를 위하여 기도하라고 말씀하셨다. 이 말씀을 실천하는 것이 평화에 관한 일을 행하는 것이다. 그런데 기독교와 이슬람교는 서로 자기들의 이권다툼으로 평화에 관한 일을 하는 것 보다는 원수 맺는 일에 급급했다. 그 결과 18세기에 걸친 악연이 계속되고 있다. 미국의 아프가니스탄과 이라크의 전쟁은 테러와의 전쟁이라고 하지만 이슬람 세력권에서는 그렇게 생각하지 않을 것이다. 이것은 십자군 전쟁의 연속으로 볼 것이다. 이러한 생각이 계속되는 한 테러는 그치지 않을 것이며, 인류의 평화 또한 이루어 지지 않을 것이다.

(3) 한국동란

한국은 1919년 한일합방이 있은 후, 36년 동안 일제의 지배아래 있었다. 제2차 세계대전 진행 중이던 1943년 11월 27일 미국, 영국, 중국 등 3개국의 정상이 참석한 카이로 회담에서 한국의 일본 예속은 부당하다고 인정하고 적절한 시기에 한국을 독립시키기로 합의했다. 1945년 2월 얄타회담에서 개최된 미국, 영국, 소련 등 3개국의 정상회담에서는 일본이 항복한 후 한반도는 미국, 영국, 중국, 소련 등 4개국에 의한 일정 기간의 신탁통치를 거친 후 독립시키기로 합의가 이루어졌다. 소련은 45년 8월 22일 평양에 진주했고, 미국은 9월 8일 인천에 상륙하여 2일 후에 서울에 진주했다. 미국과 소련이 한반도에 들어온 목적은 일본군의 무장해제라는 한 가지 목적이었다. 그러나 시간이 지남에 따라 그 목적이 달라졌다.

미군과 소련군은 당면문제를 해결하기 위하여 미소 공동위원회를 구성하고 1946년 3월과 1947년 5월 서울에서 회의를 개최하였으나 합의점을 찾지 못함에 따라 한반도문제는 1947년 9월에 국제연합으로 이관되었다. UN은 제2차 총회에서 통일된 한국정부 수립을 위해 1948년 5월 31일까지 한반도 전역에서 선거를 실시하기로 결의하고 UN 한국임시위원단(UNTCOK)이 선거감시 임무를 맡도록 했다. UN한국임시위원단은 한반도 전역에서 투표를 실시하려고 했으나, 소련의 반대로 선거를 하지 못하게 된다. 1948년 5월 31일 미군 점령하의 남한지역에서만 실시했다. 이 결과로 1948년 8월 15일 독립을 선포함으로써 대한민국 임시정부가 탄생했다. 그러나 일본군이 무장해제를 목적으로 설정한 북위 38도선이 제2차 세계대전 후 형성된 이데올로기의 냉전체제로 말미암아 최첨단으로 대립하는 가장 긴장된 양극체제의 국경선으로 변했다.

북한에서 소련은 전쟁준비를 시작했고, 반면 남한에서는 미군과

UN군이 약속을 따라 남한에서 철군했다. 전략적으로 북한은 군사적인 우위를 차지하고 남한은 군사적으로 열세한 위치에 놓이게 되었다. UN과 미국에서는 남한이 방어선 밖에 있다는 것을 밝혔다. 미국의 미미한 군사적 원조도 끊긴 상태에 놓이게 되었다. 이에 북한은 남침을 결심하고 1950년 6월 25일 새벽에 전쟁을 일으킨 것이다.

이 전쟁은 민족주의가 잠시 수그러든 이후에 일어난 이념분쟁인 것이다. 또한 이 전쟁은 국제연합이 결성된 이후에 발생했다는 것에 대해서도 살펴보아야 할 것이다. 국제연합은 세계의 분쟁을 종식시키고 평화를 유도하는데 힘써야 한다. 모든 분쟁을 중재하기 위하여 상임이사국을 세웠다. 상임이사국은 5개국이며, 비상임이사국은 10개의 국가로 이루어져있다. 상임이사국은 만장일치제이며, 모든 의견을 결정하기 위해서는 9개국의 동의를 얻어야 한다. 전쟁이 발생한 6월 25일 오후2시(뉴욕시간) UN 안전보장이사회는 상임이사국의 일원인 소련 대표가 불참한 가운데 북한의 남침을 평화의 파괴행위임과 동시에 침략행위로 규정하고 적대행위의 즉각적인 중지와 북한군의 38선 이북으로의 즉각적인 철수를 요구하는 결의안을 통과시켰다. 이어서 6월 27일 북한이 6월 25일의 결의를 무시하고 남침을 계속함에 따라 UN 회원국들은 북한군을 격퇴시키기 위하여 한국 정부에 가능한 모든 원조를 제공하겠다는 결의안을 통과시켰다.

1950년 7월 7일 UN 안전보장이사회는 미국으로 하여금 UN군 사령관을 임명하도록 요구함과 동시에 UN 회원국에는 그들의 차견부대를 미국 장성 가운데 임명한 UN군 사령관의 지휘아래 둘 것을 요구하는 결의안을 채택했다. 트루먼 대통령은 7월 8일 맥아더 장군을 UN군 사령관으로 임명했다. 이로써 역사상 처음으로 UN군이 구성되어 16개국이 육해공군의 병력과 장비를 지원했다. 단일 지휘체계 아래서 국제경찰기능을 수행하게 되었다.

1951년 2월 1일 유엔 총회는 중공을 침략자로 규탄하고 한반도에서의 중공군의 즉각적인 철수를 요구하는 결의를 채택하였다. 앞의 6월 25일의 결의와 6월 27일의 결의에 소련은 결석했다. 공산당측은 결석을 거부권의 행사라고 주장하여 앞의 결의는 무효라고 주장하였다. 그러나 유엔의 관행상 결석은 거부권행사로 볼 수 없기 때문에 그들의 주장은 받아들여지지 않았다.

6.25동란은 많은 희생이 있었다. 대한민국과 UN측은 16개국이 참전하였다. 공산당측은 북한과 중국, 소련이 참전하였다. 이 전쟁의 결과는 아무것도 없었다. 단지 피해상황을 보면 한국군을 포함한 UN군이 18만 명이 생명을 잃었고, 공산당측은 북한이 52만 명, 중공군이 90만 명의 병력을 잃었다. 전쟁기간 중 남한의 민간인은 99만 명의 목숨을 잃거나 부상을 입었다.[39]

한국에서의 전쟁은 아직도 끝나지 않았다. 휴전의 상태로 언제 어떤 일이 일어날지 모른다. 이념분쟁이 이와 같은 결과를 낳은 것이다. 모든 사람에게는 생각이 있다. 이 생각이 정립되면서 자기의 사상이 된다. 사람들의 생각이 다른 만큼 이념 또한 다르다. 각자가 갖고 있는 이념들을 표출한다면 세상은 안정되지 않을 것이다. 언제나 불협화음이 생기며, 갈등과 분쟁만을 초래할 것이다. 이러한 이념 또한 서로를 이해하며 서로를 사랑하는 가운데 공존할 수 있는 길은 얼마든지 있을 것이다. 그러나 서로 공존할 수 있는 길을 찾는 것이 아니라 서로 자기들의 이익을 찾고 있기 때문에 현재 남북은 평화로운 통일을 이루지 못하고 있다. 여기에 남한, 미국, 일본, 북한, 중국, 소련이라는 6개 국가가 서로의 이익을 추구하고 있다.

현재 지구상에 분단된 국가는 한국밖에 없다. 그리고 언제 전쟁이 일어날 지도 모른 지역이 한반도이다. 이러한 상황에서 전쟁을 종식시키고 평화로운 지역을 만들기 위하여 비핵화를 선언하고, 미군을 주둔 시켜보지만 모든 것은 안정된 상황이 아니다. 북한은 군사적으로 역세에 있는 것을 극복하기 위하여 핵무기를 개발하고 있다. 미국은 북한이 핵무기를 가질 경우 미국 본토를 위협할 수 있다는 우려 속에 강압적으로라도 북한의 핵무기 보유를 억제하려고 하고 있다. 이러한 상황에서 6자회담이 전개되고 있다. 6자회담은 과연 평화롭게 전개될 것인가? 그것은 누구도 추측할 수 없는 일이다. 그러나 현재의 상황에서는 불가능하다는 것을 누구나 알 수 있다. 북한은 북한의 국토를 안전하게 지키겠다는 의도아래 핵무기를 개발 중이고, 미국은 북한이 핵을 가지면 어떤 테러를 저지를지 모르기 때문에 저지하려 하고 있고, 일본도 북한이 핵무기를 가질 경우 자신들도 핵무기를 가지려고 할 것이다. 이러한 상황이기 때문에 자국의 이익을 위해서는 어느 나라든 양보를 하지 않을 것이다.

그러나 해법은 모두가 예수 그리스도의 사랑과 용서와 이해와 관용을 베풀면서 이 문제를 해결해야 할 것이다. 미국은 강한 힘으로 모든 나라를 제압하려고 하는 생각을 버려야 한다. 아프가니스탄을 그랬으며, 이라크뿐만 아니라 2차 세계대전 후 세계의 정찰국가로 부상하면서 그래왔다. 그러나 이러한 상황이 계속된다면 세계의 안전과 평화를 보장하기는 어렵다. 그러나 미국이 기독교 국가로서 잘못된 생각을 버리고, 예수 그리스도의 사랑으로 돌아와 원수를 사랑하는 마음으로 북한의 굶주린 백성들을 끌어안고, 북한의 모든 주민들의 신뢰를 쌓는다면 불안과 염려를 쌓는 것 보다는 평화와 안정을 쌓는 일이 될 것이다.

5. 예수의 복음으로 오는 인류와 세계의 평화

새 천년을 맞이하면서 모든 민족과 인류는 평화를 원했다. 새 천년을 맞이한 지 벌써 6년이 지나지만 새 천년의 벽두에서부터 전쟁이 시작되었다. 국가 간에 전쟁에는 원인이 있다. 그 원인의 대부분은 평화를 위해서라고 한다. 그러나 전쟁을 통한 평화는 이루어 질 수 없다는 것을 잘 알고 있다. 전쟁은 서로 간에 피해를 입힐 뿐만 아니라 전쟁의 후유증은 몇 년이 갈 수 있다. 특히 현대 전쟁에 있어서는 핵물질이 동반되기 때문에 전쟁의 후유증은 몇 대에까지 미치게 된다. 전쟁에 대한 참상은 방사능에 노출됨으로 빚어지는 유전인자의 파괴가 무섭다. 유전인자의 파괴는 기형과 각종 질병, 면역결핍증으로 이어진다. 사람뿐만 아니라 동물과 자연에도 치명적인 후유증을 앓게 한다. 자연의 파괴는 한 세대가 지나서도 회복되지 않는다. 생태계의 파괴와 오존층의 파괴, 대지 오염의 심각성까지 이르러 사람과 동식물이 살 수 없는 지경까지 이르게 된다.

암담한 미래를 바라보면서, 2000년 전에 유약해 보이지만 강한 말씀을 갖고 큰소리 없이 평화운동을 펼쳤던 예수를 생각하게 한다. 자연을 벗 삼아 말씀으로 인류에게 전하여 준 것은 세상이 주는 것 같지 않은 평화였다. 그의 말씀을 보면 자연과 하나가 되는 것을 볼 수 있다. 요단강이 흐르고, 공중에는 새들이 지저귀며, 너무나도 작고 유약할 것 같은 겨자나무에 온갖 새들이 깃들이며 평화를 노래하는 것을 말씀하셨다. 들판에 피어있는 야생 백합화를 바라보면서 그 아름다운 자태는 솔로몬의 의복과 영화보다 아름답다고 했다.

자연의 평화와 한가함을 이야기하면서 인류에게 안겨줄 평화에 관한 이야기는 참으로 인상이 깊다. 그것은 서로 사랑하라는 것이다. 서로 사랑하는 것이 평화에 관한 일이라고 말씀하셨다. 서로 사랑할 때 평화가 이루어진다고 했는데 이러한 평화를 이루기 위해서는 다음과 같은 것에서 탈피해야 할 것이다.

민족주의는 이기적이고 배타적이다. 그래서 다른 민족을 업신여기고, 지배하고, 착취하게 된다. 이러한 현상 때문에 민족 간에 갈등이 생기고 그 갈등으로 전쟁이 일어난다. 지금까지의 전쟁들을 보면 대부분 민족주의에 의해서 이루어진 전쟁들이었다. 두 세계대전이 바로 민족주의에 의해 발생된 전쟁이다. 민족주의가 나쁜 것은 아니다. 문제는 지나침이다. 이로서 그 민족도 불행하고 세계의 평화도 위협을 받게 된다. 앞서 살펴보았지만 유다가 바벨론에게 멸망을 당하고 포로로 잡혀갔다가 귀환을 한다. 이 때 학사 에스라를 중심으로 유대교를 만들고 귀환을 했다. 이 때 바벨론으로 포로로 잡혀가지 않고 남은 자들을 배격했다. 그들도 같은 민족임에도 불구하고 협력하며, 공존할 생각은 하지 않고 배격한 것이 민족의 자존과 독립을 하지 못하게 하는 원인이 되었다.

제2차 세계대전 후에 세계는 이데올로기에 휩싸였다. 21세기를 맞이하면서 공산주의는 어느 정도 정리가 되었지만 아직도 이 이념은 완전히 사라진 것은 아니다. 이념의 차이로 지금까지 분단국가를 이루고 있는 것은 한국밖에 없다. 독일도 이차 세계대전 후에 둘로 나뉘어 졌었지만 통일을 이루었다. 그러나 한국은 아직도 통일이 되지 않고 있다. 이러한 이념 때문에 한국은 6.25전쟁과 베트남도 공산화의 전쟁으로 많은 희생을 낳았다 이념의 차이가 무서운 전쟁이 일으키는 것이다. 진정한 민주주의와 민주주의를 부르짖는다면 이념의 차이를 인정해야 할 것이다. 이념의 차이를 뛰어넘어 서로 사랑으로 묶여진다면 인류는 평화를 이룰 수 있을 것이다.

어느 종교든 그 종교의 출발은 평화를 목적으로 하고 있다. 유럽의 세계사에서 이슬람 세력을 한손에는 코란 한 손에는 칼을 들고

예수 그리스도의 평화

세계를 정복한다고 하지만 이슬람의 진정한 뜻은 복종과 평화이다. 그런데 이슬람교가 비난을 받는 것은 원리주의자들 때문이다. 이들은 자신들의 우월을 주장하며, 자신들만 옳다고 생각하며, 같은 종교일지라도 다른 이들과 타협할 줄 모른다. 유대교도 이러한 성향을 가진 종파가 있고, 기독교에도 이러한 성향을 가진 부류가 있다. 이러한 부류를 가진 한 같은 종교에서도 화합을 이룰 수 없고, 다른 종교 간에는 더더욱 대화를 이룰 수 없다. 공교롭게도 기독교에서도 Fundamentalism이 있다. 이슬람교에서는 원리주의자로, 기독교에서는 근본주의자라고 해석한다. 그런데 경전을 해석이나 행동하는 성향이 비슷하다. 이 근본주의를 극복하지 않는 이상 같은 종교 간에도 대화하기가 힘들다. 같은 종교 간에 대화도 안 되는데 어떻게 타 종교와 대화를 할 수 있겠는가? 21세기의 평화를 위해서는 종교 간에 대화가 이루어져야 한다. 대화의 정신은 예수 그리스도의 복음 중에서 서로 사랑하라에 있다.

지금까지 본 책은 구약시대부터 근대까지의 평화 관과 평화가 실현되지 못한 원인에 대해서 살펴보았다. 평화가 실현되지 못하는 근본적인 원인은 사랑이 없기 때문이다. 사랑에는 여러 가지 종류가 있다. 구약에서는 하나님 사랑과 이웃사랑을 말하였다. 이러한 사랑이라도 온전히 이루어졌으면 많은 문제는 없었을 것이다. 그러나 하나님을 사랑하는 것과 이웃을 사랑하는 것만 갖고는 세상을 평화롭게 만들 수 없었다. 하나님을 사랑하고, 이웃을 사랑하는 것만으로는 이기주의를 극복할 수 없었다. 자기의 생각과 주관을 따라서 모든 것을 판단하는 사례가 많았기 때문이다. 하나님을 사랑하고, 이웃을 사랑하는 것도 중요하지만 무엇보다 중요한 것은 원수를 사랑하라는 말씀이다. 원수를 사랑할 때 서로 사랑이 성립된다. 아무리 하나님을 사랑하고, 이웃을 사랑한다 하더라도 원수를 사랑하지 않는 이상, 하나님 사랑이나 이웃사랑은 헛된 것이 되어버리고 말 것이다. 하나님 사랑, 이웃 사랑, 그리고 원수사랑은 사랑의 삼위일체라 할 수 있다. 어느 것 하나라도 빠지면 온전한 사랑을 이룰 수 없다.

　이러한 온전한 사랑이 이루어 질 때 서로 사랑이 성립되며, 서로 사랑이 성립되는 그곳은 예수 그리스도께서 주시는 참된 평안이 넘쳐난다. 이 평안은 세상이 주는 것과 같지 않는 평안을 말한다.

제5장_각주

1) Ariston, Strateas and Bucolos에 이어 4대 교부로 임명됨.

2) P. Bernhard Schmid, Patrologie, 장기환 옮김, 교부학 개론, 컨콜디아사, 1989. p.64

3) 손병호, 예수의 복음, p.93.

4) 손병호, 복음과 신약, p.74.

5) bid., p.77

6) R. Eisenman. James the Brother of Jesus (Viking, 1996), 손병호, 복음과 신약, p.67. 재인용.

7) 손병호, 복음과 신약, p.69

8) Roland H. Bainton, Christian Attitudes Toward War and Peace - A Historical Survey and Critical Re-evaluation, 채수일 역, 전쟁 평화 기독교, 대한기독교출판사, 1981. p.12.

9) J. W. C. Wand, D.D. A History of The Early Church, To A.D. 500. 이장식 옮김, 교회사 (초대편), 대한기독교서회, 1959. p.194.

10) 손병호, 복음신학원론, p.328

11) 손병호, 복음신학원론, p.341

12) 조찬선, Ibid., p.268

13) Ibid, p.280-283

14) 조찬선, Ibid, p.251

15) Michael H. Hart, The 100 A Ranking of The Most Influential Persons in History, 김평옥 옮김, 랭킹 100 세계사를 바꾼 사람들, 에디터, 1993. p.15.

16) Ibid, p.16.

17) Ibid, p.19.

18) Ibid.,

19) 신학사상사, 그리스도교와 이슬람교의 대화, 2001 겨울, 한국신학연구소, 2001. p.13.

20) 이희수 외, 이슬람, 청아, 2001, p.200.

21) Annemarie Schimmel, Islam, 1992, 김영경 옮김, 이슬람의 理解, 분도출판사, 1999, p.102.

22) Ibid, p.205.

23) Ibid.,

24) 손병호, 장로교회의 역사, 도서출판 유앙게리온, 2000, p.84.

25) 손병호, 복음신학 원론,p.360.
26) Ibid., p.364.
27) 손병호, 복음신학원론, p.383.
28) Ibid., p.384.
29) Ibid., p.385.
30) Ibid., p.387.
31) Ibid., p.393.
32) Ibid., p.409.
33) Ibid., p.395.
34) Jonathan Neale, 미국의 베트남 전쟁, 정병선 옮김, 책갈피, 2004, p.70.
35) 김중관 저, 21세기 전쟁, 도서출판 두남, 2001, p.187.
36) Ibid., p.279.
37) Noam Chomsky, Iraq Under Siege, 이수현 옮김, 미국의 이라크 전쟁, 북막스, 2004, p.55.
38) Ibid., p.58
39) 동아 세계대백과사전. 22권 p.532.

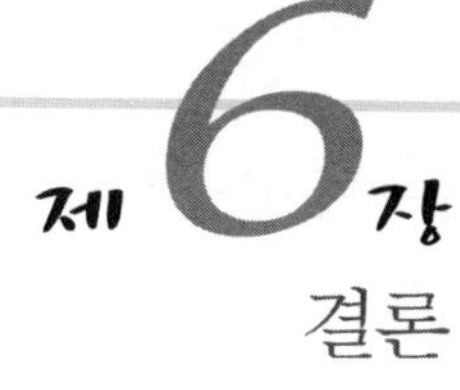

평화, 이는 듣기만 하여도 가슴이 설레는 말이다. 평화로운 가정, 보기만 해도 기쁨이 넘쳐난다. 평화로운 사회, 생각만 해도 자유가 넘치고, 평화로운 국가 이는 상상만 해도 행복하고, 평화로운 인류 이는 더 바랄 것이 없이 우리가 생각하는 하나님의 나라일 것이다.

그런데 인류의 기록된 역사는 평화보다는 다툼과 분쟁의 시간들이었다. 평화를 추구하며 지금까지 달려왔지만 전쟁의 악순환이었을 뿐이다. 이에 예수께서는 세상이 평화롭지 못한 이유는 평화에 관한 일을 몰랐기 때문이라고 했다. 예수께서 말씀하시는 평화를 이루는 길은 서로 사랑하는 일이다. 서로 사랑은 하나님을 사랑하는 것과 이웃을 사랑하는 것과 원수를 사랑하는 것이다. 이로써 이해와 관용과 용서와 화해와 협력과 공존과 공생과 공영을 할 수 있다.

본고는 지금까지 시대를 중심으로 모든 역사를 분석해 보았다. 그리고 예수 그리스도의 복음에 입각하여 비판도 하였다. 이를 통하여 참된 평화, 예수께서 주시겠다고 한 세상이 줄 수 없는 평화를 찾기 위해서였다. 역사를 보며 개인과 가정과 사회와 나라와 인류가 얻을 수 있는 평화는 오직 이 길 밖에 없기 때문이다. 그 길은 예수 그리스도의 복음에 입각한 삶을 살아가는 길이다.

　예수께서는 이 땅에 살아 계실 때 십계명을 율법과 선지자들의 강령으로 두 가지로 줄였다. 그 후에 평화에 관한 일을 완성시키기 이하여 두 가지를 다시 한 가지로 줄였다. 그 줄인 내용이 바로 '서로 사랑하라' 는 말씀이다. 서로 사랑하려면 먼저 자신을 사랑해야 한다. 자신을 사랑해야 다른 사람을 자신처럼 사랑할 수 있기 때문이다. 또한 하나님을 자신의 생명과 같이 사랑해야 한다. 그리고 이웃을 내 몸과 같이 사랑해야 한다. 뿐만 아니라 원수를 사랑할 수 있어야 한다. 이것이 율법의 완성이며, 사랑의 완성이며, 평화에 관한 일의 완성이다. 그리고 이 길만이 인류가 멸망치 않고 영생을 얻는 길과 진리와 생명의 길이다.

참고문헌

1. 국내 서적

강사문, 구약의 하나님, (한국 성서학 연구소, 1999).

______, 하나님이 택한 자들의 가정이야기,(한국성서신학연구소, 1998).

권오돈, 춘추좌전, 홍성문화사, 1996.

심경락, 노자, 넝시대학교 출판부, 1988.

김세윤, 예수와 바울, (도서출판 제자, 1995).

김득중, 복음서 신학, (컨콜디아사, 1990).

김상운, 21세기 평화론-평화를 위한 백년전쟁-(도서출판 남지, 1998).

김영주, 대학중용, 인신서적 출판사, 1991.

김이곤, 출애굽기의 신학, (한국신학 연구소, 1989).

김중관, 21세기 전쟁, (도서출판 두남, 2001).

김지철, 마가의 예수, (한국성서신학연구소, 1995).

김종빈, 갈등의 핵 유대인, (효형출판사, 2001).

김흡영, 도의 신학, (다산글방, 2000).

노정선, 통일 신학을 향하여, (도서출판 한울, 1988).

문희석, 구약성서 배경사, (대한기독교서회, 2001).

민영진, 평화 통일 희년, (대한기독교서회, 1995).

박수암, 산상보훈, (대한기독교서회 1990).

______, 신약성서신학, (장로회신학대학교 출판부, 1999).

박완신 외 16인, 평화통일과 북한 복음화, (쿰란출판사, 1997).

박종화, 평화신학과 에큐메니칼 운동, (한국신학연구소, 1991).

박원기, 평화의 추구, (이화여자대학교 출판부, 1993).

박철수, 성경의 제사, (도서출판 좁은 문, 1997).

서중석, 복음서 해석, (대한기독교서회, 1991).

성종현, 신약성서의 중심주제들, (장로회 신학대학교 출판부, 1998).

손병호, 기독교와 복음, (한국신학 복음 연구원, 2000).

_____, 교회 행정학 원론, (도서출판 엠마오, 1997).

_____, 복음신학 원론, (도서출판 그리인, 1992).

_____, 장로교회의 역사, (도서출판 유앙겔리온, 2000).

_____, 구약과 복음, (유앙게리온, 2003)

_____, 예수의 복음, (도서출판 : 유앙게리온, 2005).

_____, 복음과 신약, (유앙게리온, 2004).

손주영, 김상태 편, 중동의 새로운 이해, (도서출판 오름, 1999).

양희석, 자멘호프의 평화사상, (자유문고, 1994).

원용국, 최신 성서고고학, (호석출판사, 1984).

윤용진, 여호와의 전쟁신학, (도서출판 그리심, 1998).

윤웅진, 기독교 평화교육론, (한신대학교출판부, 2001).

이민수, 예기, 혜원추판사, 1992.

이병렬, 에쯔라, 이스라엘, (요단출판사, 1994).

이삼열, 기독교와 사회이념, (한국신학연구소, 1986).

이윤희 편역, 에세이 세계사, (백산서당, 1992.)

이희수, 이원삼 외, 이슬람, (청아출판사, 2002).

이형근, 예수 그리스도의 복음, (한들, 1999)

일본 평화학회 편집위원회, 이경희 역, 평화론, (문우사, 1987).

장기근역, 논어, 명문당, 1994.

_____, 산완역 논어, 명문당, 1991.

장일선, 구약 신학의 주제, (대한 기독교서회, 1990).

_____, 알기 쉬운 구약학, (종로서적, 1989).

장 익, 폭력, (분도 출판사, 2000).

정하명 외, 세계전쟁사, (황금알, 2005).

조태연,차정식,유승원, 뒤집어 읽는 신약성서, (대한기독교서회, 1999).

조찬선, 기독교 죄악 사(상,하), (평단문화사, 2000).

차주환, 완역 맹자 상, 명문당, 1990.

______, 신완역 맹자 하, 차주환, 명문당, 1990.

채필근, 비교 종교론,(대한기독교서회,1992).

최명덕, 유대인 이야기, (도서출판 두란노, 1997).

최상용, 평화의 정치사상, (나남출판, 1997).

최창모, 이스라엘 사, (대한 교과서 주식회사, 1995).

황병무, 전쟁과 평화의 이해, (도서출판 오름, 2001).

2. 외국서적

Angel Marc D., Loving Truth & Peace, (Jason Aronson Inc, 1999).

Augsburger Myron S., Curry Dean C, Nuclear Arms : Two Views on World Peace,
        (Word Books Publisher, 1987).

Bainton Roland H., War & Peace, (Abingdon Press, 1960).

Barrett Clive, Peace Together, (James Clarke & co, 1987).

Barrett Lois, Doing What is Right, (Herald Press, Scottdale, 1989).

______, The Way God Fights, (Herald Press, Scottdale, 1987).

Boice James Montgomery, The Gospel of John, (Baker Books, 1999).

Buttry Daniel L., Peace Ministry, (Judson Press, 1995).

Coi Hunburger, The Guide to Art, Culture, Tradition and Leisure in Jerusalem,
        1993/94, Keterpress

Connolly Peter, Living in The Time of Jesus of Nazareth, (Steimatzky, 1993.)

David Burrell, C.S.C., and Elena Malits, C.S.C., Original Peace,   (Paulist Press,
        New York, 1997).

Dear John, Jesus the Rebel, (Sheed & Ward, 2000).

Eberhard Jungel, Christ, Justice and Peace, (T&T Clark, Edinburgh, 1992).

Edmond Bordeaux Szekely, The Essene Gospel of Peace,
        (International Biogenic Society, 1981).

Elaine, The Gnostic Paul, (Trinity Press International Philadelphia, 1975)

Ellegard Alvar, Jesus, (The Overlook Press, 1999).

Eller Vernard, War and Peace, (Herald Press, 1981).

Errico Rocco A. Lamsa George M. Aramaic Light on The Gospel of Matthew,

(Noohra Foundation, 2000)

Fahey Joseph J., and Armstrong Richard, A Peace Reader, (Paulist Press, 1992).

Friedman Richard Elliott, Who Wrote the Bible?, (Harper San Francisco, 1989).

Funk Robert W., Hoover Roy W., The Five Gospels, The Jesus Serminar, (Harper Collins, 1997).

______, the Acts of Jesus, (harper Collins, 1998).

Gowan Donald E., Shalom : A Study of the Biblical Concept of Peace, (The Kerygma Program Seminar Series, 1986).

Graham Billy, Peace With God, (Word Publishing, 1984).

Haleem Harfiyah Abdel, Ramsbotham Oliver, Risaluddin Saba and Wicker Brian, The Crescent and The Cross, (Macmillan Press Ltd, 1998).

House H. Wayne, Chronological and Background Chart of the New Testament, (Zondervan Publishing House, 1981).

Nelson - Pallmeyer Jack, Jesus Against Christianity, (Trinity Press International, 2001).

Nouwen Henri, The Road to Peace, (OrBis Books, 1998).

Jackson Owen R. O.S.A., Dignity and Solidarity, (Loyola University Press, 1990).

James V. Schall, S.J., Out of Justice, Peace, (Ignatius, 1984).

Jeremias, J. The Testament Theology, (London : SCM, Press, 1971)

John, The Gospel of Peace of Jesus Christ by the disciple, (The C.W.Daniel Company Ltd, 1994).

Kang Sa Moon, Divine War in the Old Testament and in the Ancient Near East, (Walter de Gruyter, 1989).

Kreitmann J, Bread, Peace and Liberty, (University Press of America, 1997).

Lasor William Sanford, Hubbard David Allan, Bush Frederic, Old Testament Survey, (William B. Eerdmans Publishing Company, 1982).

Mack Burton L., Who Wrote The New Testament? (Harper San Francisco, 1995).

Mauser Ulrich, The Gospel of Peace, (Westminster/John Knox Press, 1992).

McCarthy Patricia, Of Passion and Folly, A Scriptural Foundation for Peace, (The Liturgical Press, 1998).

McGinnis Jim, A Call to Peace, (Liguori, 1998).

Miller Marlin E., Gingerich Barbara Nelson, The Church's Peace Witness, (William

B. Eerdmans Publishing Company, 1994).

Michio Kushi and Jack Alex, The Gospel of Peace, (Japan Publications, Inc, 1992).

Pagels Elaine, The Gnostic Paul, (Trinity Press International, 1975).

Palau Luis, God is Relevant, (Galilee Doubleday, 1997).

Przetacznik Frank, The Catholic Concept of Genuine and Just Peace as A Basic Collective Human Right, (The Edwin Mellen Press, 1991).

Randall Albert B., Theologies of War and Peace Among Jews, Christians and Muslims, (The Edwin Mellen Press, 1998).

Ridderbos Herman, The Coming of the Kingdom, (The Presbyterian and Reformed Publishing Company, 1974)

Robin Griffith Jone, The Four Witnesses, (Happer San Francisco, 2000).

Robert Van de Weyer, Apostles of Peace, (Arthur James Ltd, 1996).

Robert A. Morey, When is It Right to Fight? (P&R Publishing, 1946).

Schlabach Gerald W., To All Peoples, (Herald Press, 1991).

Sebring Ron, Inner Peace, CBP Press, 1990).

Shenk Calvin E., When Kingdoms Clash, (Herald Press, 1988).

Spong John Shelby , Liberating the Gospels, (Harper San Francisco, 1997).

Stassen Glen, Just Peacemaking, (The Pilgrim Press, 1998).

Thompson J. Milburn, Justice & Peace, (Orbis Books, 1997).

Throckmorton Burton H., Gospel Parallels, (Nelson, 1992).

Tillich Paul, Theology of Peace, (Westminster/John Knox Press, 1990).

Walton John H., Chronological and Background Charts of the Old Testament, (Zondervan Publishing House, 1994).

Walton Robert C., Chronological and Background Charts of Church History, (Zondervan Publishing House, 1986).

Will James E., A Christology of Peace, (Westminster/John Knox Press, 1989).

_______, The Universal God, (Westminster/John Knox Press,1994).

3. 번역서

Al-Masih Abd, Dialogue with Muslim, 이동주 옮김, 무슬림과의 대화, (기독교문서
　　선교회, 2001).

Abernathy David, Understanding the Teaching of Jesus, 박동호 역, 거기서 나를 만
　　나게 될 것이다. 1974.

Anderson Bernhard W., Understanding the Old Testament,제석봉 역, 구약성서의
　　이해 Ⅰ,Ⅱ,Ⅲ, (성 바오로 출판사,1987).

Arika Irie, 20-Seiki No Senso To Heiwa, 이종국, 조진구 옮김, 20세기의 전쟁과 평
　　화, (을유문화사, 1999).

Armstrong Karen, A History of God, 배국원, 유지황 옮김, 신의 역사 Ⅰ,Ⅱ, (동연,
　　2000).

Atkinson David, Peace in Our Time 한혜경, 허천회 옮김, 평화의 신학, (나눔사,
　　1992).

Bainton Roland H., Christian Attitudes Toward War and Peace, 채수일 역,
　　전쟁 평화 기독교, (대한기독교 출판사, 1981).

Barth Karl, Einf?hrung in die Evanglische Theologie, 이형기역, 복음주의 신학 입
　　문, (크리스천 다이제스트, 1987).

Barsky Robert, Noam Chomsky, A Life of Dissent, 장영준 옮김, 촘스키, 끝없는 도
　　전, (그린비, 1999).

Blainey Geoffrey, The Causes of War, 이웅현 역, 평화와 전쟁, (지성, 1999).

Bog Marcus, Meeting Jesus Again for the First Time. 구자명 역, 미팅 지저스, (홍성
　　사, 1996).

Bornkamm G?nther, Paulus, 허혁 역, 바울-그의 생애와 사상, (이화여자대학교 출
　　판부, 1992).

Bright John, A History of Isreal, 김윤주 역, 이스라엘의 역사상,하, (분도 출판사,
　　1990).

Brueggemann Walter, Living Toward A Vision, 홍철화 옮김, 비전을 향한 삶 - 기독
　　교와 평화, (대한 기독교서회, 1991).

Bultmann Rudolf, Die Geschichte der Synoptischen Tradition,허혁 역,공관복음서
　　전승사, (대한 기독교서회, 1990).

______, Das Evangelium des Johannes, 허혁 역, 요한복음서 연구,(성광문화사,

예수 그리스도의 평화

1990).

______, Theologie des Neuen Testaments, 허혁역, 신약신학 연구, (성광문화사, 1989).

Burridge Richard A., Four Gospels, One Jesus? : A Symbolic Reading, 김경진 역, 네편의 복음서, 한분의 예수, (기독교연합신문사, 2000).

Bruce F.F., Paul : Apostle of the Free Spirit, 박문제 옮김, 바울, (크리스천 다이제스트, 1985).

Chomsky Noam, Iraq Under Siege, 이수현 옮김, 미국의 이라크 전쟁, (북막스, 2004)

Coleman William L. Christian Families, 성경시대의 상황과 풍습, 서울 말씀사, 2000.

Craigie Peter C., The Problem of War in the Old Testament, 김갑동 옮김, 기독교와 전쟁문제, (성광문화사, 1996).

Crossan John Dominic, Who is Jesus?, 한인철 옮김, 예수는 누구인가, (한국기독교연구소, 1998).

______, The Historical Jesus, 김준우 옮김, 역사적 예수, (한국기독교연구소, 2000).

De Vaux Roland, Das Alte Testament und Seine Lebensordnungen 이양구 역, 구약시대의 생활풍속, (대한기독교 출판사, 1991).

______, 이양구, 김성규 역, 구약시대의 사회풍속, (기독 정문사, 1989).

______, 이양구 역, 성서시대의 종교풍속, (도서출판 나단, 1993).

Dunn J., Unity & Diversity in the New Testament, 김득중, 이광훈, 신약성서의 통일성과 다양성, (무림출판사, 1991).

Dumbrell. W.J., Covenant and Creation, 최우성 역, 언약과 창조, (도서출판 크리스천 서적, 1991).

Eichrodt Walther, Theology of the Old Testament, 박문제 역, 구약성서신학 I,II, (크리스천 다이제스트, 1998).

Ellison H. L., The Hebrew Christian 계간지, 차학순 역, 언약의 족장들, (무림, 1991).

Finkelstein Israel and Silberman Neil Asher, The Bible Underthed, 오성환 옮김, 성경 : 고고학인가 전설인가, 까치글방, 2002

Fohrer Georg, Geschichte Israels, 방석종 역, 이스라엘역사, 성광문화사, 1986.

F?rster Werner, From the Exile To Christ, 문희석 역, 신구약 중간사, (컨콜디아사,

1989).

Friedrich Gerhard, Die Verk?ndigung des Todes Jesu im Neuen Testament, 박영
　　옥 역, 예수의 죽음, (한국신학 연구소, 1988).

Galtung Johan, Peace by Peaceful Means, 강종일, 정대화, 임성호, 김승채, 이재봉
　　옮김, 평화적 수단에 의한 평화, (들녘, 2000).

Gerrish B. A., Tradition and the Modern World, 목창균 옮김, 19세기 개신교 신학,
　　(대한기독교서회, 1990).

Gottwald Norman K., The Hebrew Bible I ,II, 김상기 역, 히브리 성서 I ,II, (한
　　국신학 연구소, 1990).

Gilbert Martin, Atlas of Jewish History, 최명덕 옮김, 지도로 보는 이스라엘 역사,
　　(하늘 기획, 2001).

Goutard M., Seeds For Peace, 유재련, 박향아, 재경숙 옮김, 평화의 씨앗,
　　(경남대학교 출판부, 1998).

Heichelheim, Fritz M, A History of The Roman People, Cedric A Yeo. Allen M,
　　Word, 김덕수 역, 로마사, 현대지성사, 1999.

Huber Wolfgang, Reuter Hans-Richard, Friedensethik, 김윤옥, 손규태 역, 평화윤
　　리, (대한기독교서회, 1997).

Huber Wolfgang, Der Streit um die Wahrheit und Fahigkeit zum　Frieden, 채수일
　　옮김, 진리와 평화를 위한 교회의 투쟁, (한국신학연구소, 1991).

Hendrickx Herman, Peace, Anyone?, 이현주 옮김, 성서로 본 평화와 폭력, (분도소
　　책 42, 1988).

Huntington Samuel P., The Clash of Civilizations and The Remaking of World
　　Order, 이희재 옮김, 문명의 충돌, (김영사, 1997).

Hurt, Michael H. The 100 : A Ranking of The Most Influential Persons in History,
　　김평옥 옮김, 세계를 바꾼 사람들, 에디터 1993.

Jeremias Joachim, Die Gleichnisse Jesu, 허혁 역, 예수의 비유, (분도 출판사,
　　1988).

______, New Testament Theology, 정충하 역,신약신학,(새순 출판사, 1991).

Josephus, The Antiquities of The Jew, Book I -VI,(Dalsan Press, 1991), 요세프스
　　“유대 고대사, I -VI.

J?ngel Ebehard, Paulus und Jesus, 허혁 옮김, 바울과 예수, (이화여자대학교 출판
　　부, 1996).

Kant Immanuel, Zum ewigen Frieden. Ein Philosophiscber Entwurf, 이한구 옮김, 영원한 평화를 위하여, (서광사, 1992).

Kistermaker Simon J, The Parables of Jesus, 김근수,최갑종 역, 예수의 비유, (기독교 문서선교회, 1986).

Lohes Eduard, Umwelt des Neuen Testaments, 박창건 역, 신약성서 배경사, (대한 기독교 출판사, 1990).

Luise und Schottroff Willy, Die Parteilichkeit Gottes, 남정우 옮김, 평화와 정의, (대한 기독교서회, 1989).

LongmanⅢ Tremper and Reid Daniel, God is A Warrior, 성종현 옮김, 거룩한 용사, (도서출판 솔로몬, 2001).

McGuire Meredith B., The Social Context, 종교 사회학, (민족사, 1994).

Mack Burton L., The Lost Gospel The Book of Q & Christian Origins, 김덕순 역, Q 복음과 기독교의 기원 잃어버린 복음서, (한국 기독교 연구소, 1999).

Maduro Otto, Religion and Social Conflicts, 사회적 갈등과 종교, (한국신학 연구소, 1988).

Macquarrie John, The Concept of Peace, 조만역, 평화의 개념,(대한 기독교서회, 1980).

Metzger Bruce Manning, The New Testament its Background, Groth, and content, 신약성서 개설, (대한 기독교 출판사, 1990).

Miller J.Maxwell and Hay H. John, A History of Ancient Israel and Judah, 박문재 옮김, 고대 이스라엘 역사, 크리스천다이제스트, 2001.

M?ller Harald, Das Zusammeuleben der Kulturen, 이영희 옮김, 문명의 공존, (푸른 숲, 1999).

Neale Jonathan, 미국의 베트남 전쟁, 정병선 옮김, (책갈피, 2004).

Ord David Robert & Robert B. Coote,Is the Bible True? :Understanding the Bible Today, 강우식 역, 새로운 눈으로 보는 성서, (바오로딸 1996).

Packer James I., Daily in Bible Time, 노광우 역, 성서시대의 일상생활, (성광문화사, 1993).

Pfeiffer Charles F., A History of Israel, 배제민 역, 구약역사 개관, (기독교문사, 1990).

Rad Von Gerhard, Theologie Des Alten Testaments, 허혁 역, 구약성서신학 Ⅰ,Ⅱ, Ⅲ, (분도출판사, 1984).

Rodinson Maxime, Israel et le refus arabe, 임재경 옮김, 아랍과 이스라엘의 투쟁, (두레, 1991).

Roetzel Calvin J., The Letters of Paul, 이억부 옮김, 최근의 바울서신 연구, (은성, 1998).

Reicke Bo, 번역실, Neustestam entliche Zeitgeschichte, 신약성서 시대사, (한국신학연구소, 1998).

Russell D. S. Between The Testament, 임태수 옮김, 신구약중간시대, 컨콜디아사, 1997.

Sanders. E. P., Jesus and Judaism, 황종구 역, 예수와 유대교, 크리스천 다이제스트, 1998).

Sanders.E.P.,and Davies Margaret, Studying the Synoptic Gospel, 이광훈 역, 공관복음서 연구, (대한기독교서회, 1999).

Sanford John A. The Man Who Wrestled With God, 엄성옥 역, 하나님과 겨룬 자, 은성 1988.

Simon Marcel, Jewish Sects at the Time of Jesus, 박주익 옮김, 예수 시대의 유대교 종파들, (대한 기독교서회, 1990).

Smith Wilfred Cantwell, The Meaning End of Religion, 길희성 옮김, 종교의 의미와 목적, (분도 출판사, 1991).

Spong John Shelby, Why Christianity Must Change or Die, 김준우 역, 기독교 변하지 않으면 죽는다, (한국기독교연구소, 2001).

______, Rescuing the Bible from Fundamentalism, 성수 옮김, 성경을 해방시켜라, (한국기독교연구소, 2002).

Stanton Graham N., The Gospels and Jesus, 김동건 옮김, 복음서와 예수, (대한기독교서회, 2000).

Schimmel Annemarie, Islam An Introduction, 김영경 옮김, 이슬람의 이해, (분도출판사, 1999).

Surburg Raymond F. Introduction to the Intertestamental Period, 김의환 역, 신구약중간사, 기독교문서선교회, 1984.

Susan Thistlethwaite, A Just Peace Church, 박종화, 서진한 역, 정의, 평화, 교회, (한국신학 연구소, 1989).

Schmidt W. H., The Faith of the Old Testament, 강성열 옮김, 역사로 본 구약신앙, (도서출판 나눔사, 1990).

Sivaraksa Sulak, A Buddhist Vision For Renewing Society, 변희숙 옮김, 평화의 씨앗, (정토출판사, 2001).

Schmid P. Bernhard, Patrologie, 정기환 옮김, 교부학 개론, (컨콜디아사, 1989).

Seton Ernest Thompson, The Gospel Of The Redman, 김원중 옮김, 인디언의 복음, (두레, 2000).

Solomon Norman, Judaism, 최창모 옮김, 유대교란 무엇인가, (동문선, 1996).

Thei β en Gerd, Der Schatten Gali?ers, 차봉희 옮김, 갈릴레아 사람의 그림자, (한국신학 연구소, 1991).

______, Studien Zur Soziologie des Urchristentums, 김명주 역, 원시 그리스도교에 대한 사회학적 연구,(한국 기독교 출판사, 1998).

______, Der Historische Jesus, 손성현 옮김, 역사적 예수, (다산글방, 2001).

Trocm? Andr?, Jesus et la Revolution non Violente, 박혜연, 양명주 공역, 예수와 비폭력 혁명, (한국신학 연구소, 1986).

Muhammad Ahamad Jiad, 김화숙, 박기봉 옮김, 성경과 대비해서 읽는 코란, (비봉출판사, 2001).

Towns Elmer L., My Father' s Names, 박이경, 구약에 나타난 하나님의 이름들, (생명의 말씀사, 1994).

Wand, J. W. C. A History of The Early Church, To A. D. 500, 이장석 옮김, 교회사(초대편), (대한기독교서회, 1959)

Wenham David, Follower of Jesus or Founder of Christianity? 박문재 옮김, 바울: 예수의 추종자인가 기도교의 창시자인가?,(크리스챤다이제스드, 2002).

Wengst Klaus, Pax Romana, 정지현 역, 로마의 평화, (한국신학 연구소, 1994).

Westermann Claus, Tansend Jahre und ein Tag : Einf?hrung in die Bible, 김윤옥, 손규태 역, 천년과 하루 구약성서의 맥, (한국신학 연구소, 1992).

______, Abri β der Bibelkunde, Altes Testament Neues Testament, 방석종, 박창건 역, 구약, 신약 성서개설, (종로서적, 1990).

Winter R. D., Unbelievable Years 1945 to 1969, 손병호 역, 선교의 운명, (장로회신학대학 선교문제 연구원, 1974).

Zimmerli Walter, Grundriss der Alttestamentlichen Theologie, 김정준 역, 구약신학, (한국신학 연구소, 1988).Topel Johan L., The Way to Peace, 홍성현 옮김, 평화의 길, (나눔사, 1992)

4. 사전

Brown, Francis, Driver, S.R. Briggs, C. A., A Hebrew and English Lexicon of the Old Testament, (Oxford : Clarendon, 1953).

Ludwig Koehler and Walter Baumgartner, The Hebrew and Aramaic Lexicon of Lenden, (New York, Kolon, 1994).

Gentz William H. The Dictionary of Bible and Realgion (Abingdon Press, 1986).

Gerhard Kittel, Editor. Theologyical Dictionary of The New Testament, Wm. B. Eerdmans Publishing Company, 1964.

Holladay William L., A Concise Hebrew and Aramaic Lexicon of the Old Testament, (Eilliam B. Eerdmans Publishing Company, 1986).

Smith, J.B. Greek-English Concordance, (Pennsylvania : Herald Press, 1955)

Thayer Joseph H. Greek-English Lexicon of the NT, (New York, 1975)

금성판 국어대사전, (금성출판사, 1993)

기독교대백과사전, (기독교문사, 1989)

대백과사전, (학원사, 1963)

동아국어 대사전, (두산동아, 2000)

동아세계대백과사전, (동아출판사, 1989)

동아한한 대사전(동아출한사, 1982)

라형택, 신약장절원어분해성경, (도서출판 로고스, 2002)

브리데니커 세계 대 백과사전, (브리데니커, 동아일보 공동출판, 1994).

아가페 성경사전, (아가페 출판사, 1991).

엠마오 포켓 성구사전, (정음출판사, 1984).

정인찬 편, 성서 대 백과, (기독지혜사, 1979).

철학 사상대계 Ⅰ,Ⅱ, 철학 대사전, (한국 이데아, 1991).

예수 그리스도의 평화

5. 논문, 잡지, 정기간행물

고려대 평화연구소 편, 평화강좌, (한길사, 1990).

국방저널, 김정환, 유고연방 내전격화 원인과 전망, 국방부 국군홍보관리소.

그리스도교 철학연구소 편, 현대 사회와 평화, (서광사, 1991).

기독교여성평화연구원 편, 여성·평화, (평화사, 1992).

서강대학교 종교신학 연구소, 종교신학 연구 제3집,
    (서강대학교 출판사, 1990).

서강대학교 철학 연구원 편, 평화의 철학, (철학과 현실사, 1995).

신학사상, 한국신학연구소, 2001, 가을호

정영태, 소말리아 내전의 특성과 전망, (한국 아프리카 학회지, 1993)

한국신학연구소 편, 함께읽는 구약성서, (한국신학연구소, 1993).

한국기독교학회 편, 한반도의 평화신학 정착, (하우, 1989).

한신대학교 평화연구소 엮음, 평화-이론과 시천의 모색 I, II, (삼민사, 1992).

허숭일 외 로마제정사 연구, 서울대학교 출판사

Song Ki Hyeon, A Study of Evangelical Salvation of Jesus Christ, (The Institute of
    Evangelical Theology, 2000)

Kim Oun Tae, A Study of Evangelical Proclamation of The Gospel, (The Institute
    of Evangelical Theology, 2000)

Han Hyun Ok, A Study of Evangelical Christology of Jesus Christ, (The Institute of
    Evangelical Theology, 2000)

Choo Myung Cheol, A Study of The Lord's Prayer and The Apostles' Creed, (The
    Institute of Evangelical Theology, 1999)

Kim Gi Moon, A Study of Evangelical Theology on Marks' Gospel, (The Institute
    of Evangelical Theology, 1999)

Min Jang Kee, A Study of Evangelical Theology on The Apostle Peter's onfession,
    (The Institute of Evangelical Theology, 1999)

Yeu Jea Suk, A Study of Evangelical Theology Reconciliation,
    (The Institute of Evangelical Theology, 1999)

6. 성경 및 경전

공동번역 성서, (대한성서공회,1977.)
성경전서, 한글 개역판, (대한성서공회, 1961).
성경전서, 표준 새번역, (대한성서공회, 1993).
현대인의 성경, (생명의 말씀사, 1985).
Biblia Hebraica, (Stuttgartensia, 1987).
Good News Bible, (American Bible Society, 1992).
Holy Bible, New International Version,
    (Zondervan Bible Publishers, 1984).
Nestle-Aland, Novum Testamentum Graece,(Deutsche Bibelgesellschaft Stuttgart,
    1988) 26th.
The Bible, Revised Standard Version, (American Bible Society, 1973).
성 꾸란, 의미의 한국어 번역, 최영길 역, (파하드 국왕 꾸란 출판청, 1417년 이슬람
    역).

7. 기타

Sohn Byung Ho, Gospel of Jesus Christ, (복음신학 성서연구원 강의노트, 2002)
______, Eternal Gospel, (복음신학 성서연구원 강의노트. 2001)
국제성서주석, 한국신학연구소, 1990
호크마 종합주석, 강병도편, 기독지혜사, 1990

예수 그리스도의 평화

풀이멘 신서 1 .... 예수 그리스도의 교회

신학박사 박귀환

교회, 어떠한 곳이며 누구의 교회인가?

본서는 해결방안으로 교회의 정체성과 나아갈 방향을 예수 그리스도의 복음으로 핵심으로 제시하였다.

기존의 베드로와 바울의 교회론에 요한의 교회론을 추가하는 3분법으로 기술하였다. 또한 교회론의 3기둥을 예수 그리스도의 복음(유앙겔리온)과 교회(에클레시아) 그리고 예수 그리스도의 복음을 핵심으로 하고, '예수 그리스도의 교회'를 도구로 하여 '하나님의 나라'를 삼위일체적으로 이루어지기 위해, 길과 진리와 생명인 사랑과 용서와 섬김의 "예수 그리스도의 복음적 교회론"을 내어놓음으로써 음부의 권세가 이기지 못하는 교회, 하나님의 나라의 열쇠를 소유한 교회론을 제시하였다.

풀이멘 신서 2 .... 호반의 예수

신학박사 한현옥

예수는 누구였는가? 그리고 예수는 누구인가?

나사렛과 갈릴리, 예루살렘이라는 상징어들을 사용하여 갈릴리는 나사렛의 예수가 예루살렘의 예수가 될 수 밖에 없었던 4차원적 예수를 논하였다. 이 제4탐구는 갈릴리에서 예수의 핵을 발견한다.

또한 기존의 제 1,2,3 탐구의 예수 연구와 구별하여 제4탐구를 말한다. 그간의 역사의 예수 탐구들은 충분히 나사렛적인 탐구였는데 반하여 이 제4탐구는 갈릴리에서의 복음 예수를 만난다.

圡이멘 신서 3 ....예수 그리스도의 사랑학 개론

신학박사 김승한

예수의 사랑으로 성경속에 나타난
관계들을 분석했다.

빠른 속도로 변하는 세상에서
사람들의 가치관과 의미가 부정적이다.
모든 문제를 변질된 사랑에 있다고 보고, 이에 바른 변화의 방향과 목적을
제시하고자 변하지 않는 진리를 복음서에서 찾았다. 특히 예수의 복음에
나타난 사랑을 표준으로 삼았다. 예수의 "서로 사랑"으로 생명력을 얻게
되고, 그 사랑을 잃으면 배타적이 된다. 예수의 "서로 사랑"을 통해 "뜻이
하늘에서 이룬 것 같이 땅에서도 이루어지는" 온 인류구원을 완성하는 것
으로 보았다.

圡이멘 신서 4 ....하나님 나라의 복음신학 연구

신학박사 김진동

주식회사 기독교?
예수의 복음에 나타난 하나님의 나라

한국 기독교와 교회가 놀랄만한 성장에도 불구하고
세상에 영향력을 끼치지 못하는 원인을
영원한 진리인 예수의 복음을 바로 깨닫지 못함에 있다고 보았다.
특히 예수 그리스도의 복음의 핵심인
하나님 나라를 이 땅에 이루는 교회를 제시하였다. 21세기에 들어 표류하
는 기독교와 교회, 그리고 신학은 그 근본인 예수의 복음으로 돌아가 모두
가 서로사랑, 서로용서, 서로섬김으로 아름답고 행복한 지구촌이 되ㅣ기를
소망하며 내놓았다.